Zu diesem Buch

An der Zerreißprobe zwischen Paradies und Abwasch drohen viele Beziehungen zu zerbrechen. Dann bleibt der Weg zum Scheidungsrichter, ins Single-Dasein oder in die Paartherapie. Eine Paartherapie ist eine besondere Herausforderung, ein Wagnis, ein Liebesabenteuer. Es geht oft ums Ganze: um die Existenz des Paares, den Erhalt der Familie, um die wirtschaftliche Existenz, um die Rettung der Liebe. Viele Paare kommen mit klopfendem Herzen: aus Angst, mit Wut, verzweifelt, enttäuscht, bekümmert.

Der renommierte Psychologe Michael Cöllen arbeitet mit einem therapeutischen Modell, das er Paarsynthese nennt. Schritt für Schritt können die Leser die verschiedenen Phasen einer Partnertherapie anhand von Dokumenten nachvollziehen.

Es ist der Sinn dieses Buches, von den Liebenden und den Hassenden, von den Paaren selbst zu lernen.

Zum Autor

Michael Cöllen, geboren 1944, ist Diplompsychologe und arbeitet seit langen Jahren als Paartherapeut in Hamburg. Therapeutische Ausbildung in Gestalt-, Gesprächs- und Familientherapie und Psychodrama. Verschiedene Lehraufträge an der Fachhochschule für Sozialarbeit und an der Universität Hamburg, fünfzehn Jahre leitete er die dortige Caritas-Eheberatung. Er ist als Mentor und Supervisor in der Ausbildung von Eheberatern tätig und als Co-Autor der NDR-Fernsehreihe *Ich und Du* einer größeren Öffentlichkeit bekannt. Von ihm liegen folgende Titel vor: *Laß uns für die Liebe kämpfen* (München: Kösel 1986); *Das Paar* (München: Kösel 1989).

Michael Cöllen

HEILENDE PARTNERSCHAFT

Paartherapie
als Seelendialog

Rowohlt

Originalausgabe
Veröffentlicht im Rowohlt Taschenbuch Verlag GmbH,
Reinbek bei Hamburg, Oktober 1993
Copyright © 1993 by Rowohlt Taschenbuch Verlag GmbH,
Reinbek bei Hamburg
Redaktion Manuela Heise
Umschlaggestaltung Barbara Hanke und Nina Rothfos
(Foto: Dale Durfee / Tony Stone Worldwide)
Satz Aldus und Optima (Linotronic 500)
Gesamtherstellung Clausen & Bosse, Leck
Printed in Germany
1490-ISBN 3 499 19524 0

▶ *Liebe Mama, lieber Papa*
Liebe Frederike, lieber Siggi
Lieber Jens

Ich habe euch zwar sehr Lieb.
Aber ich bin unglüglich weil
Mama schreit, Papa brügelt
und drot.
Siggi wird agrisief, und
sagt schlimme Wörter zu mir.
Jens geht mit sachen auf los,
die auch sehr gefälich werden
können.
Frederike wird sauer bogig, brügelt:
Ich bin sehr traurig.
Manchmal kann ich des wegen nicht
Abens schlafen.
Mama ich kann dich gut verstehen
das du traurig bist, nur ich
bin genauso traurig wie du.
Ich schlage des halb vor
das wir uns alle endern.

Eure Ines ◀
(10 Jahre)

INHALT

Einleitung

Die Liebe von morgen: Über die Psychologie der Liebe und die
Weisheit in den Herzen der ratsuchenden Paare.

9

1 Paargestalt

Das Grundgesetz der Liebe und die Bausteine einer Liebes-
psychologie. Der Beginn der Paartherapie spiegelt die Partner
im Labyrinth ihrer Konfliktvernetzung.

15

2 Partnerwerdung

Psychologische Gesetze der Liebe: Die Geschichte der eigenen
Partnerwerdung, die Ahnenbotschaft und die Liebesmuster
der Vergangenheit dienen als kritischer Wegweiser für die
Aufarbeitung der blockierten Liebe zum Partner.

58

3 Paardynamik

Frei von Altlasten beginnt das Paar am Gleichgewicht der
fünf Partnergrunddialoge von Körper, Gefühl, Sprache, Sinnfindung und Zeiterleben zu arbeiten.

106

4 Fehleranalyse

Die wahren Heldentaten der Liebe: Lernen durch den Partner, Seelendialog und das Verzeihen und Versöhnen gelten als die notwendige Voraussetzung für den Beginn einer neuen Liebesgeschichte der beiden Partner.

151

5 Paargestaltung

Zwischen der Poesie der Liebe und ihrer Wirklichkeit liegen Welten: Aufbruch zu einer langen Reise, während die Therapie zu Ende geht. Die Paarsynthese verbindet die Partner in Ganzheit, Gleichberechtigung und Androgynie.

184

6 Sexualität

Das Ende der väterlichen Liebesordnung und die neuen Dimensionen der Sexualität. Die Paare zeigen die Vielfältigkeit und Kreativität ihrer neu entdeckten Sinnlichkeit und die Schönheit der Lust.

215

Anhang

Übersicht über die fünf Bausteine einer Paarpsychologie: Die PAARSYNTHESE

259

Anschriften

265

EINLEITUNG

In wenigen Jahrzehnten wurde die Geschichte der Liebe völlig neu geschrieben. Die sexuelle Ordnung unserer Väter, selbst die Liebesgewohnheiten der 60er Jahre, die intimen Gepflogenheiten zwischen Frau und Mann aus der Nachkriegszeit haben ihre Gültigkeit verloren.

Liebe meinte früher, daß die Frau ihrem Manne Kinder gebärt, sein Haus bewirtschaftet, sich ihm anpaßt und unterordnet, ihn in seinen Geschäften, Pflichten und in seiner Karriere unterstützt bis zur Selbstaufgabe, am meisten noch im sexuellen Bereich, wo sie sich ihm in Tempo, Rhythmus und Häufigkeit völlig anzugleichen hatte und ihm alle sexuelle Lust gewähren sollte, andernfalls als frigide abgestempelt wurde.

Doch dies noch vor zwanzig Jahren übliche Sexualverhalten entlarvte sich als aufgezwungene Einheitsmoral, die heute fast gänzlich versagt und die Paare in aller Regel ins Unglück stürzt.

Heute setzt die Liebe das ganze Individuum, eigene Identität und Individualität voraus. Stetiger Wechsel zwischen Anpassung und Abgrenzung ist gefordert. Individuelle Potenzen wie Autonomie, Selbstregulation, Selbstsicherheit, Durchsetzungskraft kooperieren und kollidieren mit dyadischen Potenzen wie Toleranz, Partneridentifikation, Rollenflexibilität, Fähigkeit zu Verzicht, Verzeihung und Versöhnung. Lieben umschließt heute den ganzen Menschen in seiner Vernetzung mit allen Umweltfaktoren und spirituellen Kräften. Die heutigen Liebesbeziehungen zwischen Mann und Frau bedürfen der Basis des Dialoges. Dabei handelt es sich um die folgenden fünf Grunddialoge: Körper-, Gefühls- und Sprachdialog, Sinn- und Zeitdialog.

Viele von uns sehen in der Liebe jetzt den eigentlichen Sinn des Lebens. Anders als je zuvor suchen Frau und Mann ihre Zuneigung zu verwirklichen auf der Grundlage neuer Ideale: Ideale der Gleichberechtigung, gemeinsamer Sinnfindung, sexueller Lusterfüllung, ohne Zeugungszwang und ohne Rollenfixierung, frei von bürgerlichen Zwängen, in vielen verschiedenen Formen und Inhalten der Liebe. Die Beziehung zwischen Frau und Mann findet zusehends nie gekannte Freiheit. Gleichzeitig fordert sie aber auch die Übernahme persönlicher Verantwortung für dieses Glück. Wie aber können wir richtig lieben in einem Supermarkt der Möglichkeiten, ohne von außen gesetzte Normen und übergeordnete Instanzen als Orientierungshilfen und Wegweiser?

Es sind die Gesetze der Psychologie, die den Weg weisen, nicht die des Staates und der Kirche. Die Ehe als erzwungene Monopolinstitution mit Monogamiegesetz und normiertem Verhaltenscodex ist der Tod jeder Liebe, solange sie als staatliche Reglementierung und kirchliche Zwangsmoral die Liebenden in eine feste Lebensform preßt. Gleicht die Liebe einem weitverzweigten Flußlauf mit vielen Nebenarmen und natürlicher Selbstreinigungskraft, wird diese Art von Ehe zu einem kanalisierten und betonierten Flußbett, verliert an Ursprünglichkeit und Kraft. Denn allein die Pluralität der Beziehungsformen wird der Liebe gerecht. Jeder von uns erlebt in seinem Leben viele Formen der Liebe.

Und jeder Versuch, die Vielfältigkeit und Komplexität der Liebe durch Moral und Gesetze von außen zu kanalisieren und auf wenige Grundformeln zu reduzieren, ist nicht nur falsch, sondern auch gefährlich, da die Dynamik der Liebenden damit in eine Sackgasse geführt wird, in fast ausweglose Konfliktvernetzung. Offenheit in viele Richtungen auf der Grundlage ihrer psychologischen Gesetzmäßigkeiten ist das Geheimnis der Liebe.

Von allen Mächten auf unserer Erde ist die Liebe die gewaltigste, hat aber einen ebenso gewaltigen Nachteil: Sie ist nicht kalkulierbar. Deshalb ist sie für die Liebenden selbst oft so unberechenbar, so gefährlich und zerstörend.

Liebe bedeutet eben nicht nur ein bestimmtes Gefühl, sondern viele gleichzeitig, unterschiedliche, sich widersprechende. Liebe ist nicht nur Harmonie, sondern auch Untreue, nicht nur Seligkeit und Leidenschaft, sondern auch Haß, Verletzung und Abgrenzung.

An dieser Zerreißprobe zwischen Paradies und Abwasch zerbrechen viele Beziehungen. Dann bleibt der Weg zum Scheidungsrichter, in das Single-Dasein – oder – heute immer öfter – in die Paartherapie.

Die Paartherapie sucht neue Wege und versucht, den Gesetzen der Psychologie der Liebe zu folgen. Dabei orientiert sie sich an dem paarbezogenen Menschenbild der PAARSYNTHESE. Sie wird heute an vielen therapeutischen Instituten gelehrt und kommt in zahlreichen psychologischen Praxen, Beratungsstellen und klinischen Einrichtungen zur Anwendung (siehe Anhang). Diese untersucht die Entwicklung von Paaren in den verschiedenen Kulturen, entwirft eine Psychologie des Paares und leitet daraus therapeutische Behandlungsmethoden für Partnerkonflikte ab.

In eine Paartherapie dieser Art zu gehen, ist in jedem Fall eine Herausforderung, ein Wagnis besonderer Art, ein «Liebesabenteuer» ohne Garantie. Es geht dabei oft ums Ganze: um die Existenz des Paares, um den Erhalt der Familie, um die wirtschaftliche Existenz, um die Rettung der Liebe. Viele Paare kommen mit klopfendem Herzen: aus Angst, mit Wut, voll Verzweiflung, angefüllt mit Enttäuschung, Schmerz und Kummer. Viele hoffen auf schnelle und greifbare Konfliktlösungen. Verschüttete und erstarrte Gefühle sollen wieder leben, Verletzungen aufgearbeitet und verziehen, neue Begegnungen und Sinnlichkeiten gefunden werden. Der Weg dahin scheint voller Gefahren und Unwägbarkeiten.

In diesem Buch werden hautnah die vielen Gesichter und Gesetze der Liebe gezeigt: der Rhythmus der Liebespole und der stete Wandel zwischen Frau und Mann, die Zwiespältigkeit der Gefühle und Motive, die Turbulenzen dieser Leidenschaften und Leiden. Tiefe und Größe der Liebe, die den Herzschlag in die Höhe treiben, werden fühlbar, gleichzeitig aber auch das Unendliche von Leid und Schmerz im Liebesunglück. Aber nicht Theorien, wissenschaftliche Thesen und noch weniger moralische Grundsätze oder humanistische Forderungen sollen dem Leser die Wege in dieses immer wieder geheimnisvolle Land zeigen, wenn auch psychologische Erkenntnisse über die Dynamik der Liebe und ihre Wachstumsbedingungen sowie provokante Thesen zur Liebeskultur in unserer Gesellschaft einfließen.

Vielmehr sind es Frauen und Männer, die authentisches Material aus ihrer Paartherapie zur Verfügung stellen: Dokumente der Liebe wie Briefe, Geständnisse, innere Dialoge, Photos, Bilder, Dialoge der Sinnlichkeit, Träume, Tagebücher der Sexualität, Collagen über Liebe, Partnerschaft und innere Scheidung usw.

Der Wert dieser Dokumente liegt in ihrer unmittelbaren Aussagekraft. Denn diese Paare wissen mehr über die Liebe als Hunderte von Fachleuten zusammen.

Es ist der Sinn dieses Buches: von den Liebenden und Hassenden, von den Paaren selbst zu lernen. Sie alle haben über Monate und Jahre bewußt um ihre Liebe gerungen, gekämpft, alles gewonnen oder auch alles verloren. Sie zeigen uns besser als jeder Fachmann, welche Mittel und Wege es gibt, eine Partnerschaft zu retten, und welche Versuche zum Scheitern verurteilt sind.

Im weiteren Verlauf geht es also nicht um die üblichen Falldarstellungen, wenngleich bestimmte Paare immer wieder auftauchen. Vielmehr stellen sich die Paare weitgehend allein durch ihre Texte dar, die für sich selbst sprechen, nur wenig ergänzt oder analysiert werden.

So soll dieses Buch ein Lehrbuch sein für Weinende und Lachende, für Glückliche und Traurige. Die Lehrer in diesem Buch haben all diese Wege durchwandert, die beschwerliche Wanderung durch die Paartherapie gewagt.

Sie werden sich selbst wiederfinden, sich als Liebender, als Hassender, als Täter und als Opfer erkennen, gefangen in gegenseitigen Schuldzuweisungen, dann wieder auf den Höhen der Lust oder versunken im Tal der Einsamkeit.

Mit diesen Texten und Dokumenten gelingt es, Liebe zu verstehen, nicht als heile Welt mit moralisierender Einteilung in Eros, Philia und Agape, sondern als die archaische Urkraft, die Menschen immer wieder antreibt, aufzubrechen zum Universum, bis zum Rand der Welt, Himmel und Erde miteinander zu vereinen.

Schritt für Schritt können Sie die Arbeit an der Liebe anhand der Dokumente und der am Ende eines jeden Kapitels = Therapiephase aufgeführten Anleitungen und Übungen nachvollziehen und so zu sich selbst und Ihrer Liebe finden. Paare, die schon in Therapie sind oder waren, können im Vergleich sehen, welche der Schritte sie vielleicht tiefer oder weniger tief erarbeitet oder ganz ausgelassen haben, was gefehlt hat oder ganz anders gelaufen ist.

Die Therapiearbeit der Paare ist zu verstehen als intensives Ringen und Suchen, als Kämpfen umeinander und füreinander, auch wenn es zu Beginn meist ein Gegeneinander ist. Viele dieser Paare lernte ich im Verlauf ihrer Dialogbemühungen zu bewundern. Ich achte sie, ja, spüre Liebe und Zuneigung für den Mut und die Kraft, sich auf ein solches «Abenteuer» einzulassen. Der Ausgang einer Paartherapie ist nämlich schwerlich vorherzusagen, auch wenn etwa 70 Prozent der Paare zusammenbleiben. Aber selbst eine Trennung kann ein Therapieerfolg sein, denn meist steht dann die Gewißheit dahinter, daß es sich um den richtigen und notwendigen Schritt handelt, um weitere Zerstörung an Leib und Seele zu beenden, daß auch wirklich alle Chancen ausgeschöpft wurden.

Die Paartherapie als solche aber, die durchschnittlich zwei Jahre dauert, ist für mich intensiver Ausdruck von Liebe in all ihren Höhen und Tiefen. Sie verkörpert die eigentliche Bedeutung des Satzes: Der Weg ist das Ziel. Dieser Weg ist gekennzeichnet durch fünf wesentliche Stationen und zentrale Bereiche: die Paargestalt, Partnerwerdung, Paardynamik, Fehleranalyse und Paargestaltung.

Diese fünf Zyklen der Paartherapie werde ich Ihnen im folgenden vorstellen in der Hoffnung, daß Sie ihnen und den Paaren folgen werden, um zu einem größeren Verständnis für sich selbst und Ihren Partner zu gelangen. Der Preis der Liebe ist hoch, aber die Anstrengung wird reich belohnt: persönliches Wachstum, Reichtum des Lebens durch die Liebe. Lassen Sie uns gemeinsam mit den Paaren, die den beschwerlichen Weg schon begonnen haben, Schritt für Schritt um das Ziel ringen.

1

PAARGESTALT

In der ersten Therapiephase geht es, entgegen den Erwartungen der meisten Paare, vor allem darum, aus den Puzzleteilen von Klagen und Anklagen, Vorwürfen und Schuldzuweisungen, Krisenberichten und Konfliktschilderungen, Leidensgeschichten und Hintergrundinformationen der beiden Partner ein Bild zusammenzufügen, das die Beziehungsdynamik klarstellt. Am Ende dieser Phase erkennt sich das Paar wie in einem Spiegel, schaut sich selbst wie in einem Film zu, gewinnt einen Überblick über die Vielschichtigkeit und Komplexheit der Konfliktvernetzung und deren gemeinsame Verursachung. Das Paar sieht aus der Vogelperspektive herab auf sein Labyrinth gegenseitiger Verletzungen und Enttäuschungen. Wie auf einer Landkarte werden Irrwege, Sackgassen, Einbahnstraßen, Brücken zueinander und Scheidewege, Höhen und Tiefen, Abgründe, unüberwindbare Hindernisse und Grenzübergänge, vielleicht auch neue Richtungsweiser aufgezeigt.

Aufgezeigt werden konkret die Streitdimension (Anlässe, Objekte und die Ziele des Streitens); die Partnerstile, mit denen sich gestritten wird; der Partnerzyklus, in dem sich das Paar gerade befindet; das Partnerdiagramm (die Verhältnisse zwischen Eigenraum, Partnerraum und Lebensraum des Paares) und schließlich noch die Grunddialoge des Paares, die gesund oder gestört sind.

Die spannende Frage am Anfang einer solchen Arbeit ist immer die, wie ein Paar seinen Konflikt darstellt, wie die Partner gelernt haben, ihre Liebe oder das, was davon übrig ist, dem Anderen zu zeigen, ihn fühlen zu lassen, wieviel Liebessubstanz noch da ist und wie tragfähig das gemeinsame Fundament scheint. Schon beim Betreten des Therapieraumes geschieht etwas Eigenartiges: Das Paar setzt sich selbst in Szene, agiert wie in einem Drama mit einer weiblichen und einer männlichen Rolle auf der Bühne: ein Zimmertheater. Der Stoff zu diesem Stück enthält alles, was menschliche Gemüter zu erregen vermag: Zärtlichkeit, Romantik und Sex, Gewalt, Verführung, Schuld, Anmut und Schönheit, die ewige

Macht der Anziehung zwischen den Geschlechtern, Intrigen, Elend, Not und Verzweiflung bis zum Mord.

Paare treten sich in der Therapie gegenüber, stellen sich dar und zeigen sich und ihre Paargestalt unverhüllt. Meist beginnen sie mit Vorwürfen, Anklagen, mit entsetzlichem Leid oder karger Wortlosigkeit, verstummt in Wut und Schmerz. Aber über die Sitzung beim Therapeuten hinaus erhalten sie «Hausaufgaben», nämlich ihre Situation, ihre Gefühle, ihre Motive und vieles andere darzustellen durch selbstangefertigte Bilder, Photos, Schriften usw. Oft verweigert einer der Partner die gestellte Aufgabe, hat keine Zeit, vergißt oder verdrängt sie. So kommt es, daß im folgenden nicht immer Texte von beiden Partnern erscheinen. Oft muß die Stummheit zu Beginn erst mühsam überwunden werden, die Angst, sich zu offenbaren, sich bloßzustellen vor dem Partner oder dem Therapeuten, oft muß überhaupt erst eine Sprache für die inneren Gefühle gefunden werden. Der *Innere Dialog* (siehe Seite 49) ist dazu eine Hilfe.

Einige schreiben den Inneren Dialog als Brief an den Partner oder als Tagebuch, andere machen daraus eine Art Partnerbilanz, andere wieder ein reines Aufzählen von Vorwürfen. Natürlich sagen solche Texte über den Schreiber selbst mindestens genausoviel aus wie über den beschriebenen Partner.

Ein Paar beginnt, das vielen aus dem Herzen spricht. Männer werden sich eher in Wolfgang, Frauen in Arielle wiedererkennen. Aber es wird auch gleich deutlich, daß es keinen Sinn macht, Partei zu ergreifen, denn jeder hat aus seiner Sicht recht:

▶ Wolfgang:
Ich will mich bei meinem Versuch, meinem Herzen Luft zu machen, auf drei zentrale Probleme in unserer Beziehung beschränken, die miteinander eng verbunden sind.
1. Mein Beruf:
Als wir uns kennenlernten, waren wir Studenten. Seit ich berufstätig bin, ging es mit meiner Entwicklung gut voran. Doch in all den Jahren habe ich von Dir kein positives Wort über meinen Beruf gehört. Du hast auch gesellschaftlich nicht an meinem Beruf teilgenommen, obwohl ich Dir sehr wenig zugemutet habe. Du wärest niemals, wenn es mein Beruf notwendig gemacht hätte, in eine andere Stadt gezogen.
Fazit: Du hast mich in meinem Beruf nicht unterstützt, sondern ihn

oft genug kritisiert, bis hin zur offenen Ablehnung. Ich erinnere mich an eine Auseinandersetzung, als Du Dir wünschtest, ich wäre z. B. Lehrer. Das sagtest Du, im Wohnzimmer einer schönen Villa sitzend, die wir – Gott sei Dank – auf Deine Initiative gekauft haben, mit drei Kindern, zwei Autos, einer Putzfrau und vielen anderen Annehmlichkeiten.

Das finde ich unfair, es kränkt mich, ich wünsche mir Anerkennung statt Neid oder Eifersucht.

2. Unsere emotionale Beziehung:

Aber in Deiner Haltung zu meinem Beruf spiegelt sich nur etwas wider, was unsere Beziehung seit Jahren prägt.

Du siehst Dich mir unterlegen, wirfst mir meine angebliche (und in einigen Bereichen tatsächliche) Überlegenheit vor und bist deshalb nicht fähig, auch einmal anerkennend auf das zu reagieren, was ich mache. Und das, obwohl (oder weil?) Du selbst nach Anerkennung schielst!

So geht es denn auch in unserer emotionalen Beziehung zu: Du stellst z. B. die Forderung nach Nähe auf, verweigerst jede Erläuterung («das kann ich nicht erklären») und wirfst mir vor, ich sei ein emotionaler Versager.

Aber hast Du mich wirklich jemals in Deine Nähe gelassen, mir Deine Nähe angeboten? Wenn Du Nähe forderst, mußt Du auch die Nähe gewähren.

3. Körperliche Beziehung:

Unsere körperliche Beziehung war frühzeitig ein Ausweis unserer emotionalen Probleme, über die wir viele Jahre nicht sprachen. Du hast immer häufiger «keine Lust» gehabt, mit mir zu schlafen, insgesamt körperlichen Kontakt mit der Begründung zurückgewiesen, der würde ohnehin nur ins Bett führen.

Immer stärker und immer deutlicher hast Du die körperliche Beziehung zur Waffe gemacht. Ich sollte brav sein und zunächst Deine emotionalen Forderungen erfüllen.

Das Warten auf gelegentliche Gnadenerweise hat mich zermürbt und erniedrigt und aggressiv gemacht. Der totale Verzicht auf die sexuelle Beziehung mit Dir war die einzige Lösung, obwohl sie sich auch gegen mich richtet. Dieser Entschluß hat großen Druck von mir genommen, aber die Sehnsucht nach einer erfüllten Beziehung wachsen lassen.

Heute habe ich Dich zum erstenmal kritisiert, ohne gleichzeitig auf mein Verhalten zu schauen. Kritik nimmst Du weder im Alltag noch in der Beziehung an: Deine Reaktion ist eigentlich *immer* ein wütendes «Und Du, wo ist Deine Schuld? Bist Du denn perfekt? Sieh doch lieber nach Deinem Anteil!» Damit hast Du häufig Kritik im Keim erstickt oder mich davon abgehalten, kritische Bemerkungen zu machen. Mein Verzicht auf Kritik hat aber nichts verbessert, ganz im Gegenteil, es blieb Groll zurück.

Ich habe mir vorgenommen, mich nicht mehr einschüchtern zu lassen, weil ich glaube, daß das unserer Beziehung nur schadet. ◄

Während Wolfgang also eine Art Bilanz zur Charakterisierung der Beziehung erstellt, bringt Arielle *Tagebuchaufzeichnungen* (siehe Seite 56) mit in die Stunde:

► Sonntag:
Frühstück! Die Kinder sind unterwegs bei Freunden, also sitzen wir allein am Tisch. Ich empfinde eine Spannung zwischen uns – wie wird die Kommunikation sein?
Ich verfalle allzu schnell in Konversation, um die Lücken zu füllen, und fühle mich dabei unwohl. Ich würde dann eigentlich lieber schweigen, mache es aber nicht: erstens aus Angst, Du findest mich langweilig oder dumm; zweitens, weil das Schweigen voller Spannung ist, die ich nicht aushalte.
Du stehst auf und räumst nur Deine Teller weg. Alles andere bleibt stehen.
Warum diese Aufteilung? Ich ärgere mich über Deine starre Haltung (oder Blindheit) und bin auch beleidigt.
In mir würgen sich all die ähnlichen Beispiele aus der Vergangenheit hoch.
In die Stille platzt Deine Musik. Mich stört sie. Ich stehe auf, mache etwas anderes und bemerke wieder mal mit leichter Traurigkeit die Unvereinbarkeit unserer Bedürfnisse: ich nach Stille und Ruhe, Du nach Reiz von außen und Aktivität.
Nachmittags: Wir verbringen den Nachmittag bei Freunden. Ich stelle fest, daß Du mir wieder mal die Wörter förmlich aus dem Mund nimmst. Ich fühle mich bevor-mundet, überfahren, nicht für voll genommen und werde Dir gegenüber aggressiv.

Dienstag:
Frühstück!
Der Tag beginnt mit schlechter Stimmung! Ich ärgere mich, weil
Du Zeitung liest. Es gibt zwei Gründe, warum ich mich ärgere. Das
eine betrifft mich persönlich, das andere die Kinder bzw. deren Erziehung. Ich mag es nicht, am Tisch, der für mich ein Ort der Kommunikation ist, einer Zeitung gegenüberzusitzen. Ich fühle mich
nicht beachtet, abgeschoben, ausgeblendet. Gegen den Hintergrund Deiner für mich inzwischen fast sucht-haften Zeitungslese-
rei reagiere ich am Tisch besonders empfindlich. Wenn ich ganz
ehrlich bin, steckt eine Menge Eifersucht dahinter - ich wäre froh,
dieselbe Aufmerksamkeit zu bekommen wie Deine Zeitungen.
Außerdem geht es darum, daß ich mit Mühen unserem Sohn klargemacht habe, daß er seine Comics am Tisch nicht liest, und ich
meine, Du warst auch dafür. Dann fühle ich mich im Stich gelassen,
manchmal sogar provoziert und eigentlich total verarscht, wenn Du
das tust. Die Konsequenz meines Ärgers ist: Du haust ab und liest
woanders Zeitung. Ich bleibe sitzen und versuche meinen Ärger
wieder in den Griff zu bekommen.
Abends treffen wir uns im Theater wieder. Es ist ein schöner
Abend. Wir haben beide viel Spaß an dem Stück. Ich gehe gerne mit
Dir aus. Die Stimmung zwischen uns ist wieder ruhig... und dennoch bleibt das Gefühl, wieder etwas verschoben zu haben. An dem
Thema heute morgen hing zu viel Altes und Neues dran.
Mittwoch:
Wir gehen abends essen, und ich genieße die Stunden mit Dir. Ich
stelle wieder mal fest, daß diese «Restaurant-Stunden» in der Regel
die intensivsten Zeiten sind, die wir miteinander verbringen (inten-
siv im Frieden wie im Streit). Mir scheint, daß wir uns an diesen
Abenden besonders um «uns» bemühen: jeder um den anderen, auf
eine Art und Weise, die zu Hause nicht passiert, und ich frage mich,
warum wir unser Bemühen so verlagern müssen?
Dazu fällt mir nur ein, daß die Verhaltensweisen zu Hause so eingefahren sind und es besondere Mühe kostet, sie zu ändern...
Sonntag:
Ich bin heute voll von Eindrücken vom Geburtstagsfest. Ich habe
den Abend voll und ganz genossen. Ich fühlte mich locker und fröh-
lich wie selten, auch eingebunden und geborgen in diesem Kreis

von Leuten. Ich hatte das Gefühl: Es ist schön, mit Dir *zusammen* als Partner bzw. als Paar zu diesem Kreis zu gehören.
Gemeinsam aktiv sein bedeutet für mich: intensives Zusammensein, und das genieße ich sehr. Ich wünschte mir viel mehr davon: Wir leben in viel zu getrennten Welten!
Ja..., es war alles schön gestern... bis auf eine Sache, und die hat mich wirklich traurig gestimmt – die Tatsache, daß Du mit allen Frauen getanzt hast, außer mit mir...
In solchen Momenten frage ich mich, was ich für Dich bedeute...? ◄

Dieses Paar schläft schon seit Jahren nicht mehr zusammen. Sie hat das Gefühl, daß er sich mit ihr überhaupt nicht unterhält, daß kein tiefer Austausch zwischen ihnen stattfindet. Im Gegenteil, jeder hält sorgsam Abstand: höflich, vorsichtig, ängstlich. Als *Symbol für ihre Beziehung* (siehe Seite 54 f) bringen sie, vom Therapeuten dazu aufgefordert, unabhängig voneinander mit: er eine Muschel mit Perle, sie eine Papprolle, mit einem Mützchen zugedeckt, drinnen eine Weintraube. Beide symbolisieren gleichermaßen ihre Zurückgezogenheit und Verschlossenheit, ihre Angst, sich zu zeigen, sich vor dem Anderen bloßzustellen und verletzt zu werden. Die Partner sind sich ebenbürtig, in der Eigenproblematik ähnlich, und haben sich gewählt in der Gewißheit, daß der Andere ihm nichts antun, ihm in seiner Ängstlichkeit niemals gefährlich werden wird. Nach zwanzig Jahren Ehe wird diese einstmals verbindende Angst zum gemeinsamen Gefängnis. Eine seelische Weiterentwicklung ist nicht möglich, da sie sich gegenseitig mit der Angst kleinhalten, unfrei machen. Einer macht den Anderen schließlich für diese Unfreiheit verantwortlich. Ihre Gefühle drohen, an der gemeinsamen Angst zu ersticken.

Ein anderes, völlig entgegengesetztes Paar: Clarissa und Wismar. Sie schreibt:

► Lieber Wismar,
   es fällt mir schwer, diesen Brief zu schreiben, da ich zwischen Wut und Traurigkeit ständig hin- und hergerissen werde.
   Traurig bin ich, weil ich in den letzten sechs Wochen so viele Hoffnungen begraben mußte, und wütend bin ich, weil es für Dich in unserer Ehe immer nur eine Wahrheit gibt. Deine! Du änderst Dein Verhalten nicht.

– Deine Selbstgerechtigkeit und Dein Mißtrauen, allem und jedem gegenüber, aber besonders mir gegenüber, tun mir weh. Wenn ich nur daran denke, wie ich in den letzten zehn Monaten versucht habe, Dir meine Liebe zu zeigen, und trotz allem Dein Mißtrauen bemerke, dann tut das weh.

– Wie schon früher so oft, hast Du mich auch jetzt im Stich gelassen, weil Du Dich in meine Situation (die eigentlich auch Deine war,) nicht einfühlen konntest oder wolltest. Als ich mich an Bertrams Tod erinnerte und am Abend und in den nächsten Tagen noch traurig war, da bist Du auf jede erdenkliche Weise ausgewichen.

Ich kann meine Verletztheit auch kaum in Worte fassen: Ich zeige Dir meine Sehnsucht, und Du vergißt es. Aber daß wir uns wegen der Parkplatzsuche streiten, das kannst Du haarklein in der Therapie wiedergeben.

Ich will und kann so nicht weiterleben. Ich mache reinen Tisch. Dazu gehört für mich auch noch etwas, was Du vielleicht ahnst, aber nicht weißt. Ich habe Dich vor zwei Jahren betrogen. Es war die einzige Affaire, die ich in 25 Jahren hatte, und sie war mit dem Urlaub beendet. Wie es dazu gekommen ist, das weißt Du hoffentlich noch! Oder hast Du auch vergessen, daß Du damals acht Wochen nicht mit mir geschlafen hast, nur weil ich wollte, daß Du Dich auch mal um mich bemühtest?

Sicher wirst Du jetzt fragen, warum ich es erst jetzt sage. Wieso sollte ich? – Jemand, der so nachtragend ist, der so wenig verzeihen kann, mit dem kann man nicht reden und nicht leben!   Clarissa ◄

Ihr Mann Wismar beschreibt seine Sicht der Beziehung doch erstaunlich anders, vor allen Dingen mit ganz anderen Gefühlsqualitäten:

► Mein lieber Schatz,
  es fällt mir unheimlich schwer, Dir diesen Brief zu schreiben. Ich möchte Dir so viel sagen, und dann denke ich, ach, ist ja alles Quatsch. Bevor ich den Brief angefangen habe, habe ich die alten Fotoalben durchgesehen. Da wußte ich mit einem Mal, was für mich Liebe war. Aus den Bildern sah ich Liebe, Vertrauen und auch Stärke.
  Jetzt bin ich so verunsichert, ich spüre Dein Vertrauen nicht mehr, Deine Liebe nicht, Deine Stärke nicht. Ich spüre jetzt Deine An-

klage, Deine Vorwürfe, und was am schlimmsten ist, Dein Desinteresse.

Deshalb will ich jetzt lieber über die Zeit schreiben, als für mich die Begriffe Liebe und Vertrauen keine Fremdworte waren.

Ich erinnere mich, als ich den Job wechselte. Alle sagten, ich wäre verrückt, nach gut elf Jahren wechselt man nicht mehr. Da hast Du mir soviel Kraft und Zuversicht gegeben. Ich dachte gar nicht daran, daß es nicht klappen könnte, denn ich hatte ja Dich. Außerdem waren da noch unsere Kinder Sönke und Bertram. Ich war sicher, weil ich Deine und die Liebe der Söhne hatte. Damit war ich stark und unverwundbar. Ich liebte Euch.

Dann kam der gewaltigste Einbruch in unserem (meinem) Leben. Bertrams Tod!

Es fehlte ein Stück Liebe. Sie war auch nicht dadurch zu ersetzen, daß wir uns enger zusammenschlossen. Im Gegenteil. Was vorher nicht ganz in Ordnung war, wurde nun mit einem Mal zum Chaos. Mein Job beanspruchte mich nun noch mehr. Du fingst mit Deiner Ausbildung an, und Sönke wurde immer selbständiger.

Mit einem Mal waren wir kein Team mehr. Wir waren eine Gruppe mit Einzelinteressen, die der andere mittragen sollte oder mußte.

Und so ist es eigentlich bis heute geblieben. Natürlich waren da auch noch schöne Momente. Sie reichen mir aber nicht. Wir haben die Grenzen der Trauer, der Gleichgültigkeit, des Egoismus kennengelernt.

Ich möchte auch gerne wieder die Grenzen des Vertrauens, der Liebe und Achtung kennenlernen. Ich liebe Dich. Ich hoffe, Du kannst mir wieder vertrauen. Wismar ◄

Natürlich sind es nur wenige Paare, die am Anfang einer Therapie soviel Offenheit zeigen, ihr eigenes Herz nicht zur Mördergrube machen, trotz ihrer Trennungsdrohung. Diese Beiden sind schon 26 Jahre miteinander verheiratet, hatten zwei Söhne, wovon der eine im Alter von vier Jahren von einem alkoholisierten Autofahrer überfahren wurde. Die Trauer um Bertram konnten Beide nicht gemeinsam durcharbeiten; eine starke Entfremdung zwischen ihnen trat ein. Der übliche und alltägliche Dauerstreit des Paares eskalierte, wurde zum Ersatzkriegsschauplatz für die ungelebte Trauer. Jeder haderte auf seine Weise mit dem Schicksal und übertrug diesen Groll unbemerkt und unbewußt auf den Partner. Erst im nächsten Schritt der Therapie zeigt sich, daß dahinter noch tiefere traumatische Erfahrungen aus der Kindheit liegen.

Der Einstieg in die Therapie fiel Wismar sehr schwer, da er aus der reinen Männerwelt des Baugewerbes kommt, wohingegen seine Frau Clarissa selbst Therapeutin ist. Wismar fühlt sich hin- und hergerissen zwischen Hoffnung auf Hilfe und Mißtrauen gegenüber einer Allianz zwischen Therapeut und Ehefrau. Er ist letztendlich in seiner Liebe auch naiver und unbeirrbarer, vielleicht durch seine Sturheit, wie sie es nennt. Etwas davon zeigt sich in einem früheren Liebesbrief, den er Clarissa geschrieben hatte und der Auskunft darüber gibt, wieviel vom Glück zerbrochen ist:

▶ Ich bin süchtig geworden, süchtig nach Dir, mein Geliebtes. Das schlimmste ist die Ungewißheit, wann sehen wir uns wieder. Wann darf ich wieder in Dein so geliebtes schönes Gesicht sehen, Deine Fingerspitzen küssen. Dich nur ansehen. Nur ansehen und Dich streicheln, mein Liebes, ich kann es kaum noch ertragen. Um den Bahnhof muß ich immer einen großen Bogen machen, sonst setze ich mich in den nächsten Zug und komme zu Dir.
Jetzt ist wieder ein Hoffnungsschimmer am Horizont. Ich werde versuchen, morgen schon mit der Wohnung alles klarzubekommen. Du mußt auch fest dran glauben, dann klappt es ganz bestimmt.
Morgen ist nun unser vierter Hochzeitstag. Vier Jahre sind so lang, wenn man sie vor sich hat, vier Wochen sind noch tausendmal länger, wenn Du nicht da bist. Ihr fehlt mir so. Ich bin so einsam ohne Euch. Vier Jahre verheiratet. Liebling, jetzt wo ich hier allein bin, trauere ich um jede Stunde, ja jede Sekunde, die wir, obwohl beieinander, doch getrennt waren. Ich habe mir jetzt ganz fest vorgenommen, nie mehr bös zu Dir zu sein. Wenn wirklich mal etwas ist, küsse ich Dich so lange, bis alles wieder in Ordnung ist. Ach Liebling, wenn Du doch da wärst. Ich habe mir heute solche Sorgen um Dich gemacht, Du warst so traurig am Vormittag am Telefon, ich habe den ganzen Tag an Dich gedacht.
Einen Namen habe ich auch schon für unsere neue Wohnung...
Mein Geliebtes, ich möchte Dir noch so viel schreiben, aber es ist so schwer, für mich unmöglich, das auszudrücken, was ich für Dich und unseren Sohn empfinde. Worte sind viel zu wenig. Mein Ge-

liebtes, bis morgen alles, alles Liebe, ganz viele liebe Küsse auch an Sönke.   Dein Dich immer liebender Mann Wismar. ◄

In dieser Therapiesituation und nach Clarissas Anklagen und Enthüllungen über ihr Fremdgehen dazu aufgefordert, seine jetzt noch vorhandene Sehnsucht und Liebe in Worte zu fassen, zeigt sich seine Resignation, sein Verstummen, das drohende Ende seiner Liebe. Hier sein *Sehnsuchtsbrief* (siehe Seite 53 ff) und dann ihrer:

► Sehnsucht – Ein Versuch
  – Sehnsucht ist das, was man nicht hat und gern haben möchte.
  – Sehnsucht hat man danach, was einem vorenthalten wird, es ist also ein anderer für die Erfüllung zuständig. Der andere kann also kostenlos meine Sehnsucht befriedigen oder gegen von mir zu erfüllende Bedingungen die Sehnsucht zufriedenstellen.
  Je größer die Sehnsucht
  desto größer die Bedingungen
  desto größer die Abhängigkeit
  oder:
  je größer die Sehnsucht
  desto größer die freiwillige Leistung des Partners
  desto größer die moralische Verpflichtung,
  Gleiches mit Gleichem zu vergelten.
  – Ich glaube, es gibt keine Sehnsucht, denn das Sehnen und die Sucht passen schon als Worte bzw. Silben nicht zueinander. Es tut mir leid, aber mir fällt nichts Positiveres zur Sehnsucht ein, als daß die Sehnsucht die Courts-Mahler der Gefühle ist.   Wismar ◄

Clarissa hört sich anders an:

► Die Sehnsucht ist es, die mich vorwärtstreibt, die Sehnsucht nach Liebe, nach Wärme, nach Zärtlichkeit, nach Geborgenheit. Sie ist es, für die ich mich immer wieder anstrenge, neue Leistungen und Taten hervorbringe, mich immer und immer wieder anstrenge und es noch einmal versuche.
  Es ist traurig und hoffnungslos. Ab und zu glaube ich einen Zipfel davon erwischt zu haben, doch ich kann die Liebe nicht halten, sie entgleitet mir immer und immer wieder. Und weil ich so sehr auf

der Suche nach ihr bin, übersehe ich sie wohl manchmal, da, wo ich sie bekommen konnte, und wenn ich es dann merke, wie jetzt, wenn ich alte Bilder ansehe und merke, daß ich Sönkes Liebe wohl manchmal übersehen und in ihm vielleicht die gleiche oder eine ähnliche Sehnsucht hinterlassen habe, dann werde ich auch wieder traurig.

Ich weiß nicht mal, ob es in mir eine Sehnsucht nach erotischer Zärtlichkeit gibt, weil dazu ja eine Person, ein Mann gehört, aber den gibt es nicht, nach wem soll ich mich sehnen. Sehnsucht heißt auch suchen und sehnen und auch Sucht, und das ist meine Sucht – meine Sucht nach Liebe und Menschen, die sich wenigstens von mir lieben lassen.

Und dann ist auch die Resignation, daß ich es ja doch nie erreiche, das Ziel, und dann ist auch noch die große Wunde im Herzen, als ich glaubte, das Ziel erreicht zu haben, und die Axt mich mitten ins Herz traf.

Ich wollte es nicht glauben und habe es immer wieder probiert – aber das Ziel war ein falsches Ziel, und jetzt, ich erkenne nicht mal mehr das Ziel, nach dem ich mich sehnen soll. Clarissa ◄

Brigitte, die im folgenden ihre Beziehung zu ihrem Mann Jürgen auch in einem *Inneren Dialog* (siehe Seite 49) darstellen sollte, fand zunächst nur Stichworte und allgemeingültige Begriffe, die eher moralisierend und für die Beziehung demoralisierend waren. Die unerwartete Wendung kam für Brigitte erst, als sie in der Therapiestunde nach dem ersten Vorlesen vor Jürgen den Auftrag erhielt, aus diesen Stichworten lauter Sätze zu bilden, die mit «ich» beginnen sollten, in denen sie selbst die Gebende ist, bevor sie Liebe abfordert, gemäß dem Sprichwort: «Wie ich in den Wald hineinrufe, so kommt es auch wieder heraus.» Nach heftigem Sträuben und Zögern formulierte sie tatsächlich daraus Sätze, in denen sie auch Verantwortung für ihre Liebe übernimmt und nicht allein ihm die Schuld am Scheitern der Beziehung zuschreibt:

► *Liebe sollte sein:* Vertrauen, sich öffnen, fallen lassen können, Geborgenheit, Fürsorge, Hilfe, Respekt, Toleranz, Verantwortung, Geben und Nehmen, Teilnahme und Teilnehmenlassen, Sexualität, Zärtlichkeit, gegenseitige Unterstützung.
Die Liebe zwischen Brigitte und Jürgen war: ohne tiefes Vertrauen,

voller Angst vor Verletzung, Abweisung, Rollenspiele, Abgrenzung, ohne viel Zärtlichkeit, ohne Respekt und Akzeptanz. ◄

Diesen Katalog von Begriffen galt es aufzuarbeiten. Nach der Anweisung des Therapeuten formuliert sie jetzt stockend, fast weinend:

► Liebe sollte sein: *Ich* will Dir *vertrauen, mich* Dir *öffnen* und *mich* bei Dir *fallenlassen: Ich* gebe Dir Geborgenheit und sorge für Dich, helfe Dir. *Ich* respektiere Dich und toleriere auch Fehler von Dir. *Ich* habe Verantwortung für unsere Beziehung und nicht Du allein, *ich* will geben und dann nehmen. *Ich* gebe Dir meine Zärtlichkeit und meine Sexualität, meine Lust.
Aber *meine* Liebe zu Dir war: ohne tiefes Vertrauen, voller Angst vor Verletzung und Abweisung, *ich* habe nur Rollen gespielt, statt wirklich zu lieben, voller Abgrenzung und ohne viel Zärtlichkeit, ohne Respekt und Akzeptanz. ◄

Danach herrschte atemlose Stille und tiefe Betroffenheit, auch bei Jürgen. So hatten sie in den zwanzig Jahren ihrer Beziehung wohl nie miteinander gesprochen. Leider war Jürgen, behaftet mit noch größeren Ängsten und kindlichen Verletzungen seiner Liebesfähigkeit durch Mutter und Vater, gar nicht in der Lage, jetzt mit offenem Herzen auf Brigitte zuzugehen, ihr zu danken, dieses Geständnis, von ihr unter Tränen hervorgebracht, entsprechend zu würdigen. Allerdings wäre auch zu Anfang jeder Paartherapie ein solcher Lösungsschritt zu hastig eingeschlagen, ohne Dauer und Bestand, einfach zu früh. Später trennt sich das Paar tatsächlich. Das läßt sich erahnen beim Lesen weiterer Briefe zur Therapie. Brigitte schreibt:

► Lieber Jürgen!
In mir ist ein ganz großes Durcheinander. Liebe und Hoffnung auf eine gemeinsame Zukunft, aber auch Wut, Verzweiflung und Resignation, sogar eine gewisse Gleichgültigkeit schleicht sich allmählich ein. Vor allem habe ich aber den Wunsch, daß diese Ungewißheit endlich ein Ende hat!
Ich bin enttäuscht und wütend über Deine Selbstverständlichkeit, mit der Du trotz Deines Auszugs aus unserer Wohnung noch immer über mein Leben bestimmst. Die Kinder und ich leben völlig im

Ungewissen, zwischen Hoffnung und Enttäuschung geht es hoch und runter. Und Du wunderst Dich, daß ich wegen Deiner Kühle und Entschlußlosigkeit weine, daß die Kinder sensibel reagieren und Ablehnung zeigen, und machst dann *mir* zum Vorwurf, daß ich die Situation nicht im Griff habe.

Ich bin nicht mehr bereit, weiter auf unbestimmte Zeit auf Deine Entscheidung zu warten. (Druck!) Seit fast anderthalb Jahren hast Du Dein Verhältnis mit Frau C. beendet, und seitdem lebst Du allein (?). Ich bin nach wie vor aus Deinem Leben ausgeschlossen, erfahre nichts von Dir über Deine Gefühle.

Wo ist Deine Bereitschaft, zu verstehen, zu verzeihen, Fehler einzugestehen, Deine Verantwortung uns gegenüber zu tragen, Vertrauen zu schenken? Weil Du Angst vor Verletzungen, vor Nähe und Gefühlen hast, müssen die Kinder und ich diesen Eiertanz machen. Für Dich dasein, wenn Du Familienleben haben möchtest, zurücktreten, wenn Du allein sein möchtest, Unangenehmes willst Du nicht hören, Forderungen sind Druck.

Warum soll ich weiter auf einen Mann warten, der mir noch nicht einmal die Hoffnung auf eine gemeinsame Zukunft läßt? Was ist das für eine Liebe, bei der ich nicht glücklich bin, sondern allein?

Ich fühle mich von Dir nicht ernst genommen, wenn ich Dir von meiner Erschöpfung und Verzagtheit berichte. Ich habe nicht genug Vertrauen, daß Offenheit mit Verständnis beantwortet wird. Ich vermisse Dein Verständnis und Deine Hilfe, wenn mir etwas (oder sehr viel) nahegeht oder bei Zweifeln und Enttäuschung. Ich habe Angst, mich in Deinem Beisein zu öffnen und kein Mitgefühl zu finden. Ich will Gefühle ausleben und nicht zurückhalten müssen, weil Du dabei hilflos bist.

Werden wir uns überhaupt jemals so sehen, wie wir wirklich sind, und nicht, wie wir es gern hätten? Und wenn wir den anderen erkannt haben, können wir ihn dann noch akzeptieren und lieben?

In dieser Therapie werden sicherlich etliche neue Erkenntnisse und Facetten sichtbar. Ich habe Angst davor und wünsche mir, daß diese sicher auch schmerzlichen Prozesse in einer Atmosphäre von Vertrauen, Liebe und Verständnis stattfinden und daß Du mich auffängst. Ich liebe Dich.   Deine Brigitte. ◄

Und zur Therapie schreibt sie folgende Überlegungen:

▶ – Ich sehe mehr Probleme, wenn Du wieder bei uns wohnst als wenn wir uns endgültig trennen.

– Ich habe Angst, daß ich mich in der Therapie nicht richtig ausdrücken kann, daß ein falscher Eindruck entsteht (Sexualität).

– Ich fürchte, daß das Verhältnis zu meinen Eltern belastet wird und ich auch damit allein bin, während unsere Sache noch unklar ist.

– Ich fürchte, daß Du die Therapie als Grund nimmst, die Entscheidung noch weit von Dir zu schieben. Und wenn ich eine Entscheidung fälle, wirst Du in dem Moment sagen, daß Du zurückkommen wolltest. Ich hab den Schwarzen Peter und ein schlechtes Gewissen, daß ich nun nicht mehr gewartet habe.

– Ich habe Angst, daß Du nie allein sagen wirst: Ich liebe Dich.

– Ich bin ziemlich sicher, daß Du für mich mit Schwächen, die Du zugeben kannst, menschlicher wirst und Verständnis und Mitgefühl bekommst, während ich umgekehrt eher Ablehnung befürchte.

– Ich habe Angst, daß ich mir durch die Erkenntnisse der Therapie klein und schwach vorkomme, daß die Stärke, in einer Krise nicht aufzugeben, als Schwäche ausgelegt wird.

– Ich habe Angst, daß wir es nicht schaffen, zueinander zu finden, und daß in dieser Therapie die Unterschiede so kraß aufgezeigt werden, die uns trennen, daß wir keine Chance mehr sehen.

– Ich bin traurig, daß wir uns nach einer Therapiestunde nicht darüber unterhalten, wenn sich alles etwas gesetzt hat.

– Ich brauche endlich wieder Wärme, Zärtlichkeit, Geborgenheit, ich will mit Dir wieder lachen, Pläne machen, Deine Nähe spüren, mich anlehnen können, ich will endlich wieder eine glückliche Frau sein!

– Ich habe Angst, daß Du mich nicht mehr magst, wenn ich nicht mehr soviel hinnehme, sondern selbstbewußter auftrete.

– Ich bin traurig und verzweifelt, wenn ich mir klarmache, was unsere Kinder durchmachen.

– Ich habe Angst davor, daß einer von uns einen anderen Partner trifft, einfach um mal etwas Erfreuliches zu erleben und Bestätigung, Wärme, Zärtlichkeit zu bekommen.

– Ich habe das Gefühl, daß ich in unsere Beziehung viel mehr Gefühl investiere als Du und nichts oder nur wenig zurückbekomme.
– Ich fürchte, daß mein Gefühl allmählich kälter wird.
– Ich fürchte, daß Du mit Deiner Entscheidung so lange wartest, bis ich gar nicht mehr will.
– Ich befürchte, daß unsere negativen Erfahrungen und die Angst vor weiteren Verletzungen uns nie wieder einander völlig vertrauen läßt. ◄

Aus Jürgens Sicht klingt alles ganz anders:

► Liebe Brigitte!
Vordergründig habe ich Dich und die Kinder verlassen, weil ich ein anderes Verhältnis hatte. Es dauerte aber nur ca. ein halbes Jahr, da die Bindung zu Dir und den Kindern stärker war. Außerdem habe ich als Folge meiner früheren Einzeltherapie Erkenntnisse gesammelt: Ich soll Frauen nicht mehr nahe an mich rankommen lassen; ich soll mich wehren und nicht mehr fliehen; ich soll Druck erkennen und widerstehen; ich soll die Rolle der Frauen in unserer Familie durchschauen.
Die Mechanismen, mit denen meine Großmutter und Mutter mich in ihrem Sinne beeinflußt haben, hast Du übernommen.
Damit sind wir bei meinen Ängsten:
– Brigitte übt über die Kinder Druck auf mich aus, auch in den Schriftsätzen ihres Rechtsanwalts.
– Ich habe Angst davor, mich zu wehren.
– Brigitte überträgt das Rollenverhalten ihrer Eltern auf uns.
– Ihre Suiziddrohungen bedrücken mich.
– Meine finanzielle Verletzbarkeit benutzt sie.
– Ich habe seit vielen Jahren keine Möglichkeit mehr, mich zu regenerieren.
– Ich bin überfordert, zeitlich, finanziell, kräftemäßig.
– Ich werde den Kindern nicht immer gerecht.
– Ich empfinde mich ebenso unterdrückt wie mein Schwiegervater.
Druck:
Du widersprichst mir, wenn ich sage, Du übst Druck auf mich aus, daher eine Episode, in der Du mich unter Druck gesetzt hast: Ich rufe Dich an, daß ich noch länger arbeiten und erst gegen 15.30 Uhr

die Kinder abholen werde. Du machst mir Vorwürfe, daß ich später komme. Ich sage Dir, daß ich nicht aus Schikane, sondern aus finanzieller Notwendigkeit länger arbeite. Kein Druck von Dir? ◄

► Erwartungen und Hoffnungen:
Ich möchte,
– daß meine Ängste ernst genommen werden,
– daß Verständnis für mein Resignationsdefizit entwickelt wird,
– daß Konflikte nicht mehr über die Kinder laufen,
– daß Brigitte mir Arbeit abnimmt,
– daß wir Gemeinsamkeiten aufbauen, auch auf intellektuellem Gebiet,
– daß Brigittes sexuelle Erwartungen mit eigenem Verhalten in Einklang gebracht werden,
– daß Absprachen eingehalten werden,
– daß ich mich eher auflehne und mich spontaner wehre.
Gefühle:
Durch meine persönliche Historie bin ich eher Erfolgsstreber und deutlich stärker leistungs- als gefühlsorientiert. Wenn ich wenig Gefühle zeige, heißt das jedoch nicht, ich besäße keine.
Seit achtzehn Jahren kennen wir uns. Rückblickend haben wir uns mit immer größeren Kalibern verletzt. Das beweist das Vorhandensein von Gefühlen. Außerdem bemühen wir uns, wieder zusammenzufinden.
Folgende Gefühle haben bei mir alle Konflikte überstanden:
1. Zusammengehörigkeitsgefühl,
2. Verantwortungsgefühl,
3. Wir-Gefühl,
4. Elterngefühl,
5. Liebe zu den Kindern.
Um die Liebe zwischen uns wieder zuzulassen, brauche ich das Vertrauen, nicht verletzt und benutzt zu werden. Dazu muß Druck und Verletzung aus unserer Verbindung eliminiert werden. ◄

Kein Wort von Gefühlen für Brigitte. Dieser Mann benutzt, eher männertypisch, das Wort *eliminieren* scheinbar ganz neutral, verlangt in Wahrheit von seiner Frau, den Druck von ihm zu nehmen, der ihm in der Kindheit widerfahren ist, statt dies als ureigenste Aufgabe zu sehen.

Aber es wird auch deutlich, daß Brigitte tatsächlich im Stil seiner Mutter und Großmutter – und ihrer eigenen – Druck ausübt durch massive Anklagen, Forderungen und moralische Appelle. Jürgen sieht sich nur als Opfer, das nicht gelernt hat, sich zu wehren, deshalb zu anderen Frauen und schließlich ins Alleinleben flüchten muß. Erst später, als es zur Trennung kommt, beginnen beide neue Wege.

Bernd, in der Führungsspitze eines Konzerns, bereitet sich ganz nach Art eines Führungstrainings für leitende Manager schriftlich vor und schreibt zu dieser Fragestellung:

▶ Zur Vorbereitung unserer zweiten (Therapie-)Sitzung anbei die versprochene Darstellung aus meiner Sicht, wie ich sie meiner Frau vor drei Jahren aufgeschrieben habe. Ich habe diesen Weg für sinnvoll gehalten, um die Emotionen, die bei einem persönlichen Dialog entstehen, zu *eliminieren*. ◀

Das Grundproblem dieses Mannes und damit das seiner Ehe ist sofort zu erkennen. Auch er versucht, Gefühle zu «eliminieren» – wieder sehr männlich. Damit wird er die Seele einer Frau in kurzer Zeit töten, denn der Gefühlsdialog ist einer der fünf Grunddialoge in jeder Liebesbeziehung.

Aber warum versucht er, Gefühle zu eliminieren? Dies tut nur jemand, der im Innersten ganz unsicher ist, das aber auf keinen Fall nach außen zu erkennen geben darf. Um diese Schwäche und die Angst vor ihrer Entdeckung zu vertuschen, wird ein besonders männliches bzw. autoritäres Gehabe an den Tag gelegt. Dagegen muß seine Frau automatisch ankämpfen, ohne seine Angst dahinter sehen zu können. Eher frauentypisch verteidigt sie zunächst die Kinder gegen den «harten» Vater. Das fällt ihr leichter, da sie für sich selbst nicht kämpfen kann.

Bernd hatte unbewußt eine eher hilflose Frau als Partnerin ausgewählt, um nicht von einer starken Frau entlarvt zu werden. Folgerichtig verlor sie in diesem Kampf immer mehr an Platz für sich, verschloß sich, verkroch sich, bis es weiter nicht mehr ging. Dann wurde sie körperlich schwer krank, bekam eine Bauchspeicheldrüsenentzündung und verlor zusehends an Körpergewicht. Erst in einer Kur bekam sie die lebensrettende Entlastung und den entscheidenden Hinweis auf eine Paartherapie.

Besonders Männer zeigen deutlich, wie sprachlos sie gegenüber ihren Frauen sind, wie schwer sie es haben, bei sich selbst nach Fehlern zu forschen statt beim Gegenüber, wie sie die Welt der Beziehung ohne böse Absicht einfach ganz anders definieren als Frauen. So fand ein Mann etwa nach der zehnten Therapiesitzung folgendes heraus, das er ohne die leisesten Selbstzweifel vor seiner Frau und dem Therpeuten kundtat:

▶ Ich habe während der ganzen vergangenen Woche über mich und meine Fehler nachgedacht und bin zu dem Schluß gekommen, daß Du eine sehr schlechte Frau für mich bist. ◀

Noch dramatischer, noch weitaus schlimmer ergeht es Maria, der Frau eines Arztes, die in einem Brief begründet, warum sie Therapie machen will, am liebsten zusammen mit ihrem Mann:

▶ ... Der Ehekonflikt zwischen uns bahnte sich wohl durch mangelndes Verständnis füreinander an, insbesondere von mir für die Situation und Verhaltensweisen meines Mannes. Vor fünf Jahren baute er eine enge Beziehung zu einer seiner Mitarbeiterinnen auf, die mit der Zeit immer intensiver wurde. Dadurch, daß ich meinem Mann sagte, daß ich über diese Beziehung informiert sei, wurde diese von seiten der Frau abgebrochen.
Mein Mann kam in eine tiefe Krise, machte mir Vorwürfe, viele sicher auch zu Recht. Ich «schnüffelte» ihm hinterher, besorgte mir einen zweiten Schlüssel für seinen Schrank, um zu sehen, ob er noch Kontakt zu seiner Freundin hatte, sprach mit dem Mann seiner Freundin ... Ich litt sehr unter dieser ganzen Situation, fühlte mich immer verantwortlich, weil ich alles falsch gemacht hatte, ich nahm zehn Pfund ab, anschließend wieder zwanzig zu, und immer wieder hatte ich Hoffnung.
Ich weiß nicht, was ich tun soll. Ich möchte mich nicht von meinem Mann trennen, weil ich ihn noch liebe, weil er mir viel bedeutet. Ich habe zwar auch große, starke Aggressionen gegen ihn, aber er hat mir doch vorher soviel gegeben ... Er sagt aber auch, daß er sich von mir nicht trennen wird, weil es für ihn aus seiner Sicht der Kinder wegen (14, 12 und 11) und aus finanziellen Gründen nicht möglich ist.
Ich befinde mich in einem Zustand der totalen Traurigkeit und Ausweglosigkeit, der Unentschlossenheit ..., der totalen Leere ... Ich

kann mich auch von ihm nicht trennen, weil ich mich schuldig fühle, daß es so weit gekommen ist. ◄

In einem zweiten Brief dann:

► ... ich im Grunde genommen gar nicht weiß, was ich möchte, weil das, was ich möchte, nicht machbar ist, weil mein Mann eine Trennung will nach innen, die auch nach außen in sechs bis acht Jahren vollzogen werden soll. Mein Mann fragt mich, was ich wolle, bei ihm sei das alles klar, er wolle die Trennung. ◄

Das ganze Ausmaß dieser Ehetragik wird erst klar, als die Klientin, inzwischen schon acht Monate in Therapie, auch dort unter innerem Zwang alle Schuld auf sich nehmen muß und ihren Mann niemals als fehlerhaft sehen darf. Im weiteren Verlauf stellt sich dann heraus, daß sie schon als Kind die Sündenbockrolle für ihre Mutter übernehmen mußte, sich seither selbst als schlecht und unwert empfindet, sich deshalb auch bei ihrem Mann als Sündenbock anbietet und sich gegen die Aggressionen ihres Mannes gar nicht wehren darf. In einem weiteren Brief an den Therapeuten wird diese Verstrickung von Opfer und Täter zwischen den Partnern deutlich:

► ... Ich bin heute völlig fertig. Ich fühle mich so wertlos nach dieser menschenverachtenden Demütigung, die Karl mir mal wieder zumutet. Traurig bin ich, wütend bin ich, überlege, was ich tun kann, um mich zur Wehr zu setzen, und weiß in dem Moment schon wieder, daß ich alles das nicht schaffen werde. Ich möchte weglaufen, verschwinden, nicht mehr da sein, und ich weiß ebenfalls, daß ich das doch nicht tun werde. Was tue ich also? Ich sitze da, bedaure mich, heule, leide. Für wen? Was soll ich tun?
Ich will berichten, was passiert ist: ... kurze Zeit darauf kam er wieder, ging in mein Schlafzimmer und sagte auf dem Rückweg: «Ich habe Dir den Eimer mit dem Gestank in Dein Bett gestellt!» Da fiel mir ein, ich hatte gestern ... den See, den unser kleiner Hund in die Wohnung gepinkelt hatte, weggewischt, hatte aber in der Hetze den Lappen nicht ausgespült, sondern den Eimer mit Lappen im Keller in die Waschküche gestellt... Ich ging also in mein Schlafzimmer, sah den Stinkeimer in meinem Bett stehen, und nicht ge-

nug, es war auch noch Wasser ausgekippt auf mein Bettlaken. Ich dachte, ich platze vor Wut. Ich schnappte mir den Eimer, ging zu Karl und sagte: «Jetzt reicht es mir, das geht einfach zu weit, das ist zuviel. Am liebsten würde ich Dir das jetzt überkippen.» Sein Gesicht war wütend. Er fuhr mich an: «Das sage ich Dir, es gibt ein Unglück!» Ich darauf wütend, aber schon eingeschüchtert: «Dann passiert es eben.» In dem Moment kam er auf mich zu, schlug mir rechts und links und rechts und links ins Gesicht. Ich sah Sterne, war wie benommen, stand da mit meinem Eimer, kippte ihn nicht Karl ins Gesicht, nein, ich weinte, ich bedauerte mich, ging weg mit meinem Eimer, wusch das alles aus, ja, und ich fühlte mich nicht mehr wie ein Mensch. ◄

Schon aus dieser kurzen Darstellung wird deutlich, wie eine negativ verlaufende Paarbeziehung auf Dauer zur Zersetzung der Persönlichkeit, zur Zerstörung jeder Selbstsicherheit bis hin zu schwerer seelischer oder körperlicher Krankheit führen kann.

Marias Mann verweigert eine gemeinsame Ehetherapie mit dem Hinweis, daß sie ja doch nichts begreife und nicht einsichtsfähig sei. Später, als die Krise immer mehr eskaliert und zusätzlich die Kinder in Not geraten, wird er zweimal allein in die Therapiesitzung kommen, dort sehr viel Einsicht zeigen, ja sagen zu einer Familientherapie, nur um diese Versprechen zu Hause alle zu vergessen und die Familie noch mehr zu tyrannisieren. Erst drei Jahre später findet die Frau die Kraft, diese Eskalation zu stoppen, zum Scheidungsanwalt zu gehen, nachdem zwei der drei Kinder fast verwahrlosten, sie selbst fast jedes Wochenende mit schwerster Migräne im Bett verbringen mußte (siehe dazu auch *Partnerdiagramm Maria/Karl, Tafelteil*).

Manchmal ist es erschütternd, mitzuhören und zu sehen, wie die Partner zwar um ihre Fehler wissen, sich sogar dazu bekennen, aber doch so hilflos verstrickt sind zwischen Einsicht, Rückfälligkeit, Besserungsversuchen und immer wieder neuen Enttäuschungen und Kränkungen. Nur mit gutem Willen sind so tiefgreifende und langwährende Ehekrisen nicht zu bewältigen.

Bei Beate und Robert, schon lange verheiratet und mit fast erwachsenen Kindern, dauert der Kampf gegeneinander und das gleichzeitige Festhalten aneinander schon viele Jahre.

Robert bedauert erst mal sich selbst und schreibt:

▶ Du versuchtest, mich auf Eifersucht festzunageln, was nur zum Teil stimmt. Beim Bügeln versuchte ich, Dir zu erklären, daß Du mit zweierlei Maß mißt. Daraufhin wirfst Du mir vor, ich mäße mit zweierlei Maß. Das ist doch verrückt.

Niemand interessiert sich für mich, niemand ruft mich an, niemand lädt mich ein – vielleicht weiß ja auch niemand, daß ich noch am Leben bin. Dabei bin ich so «gierig nach Kontakt», so durstig. Ich bin wirklich wie ein kleines Kind – hilflos und möchte auf den Arm.

Merkst Du das am Ende und willst mich mit Deiner Verachtung quälen? Ich glaube es fast. Auf jeden Fall kannst Du es mit meiner schlechten Laune nicht aushalten und hältst Dich wieder mal an die Kinder, nachdem ich Dich wieder zusammengeschissen habe. Die Diskussion ist natürlich für mich noch nicht zu Ende. Du wirst mich nicht so schnell los. Ich bin zwar traurig über meine Unzulänglichkeit und meine Fähigkeit, Dich grausam zu behandeln. Aber warum steigt in mir immer wieder so ein Haß auf, der mich alle guten Vorsätze vergessen läßt? – Weil ich Deine ewige Verachtung so deutlich spüre, wie ein Kind behandelt und ausgegrenzt werde. ◀

Seine Frau Beate tritt schon gar nicht in einen *Inneren Dialog* (siehe Seite 49) mit ihm, sondern schreibt:

▶ Mein Innerer *Monolog* mit Dir findet so häufig in vielen Situationen statt, und doch ist es mühsam, die Gedanken darzulegen. Mein tiefstes inneres Gefühl zu Dir ist die Nähe, die ich mit Dir haben möchte, um einerseits Geborgenheit, Zärtlichkeit, Harmonie und innere Zufriedenheit zu finden... Über all die Jahre bist Du immer noch derjenige, zu dem ich wie ein Kind kommen möchte.

Andererseits möchte ich aber auch stark sein dürfen, lustig und spontan, ohne Angst, mich zu verlieren. Ich möchte meine Sprödigkeit verlieren und Dir mitteilen können, daß ich Dich noch gerne mag. Die Behauptung von Dir stimmt, daß ich Dich sicherlich in vielen Situationen zu einer Verhaltensweise gedrängt habe, weil mir Dein Verhalten, sei es mir gegenüber oder vor anderen Leuten, peinlich war oder ich mich durch Dich in den Hintergrund gedrängt sah. Ich möchte endlich so abgeklärt, weise und sanft auch im Umgang mit mir werden, daß ich Dich so akzeptiere, wie Du bist, und unser Zusammenleben in der Nähe möglich wird, wie wir es uns wünschen. Ich möchte die Möglichkeit haben, Dir zu zeigen, daß ich trotzdem gern nah bei Dir bin. Ich leide an Deinen Zweifeln, Deiner Mimosenhaftigkeit und auch Deinen Rückzugsmanövern. Dabei bin ich selber so hilflos in meinen Mitteln, mich Dir zu nähern.

Oft bin ich aber auch so zornig und so weit entfernt, daß ich als einzige Rettung und Schutz für mich die große Distanz suche, «abhaue» im gedanklichen, gefühlsmäßigen und tatsächlich auch räumlichen Sinn. Wir müßten dann die Fähigkeit... ◄

An dieser Stelle bricht Beate zunächst mit dem Vorlesen dieses Inneren Dialogs in der Therapiesitzung weinend und verzweifelt ab. Sie kann und will nicht mehr so weiterleben, sie leidet zu sehr, trotz all ihrer guten Vorsätze.

Ähnlich verstrickt, vielleicht mit weniger Vorwürfen, sind Marie und Jakob:

► Lieber Jakob!

... Es ist mir schwergefallen, mich auf meine Gefühle zu besinnen und genau zu gucken, wie *meine Liebe* (siehe Seite 50f) aussieht. Ich hatte Angst, genau hinzugucken, Angst, daß ich nicht alles so finde, wie ich es mir wünsche, daß ich nicht soviel gute Gefühle finde, wie ich sollte.

Das Gute meiner Liebe scheint mir, daß ich so viel Vertrauen zu Dir habe, daß ich mich bei Dir loslassen kann, soweit ich es eben kann, und daß ich Dich auch lassen kann. Ich wünsche Dir alles Gute im Leben und kann Dich inzwischen entscheiden und machen lassen, ohne in Gedanken oder Taten zu kontrollieren, zu mißtrauen oder zu mißgönnen. Jedenfalls meistens. Das Gute war über viele Jahre wohl auch, daß ich immer wieder auf Dich zugehen konnte, daß ich mich nicht verschlossen habe, selbst wenn ich wütend war. Das ist jetzt anders geworden.

Das Schlechte an meiner Liebe ist, daß ich bestimmte Gefühle immer für mich behalten habe, nämlich die negativen Empfindungen, die Kritik, die nicht nur im Kopf, sondern manchmal auch im Herzen war.

Auf dem Weg zwischen Annähern und Trennen fühle ich mich in

Richtung Trennung gewandt. Nicht, daß ich von Dir weg will, aber ich fühle den Willen, mein eigenes Ich stärker zu entwickeln. Ich habe in meiner Seitenbeziehung gemerkt, daß ich bestimmte Teile von mir nicht gelebt habe in den letzten Jahren neben Dir. Und ich möchte mich stärker auf mich besinnen, mich finden, nicht immer nur ein Teil von «wir» sein. Ich glaube, daß gerade aus dieser Distanz heraus auch wieder Spannung und Leben in unsere Beziehung kommen kann. Ich möchte lernen, mich frei von Schuld zu fühlen, wenn ich Gefühle habe, die ich mir nicht zugestehe. Ich möchte freier sein in unserer Beziehung, frei alles zu denken und zu fühlen, ohne zu fürchten, daß ich dann Deine Liebe verlieren muß. ◄

Später beschreibt Marie, wie sie ihre Gefühle gegenüber Jakob abschottet (siehe Seite 55 f) in der Übung: Verweigerung dem Partner gegenüber; ich als *Täter in der Beziehung*:

► Ich verweigere Dir die Nähe dort, wo diese von Dir in der Öffentlichkeit gesucht wird, z. B. bei Karstadt auf der Rolltreppe. Dort tust Du verliebt; sind wir allein, tut sich nichts. Ich reagiere dann mit Gefühlskälte, Ablehnung und Zurückhaltung. Ich lasse aber nicht richtig los, behalte die Kontrolle, begrenze Kälte und Zurückweisung auf ein «erträgliches» Maß, das macht das Ganze sicherlich besonders unerträglich – mache mich in meinem Verhalten dadurch irgendwie «unangreifbar», handle taktisch, «erfolgsorientiert!» ◄

Jakob, wieder Männerart, zieht Bilanz nach einem halben Jahr Therapie:

► Was liebe ich an Marie?
 – die (nahezu) problemlose Bewältigung des Alltags,
 – vermittelt mir meist das Gefühl von Wohlgesonnensein,
 – die liebevolle Verständigung mit den Augen,
 – die Zärtlichkeit etc...,
 – Ich behalte fast immer das Gefühl, daß Marie mich eigentlich liebt, es nur nicht «angemessen» zeigen kann. Ich kann meine Liebe nicht los werden, ich bekomme Tränen.
 Wo stehe ich heute?

Früher fühlte ich mich als Teil der Familie, heute bin ich allein. Ich bin offen nach außen geworden.

Ich übernehme für mich selbst mehr Verantwortung, ich bin selbständiger, unabhängiger, aber auch erheblich einsamer geworden.

Ich möchte die Last loswerden, beim Zeigen von Gefühlen *immer* den ersten Schritt tun zu müssen, der in der Sexualität ja nahezu immer zunächst abgewehrt wird. Ich will nicht mehr so oft zurückgewiesen werden. Marie sollte von sich aus auf mich zugehen. ◄

Auch dieses Paar schläft seit Jahren kaum noch miteinander. Die fehlende Sexualität ist sein Hauptvorwurf, er sieht kein anderes Problem. Sie dagegen lehnt Sexualität als seinen einzigen Zugang zu Gefühlen und als Beweis für Liebe ab, vermißt seine männliche Stärke in anderen Bereichen und beklagt seine ewigen Übergriffe auf ihren Körper. Weil sie sich scheinbar anders nicht abgrenzen konnte, hatte sie für kurze Zeit eine Außenbeziehung. Er ist durch ihre Verweigerung völlig verunsichert in seiner Männlichkeit, was sich bald nach Therapiebeginn in einem Traum zeigt.

Für die Traumarbeit in der Therapie gilt die Faustregel, daß sich der Träumer in allen Personen und Bestandteilen des Traums selbst spiegelt. In der Paartherapie konzentriert sich der Träumer im Traum häufig ausschließlich auf den Partner zur Erfüllung eigener Wünsche, delegiert und projiziert Bedürfnisse auf ihn, wie er dies im realen Leben unbewußt oft auch tut.

Jakobs Erzählung seines Traums:

► Nach Jahren mein erster Traum: Es hat geklingelt, ich habe es genau gehört, sehe Marie und ein Kind schlafend, nichts tut sich, ich muß geträumt haben.
– Schritte im Treppenhaus, sind es die Kinder, gehen die Schritte nach oben? Geht eine Tür auf? Nichts. Es klingelt noch einmal. Ich bin mir (fast) sicher, eine Klingel gehört zu haben. Im Traum sagte ich mir: «Jakob, Du mußt aufstehen, Du bist wach, mach die Augen auf.» Aber meine Augenlider sind bleischwer. Im Traum verblüfft mich diese Tatsache sehr. Ich gehe ins Wohnzimmer, es ist leer, keine Bilder an der Wand, keine Einrichtung, nur ein Schrank steht

offen und leer im Zimmer. Ich rufe relativ emotionslos: «Marie, komm mal, guck mal.»

Ich gehe nach unten, aus dem Haus, sehe ein schmutziges gelbes Auto die Straße entlangfahren, ein schmutziger Typ sitzt am Steuer, ist allein. Sein Gesicht habe ich gesehen. Ich kenne ihn aber nicht, kann ihn nicht beschreiben.

Ich sehe ein vergittertes, eingeschlagenes Kellerfenster, gehe in den Keller. Mache die Tür zu dem Keller mit der zerbrochenen Scheibe auf. Der Raum ist voller Matratzen. Ich weiß sofort, ich bin nicht allein. Sehe, wie von einem Schrank von innen die Tür langsam zugezogen wird. Marie, die gerade kommt, teile ich mit den Augen und flüsternd mit, daß jemand im Schrank sein muß. Sie fängt sofort an, die Matratzen vor die Schranktür zu stapeln. Sie bedeutet mir, ihr weitere Matratzen zuzureichen, was ich auch tue. Ich habe das Gefühl, daß sie es so dilettantisch macht, daß es überhaupt nichts bringt, reiche ihr aber weiterhin Matratzen. Dabei beschäftigt mich das technische Problem, wie ich den Schrank schnell so umwerfen kann, daß er auf die Frontseite fällt und die Türen dabei auf keinen Fall vorher aufspringen. Ich befürchte, daß der Typ im Schrank, falls er eine Schußwaffe hat, auf jeden Fall vor Schreck unkontrolliert schießen wird. ◄

In der Regel soll der Träumer in der Therapie selbst deuten, was er darin erkennen kann. Hier sei es kurz zusammengefaßt: Jakob ist zutiefst verunsichert. Durch die Therapie wird in sein bisheriges männliches Weltbild – Marie müßte ihn nur richtig lieben, d. h. mit ihm schlafen – eingebrochen. Jetzt stimmt nichts mehr. Sein Innerstes, das Wohnzimmer, ist leer, wie er in seiner Seele emotionslos ist. Marie soll für ihn empfinden. Er braucht ihre Gefühle, um seine zu finden. Er leiht sich das Leben von ihr, lebt von ihren Gefühlen. Aber so ein schmutziger Dieb darf er vor sich selbst gar nicht sein, deshalb ist sein Gesicht auch gar nicht zu erkennen, als er im Auto vor dieser Wahrheit flüchtet. Um wirklich an seine Gefühle zu kommen, muß er noch tiefer hinabsteigen, in den Keller. Der Zugang ist aber vergittert. In der Konfrontation mit dem Einbrecher im Schrank, wieder sein eigenes tieferes Ich, von dem er fürchtet, es könnte böse sein, fühlt er sich ganz dilettantisch, schiebt die Verantwortung für die Gefahr aber Marie zu. Er gibt die Führung aus der Hand, Marie arbeitet für ihn.

Untermauert wird bei den beiden Paaren die These, daß allein der gute Wille und die nötige Einsicht nicht ausreichen, schwere Partnerkrisen zu bewältigen, durch eine Übung drei Monate nach Beginn der Therapiearbeit. Es geht dabei um das Experiment, *Tod des Partners* (siehe Seite 56f), was nämlich jeder an seinem Verhalten ändern würde, wenn er wüßte, daß sein Partner in einem halben Jahr sterben muß:

▶ Beate:
Seit mehreren Tagen versuche ich, mich an diese Aufgabe heranzutasten. Was beunruhigt mich an der Frage? Ist es das Zeigen, Sichtbarwerden und Zur-Schau-Stellen meiner Gefühle? Oder: Nichts ist schwieriger, als über das zu schreiben, was man nicht empfindet? Oder beunruhigt mich die Vorstellung, Robert in einem halben Jahr zu verlieren? Gerade diese zeitliche Frist läßt meine inneren Widerstände schmelzen, die täglichen Kränkungen, Beleidigungen, das Abfordern meiner Liebe vergessen.
In diesem halben Jahr muß ich ihm durch Gespräche und körperliche Zuwendung vermitteln, daß ich wie ein kräftiger, breiter Strom bin, meine Liebe gleichmäßig und stetig ist. Obwohl dieser Strom zeitweilig über die Ufer tritt und sich wild und gefährlich gebärdet, Stromschnellen hat und sogar zeitweilig versandet, ist meine Liebe zu Robert ein nie austrocknender Strom. Er hat liebliche und stille Teile, er läßt sich auch oft großzügig und tolerant benützen. Dann wiederum gibt es Teile, in denen er durch steinige und unwirtschaftliche Landschaften führt, und er ist ganz froh darüber, von allen in Frieden gelassen zu werden und sich zu sammeln.
Dieses Gefühl der Zuneigung, des nie versagenden Stromes, doch auch die Abgrenzung möchte ich Robert in diesem halben Jahr vermitteln. Es müßte mir gelingen, mehr meine lieblichen und zärtlichen Anteile kenntlich zu machen und auch meine Verhaltensweisen entsprechend zu ändern, so daß Robert in mir nicht nur den schroffen und wilden verschlingenden Urstrom erkennt, vor dem er sich zurückzieht.
Doch sind ihm oft auch meine Zuwendungen suspekt, und er ist mißtrauisch. Deswegen: Ich möchte in diesem halben Jahr die Kraft, die Ausstrahlung und die Wahrhaftigkeit besitzen, ihm die Ehrlichkeit meiner Gefühle zu vermitteln.

Aber wie zeige ich es ihm? Ich darf mich nicht um die Wahrheit drumrumschlängeln. Liebe ich ihn denn noch? Nur für ein halbes Jahr noch? Also mehr Zärtlichkeit, mehr körperliche Nähe, mehr Zutraulichkeit, mehr Bestätigung. Ich bin oft so kritisch, und er kann mir nichts recht machen. Ich muß ihn mehr loben, obwohl er das nicht annimmt und sich ironisch davon distanziert. Ich sollte ihn auch in seiner Schwäche akzeptieren und versuchen, mit ihm auf geschicktere Weise über Gefühle zu reden als bisher, obwohl ich mich in letzter Zeit dabei schon sehr zurückhalte, um nicht «anzuecken». Nicht schreien, er kann mein Schreien nicht hören, d. h., stets gemäßigt zu argumentieren. Meine Sachlichkeit mißfällt ihm, alles läuft auf die Gefühls- und Zärtlichkeitsebene hinaus, für ein halbes Jahr zutraulich und klein oder auch eine wilde Zärtlichkeit, er will so viel von mir. Ich kann das nicht alles, seine Defizite auffüllen, für mich . . . ? ◄

Und auch jetzt wieder bricht Beate ihren Text ab, läßt ihn unvollendet, denn sie sieht, erstickt von ihrem Schluchzen: Ich kann das nicht alles, seine Defizite auffüllen . . . Das wird die Aufgabe der Therapie und nicht des Partners sein: Roberts Defizite als Kind zu diagnostizieren, ihn im nächsten Therapieschritt der Partnerwerdung entsprechend «nachzunähren» und sein gebrochenes Urvertrauen so wiederherzustellen. Mit solchen Nachholbedürfnissen ist ein Partner immer überfordert.

Jakob schreibt an Marie:

► Liebe Marie,
das Wissen um Deinen nahen Tod läßt mich diese Zeilen schreiben. Voll Schmerz ist mir bewußt, daß ich Dir nicht helfen, Dich nur noch ein Stück begleiten kann. Ich möchte Dir so gern etwas abnehmen, Dir unendlich viel – alles – geben.
Mir ist aber bewußt, daß das nicht möglich ist, daß Du letztendlich allein – viel zu allein – bist und die Kinder und ich auch große Belastung für Dich bedeuten müssen.
Ich schreibe Dir, weil Du wissen sollst, was in mir ist. Dinge, die ich Dir nicht sagen kann, ohne daß meine Gefühle über mich hereinbrechen und Trauer und Tränen mich daran hindern, mich Dir mitzuteilen. Gefühle, Trauer und Tränen, die ich rauslassen will, die in mir sind, die ich mit Dir leben will, aber nicht heute.

Sorge Du Dich nicht um die Zukunft der Kinder, meine Zukunft. Ich bin wirklich groß und stark, leistungsfähig. Mein Leben und das Leben unserer Kinder ist gerade bei mir in guten Händen.

Übermächtige Gefühle, Angst, Panik, Trauer, Unfähigkeit, überhaupt einen klaren Gedanken zu fassen, sind jetzt zwar ständig in mir, aber heute kann ich diese Gefühle besser zulassen und glaube, daß sie mir eher helfen werden.

Du weißt, bei meinem insgesamt planenden Wesen (!) ist kein Raum für Kurzschlußreaktionen.

Liebe Marie, ich weiß, ich kann Dir nur ganz wenig aktiv helfen, ich kann Dir nichts abnehmen. Schau Du nur ganz sensibel auf Dich, sorge Dich – soweit Du es kannst – nicht um andere.

Wir hatten schon viele schöne gemeinsame Jahre, haben uns viel gegeben und auch genommen, wir haben uns sicherlich gehindert und behindert. Für mich war und ist unser gemeinsames Leben positiv, lebenswert.

Lebe nun *Du Dein* Leben neben mir, mit mir. Ich will keine Behinderung für Dich sein. Befreie Dich dort, wo Du kannst und willst, in Außenkontakten, Sexualität, habe Wut, Agressionen. Ich möchte Dir – wenn und wann Du es willst – alles sein, wie es gerade paßt, Vater, Mutter, Mann, Partner, auch Gegner, Geliebter, Freund.

Ich will – wenn und wann Du es willst – meine / Deine Gefühle, Trauer, Verzweiflung, Angst, Glück, Freude mit Dir teilen. Sorge Dich nicht um mich, Du kannst und sollst mir keine Trauer(arbeit) abnehmen.

Ich liebe Dich.   Dein Freund Jakob ◄

Erstaunlich an diesen Texten ist, daß diese Aufgabe ziemlich zu Beginn der Paartherapie gestellt wurde und Beide, Beate und Jakob, damals schon intuitiv ganz genau wußten, was sie an ihrem eigenen Verhalten verändern müßten, um den Partner glücklich zu machen. Alles scheint damit so einfach, wozu dann eine lange Therapie? Zugegeben, diese Übung ist extrem, hebt den Alltag auf und scheint unrealistisch. Und dennoch zeigt diese Zuspitzung deutlich: Meist fehlt es den Partnern nicht an der nötigen Einsicht und Erkenntnis, sondern an der Fähigkeit, diese in die Tat umzusetzen. Die Liebe ist zwar für die meisten von uns das Wichtigste im Leben, doch setzen wir im Alltag völlig andere Prioritäten: Beruf, Geld, Hobbies etc.

In den Texten wird auch deutlich, daß es wenig Sinn macht, nach der Schuldverteilung zu fragen. Die bisher zu Wort gekommenen Klienten sind von außen betrachtet sehr sympathische und liebenswürdige Menschen. Unter Freunden und Kollegen sind sie herzlich willkommen. Innerhalb ihrer Beziehung aber können sie zu höchst aggressiven, ja gefährlichen Gegnern werden.

Allerdings stellen Intimbeziehungen zwischen Liebenden auch etwas ganz anderes dar als Freundschaften oder Eltern-Kind-Beziehungen. Keinesfalls kann vom Verhalten der Partner in der Außenwelt auf ihr Verhalten dem eigenen Partner gegenüber rückgeschlossen werden. Die Schutzbehauptung gerade vieler Männer, daß sie im Beruf oder als Chef doch sehr gut mit allen weiblichen Mitarbeitern auskämen und dort sogar beliebt seien, ist nur allzu vordergründig.

Einen solchen Mann hat Heidrun. Erst sehr spät in ihrem Leben lehnt sie sich auf, beginnt sich zu emanzipieren. Sie besucht allein ein Partnerseminar, kommt voller Schwung nach Hause und bringt ihrem Mann Egon diesen Brief mit, in dem sie vieles zum erstenmal auszusprechen wagt:

▶ An Egon:
Ich möchte Dir von mir erzählen, da ich den Eindruck habe, daß Du mich wenig kennst, ich es auch aufgegeben habe, besser: kaum noch weiß, wie ich Dich erreichen kann.

Du hängst Deinen Ärger gegen mich daran auf, daß ich, ohne Dich zu fragen, zwei Teppichbrücken gekauft habe. Heute ist mir klar aufgegangen, warum ich warme Teppiche so sehr liebe: damit ich wenigstens etwas Wärme spüre, wenn ich sie anschaue und drüberlaufe.

Ob Du das überhaupt verstehst?

Ich bin in Gefahr, in unserer Beziehung zu verkümmern – mich sogar zu gefährden, daß der Krebs mich auffrißt, wenn ich weiter so vieles in mich hineinfresse.

Ich weiß, wie wenig Angebote von Nähe zwischen uns im Moment zu finden sind. Es ist für mich so schwer, Dir anzudeuten, daß ich von Dir auch Zugewandtheit brauche, denn Du nimmst Dich zu wichtig, brauchst Deine Energie fast nur für Dich!

Du vermittelst mir den Eindruck, daß Du alles Leid der Welt zu tragen hättest, vermagst so wenig zu schauen, wie es mir geht. Erschreckt hat mich Dein Ausspruch vor wenigen Tagen, als ich nicht alle Arbeit im Haus erledigt hatte, wie Du es Dir vorstellst: «Du bist ein einziger Kompromiß.»

Du bist ein egoistischer Scheißkerl! Spielst den Big Boß, den «großen Mann» für andere, und ich registriere, daß es Dich wenig – gar nicht – zu interessieren scheint, wie es mir geht. Ich habe es schon einige Male angedeutet, aber Du greifst es nicht auf. Was ist nur los mit Dir? Das Klima ist krankmachend. Es ist mir, als ginge es ums Überleben.

Ich wünsche mir: Packen wir es zusammen an!

Leider habe ich Dir zuwenig an Auseinandersetzung zugemutet, weil ich in meiner Lebensgeschichte gelernt habe, Männer zu schonen, ihnen nach Möglichkeit jeden Wunsch von den Augen abzulesen, was ich wohl kann und gern tue, wenn ich auch mal etwas bekomme, ohne in die Rolle der Bettlerin zu geraten.

Wenn ich nach Hause komme, werde ich anfangen, deutlicher mit Dir zu reden, ohne zu verstummen vor Wut, wenn Du Dir erlauben solltest, den Raum zu verlassen, in dem wir uns befinden.

Das ist ein unwürdiges Spiel, sich herauszuziehen. Wenn Du zu einem klärenden Gespräch nicht bereit bist, gibt es auch noch den Weg der Trennung! Es ist mir sehr ernst. Ich habe vor, noch eine Weile zu leben, in freier Luft und nicht in so einem elenden Vorwurfsdunst!

Im Moment habe ich den Eindruck, wir verstecken uns beide voreinander – schieben eine Aussprache hinaus. Diese Zeilen sind ein Anfang.   Heidrun ◀

Und was für ein Anfang! Heidrun, die mit 55 Jahren entdeckt, welche Kraft sie selbst besitzt und wie sehr sie diese ungelebt ließ, ihrem Mann zuliebe. Dieser war der Große, durfte nicht gestört, verärgert oder konfrontiert werden. Der gesellschaftlichen Stellung wegen mußte Harmonie gezeigt werden. Heidrun mußte sich deshalb zurücknehmen, anpassen, einfügen, sich selbst aufgeben. Wie viele Frauengenerationen vor ihr. Und nun bricht sie auf, die eingefahrenen Gleise ihrer 30jährigen Ehe zu verlassen, ungenutzte Kräfte zu mobilisieren, den Rückzug in die Krankheit abzuschütteln, aufzuwachen aus dem depressiven Dauerschlaf des Dornröschens. Das ist das Abenteuer der Liebe, den Sturm zu entfachen, und nicht nur den der Lust, sondern auch den der streitbaren Auseinandersetzung.

Die verletzte Liebe eines Paares wieder zu heilen, kranke Gefühle gesund zu machen, ist keine leichte, aber eine sehr lohnende Aufgabe. Doch tote oder völlig zerstörte Beziehungen können nicht repariert werden. Schreitet die tägliche Zerstörung der Gefühle schneller voran als alle Anstrengungen, sie wieder positiv zu gestalten, ist ein schnelles Ende für alle Betroffenen, vor allem auch die Kinder, eine Erlösung. Scheidung ist dann ein Segen.

Aber aus den Texten und Dokumenten wird sichtbar, daß es niemals eindeutig ist, ob ein Paar Chancen hat und zusammenbleiben sollte, die Schwierigkeiten überwinden kann, oder ob sich der mühsame Weg des Neuanfangs gar nicht lohnt.

Eines nur ist sicher. So, wie die Beziehung bisher war, ist sie gescheitert, der Sinn der Liebe verlorengegangen. Ein Neuanfang muß gefunden werden. Ob es sich lohnt, eine *alte* Ehe um- und neuzugestalten, ist von Psychologen nur begrenzt zu beantworten, eher schon von Theologen oder Philosophen, weil es mehr eine Frage der Werteinstellung als des Machbaren ist. Ich persönlich bin im Lauf dieser Arbeiten und durch meine eigenen schmerzlichen Erfahrungen mit Trennung immer stärker davon überzeugt, daß langdauernde Liebesbeziehungen jeden Einsatz fordern und lohnen.

Denn die Liebe, das Wesen einer Beziehung, die Gestalt eines Paares, seine Ausstrahlung, seine Aura, wie sie sich auch in den obigen Texten trotz aller Anklagen zeigt und fühlbar wird, hat wesentlich zur Identitätsbildung des einzelnen Partners beigetragen. Dann ist es im Konfliktfall nicht mit einer schnellen und sauberen Scheidung oder einer Neubeziehung getan. Zuviel an eigener Persönlichkeitssubstanz bleibt auf der Strecke, oft erst nach Jahren spürbar. Zu fragen ist vielmehr, welche Aufgabe mir das Leben mit diesem Lebensgefährten stellt, was ich durch ihn zu lernen und warum ich gerade diesen Partner gewählt habe.

Tatsächlich ist die Mehrzahl der gestörten und zerstrittenen Paarbeziehungen heilbar. Krisen und Konflikte in der Partnerschaft sind Ausdruck von erkrankter Liebe, die natürlich, wie ein kranker Körper, wenngleich oft erst durch schmerzliche Eingriffe, heilbar ist.

Ebenso schmerzhaft kann es sein, die Liebe zu retten. Viele scheuen davor zurück, versinken lieber in Depression oder flüchten sich in eine neue Beziehung, gefährden damit das Fundament der Beziehung erst recht oder bewirken den endgültigen Tod der Gefühle.

Um die erkrankte Liebe gesunden lassen zu können, bedarf es der genauen Diagnose, d. h. einer kritischen Bestandsaufnahme über die noch vorhandene Paarsubstanz. Denn hier zeigt sich, daß Liebe noch mehr ist als nur ein Gewirr an Gefühlen, ein klopfendes Herz und eine jauchzende Seele. Zur Liebe gehören neben den Gefühlen vor allem auch Verhaltensmuster und Rituale der Partner, gehören adäquate Bewältigung des Alltags und Effizienz als Existenzgemeinschaft, gehört auch die Integration in eine soziale und politische Umwelt, die heute der Liebe eher feindlich gegenübersteht durch Streß, Leistungs- und Konsumdruck, durch Kapitalismus in der Vermarktung der Gefühle.

Das betroffene Paar selbst kann diese Arbeit oft nur schwer leisten, da die eigenen blinden Flecken, die jahrzehntelange Betriebsblindheit und der natürliche Wunsch, sich selbst als Opfer, den Anderen aber als den Schuldigen zu sehen, eine realistische Analyse meist verhindern.

An dieser Stelle bietet sich die Hilfe der Paartherapie an.

Dabei gilt es drei Problembereiche zu erfassen:

a) Welches sind die Ursachen wie z. B.: Überlastung im Beruf, Überforderung durch sexuelle Routine, Existenzsorgen, Streit um die Kinder, Beziehungs- oder Liebesunfähigkeit, Liebesschäden aus der eigenen Vergangenheit und der Geschichte der persönlichen Partnerwerdung? Hier geht es um Überschneidungen der verschiedenen Lebensbereiche von Eigen- und Partnerraum im Verhältnis zum Lebensraum des Paares. Dort, wo sich die Bereiche überschneiden, entsteht Partnerraum und Paarsubstanz. Dort gibt es harmonische und glückselige Übereinstimmung, da gibt es aber auch schmerzhafte Differenzen, Machtkämpfe und Abgrenzungsversuche, da ein Paar nicht auf Dauer in der Symbiose leben kann, sondern auch aus der Gegensätzlichkeit lebt. Die Partner müssen also lernen, die verschiedenen Lebenspole auch unterschiedlich zu besetzen (siehe das *Partnerdiagramm*, Seite 51 ff).

b) Welches sind die Ziele, um die gestritten wird wie z. B.: mehr Einfühlungsvermögen und Feinfühligkeit, mehr Partnerzeit, mehr Aussprache und Gefühlsaustausch, mehr Zärtlichkeit statt purer Zugriff auf die erogenen Zonen des Partners, Gleichberechtigung? Streiten ohne Ziel ist sinnlos, eskaliert endlos und dreht sich im Kreis. Wichtig zu wissen dabei, daß im Lauf jeder Liebesbeziehung sich Ziele und Inhalte verändern, ausgetauscht werden gegen neue Einstellungen, Werte und Wünsche, je nach Alter der Partner und der Beziehung entsprechend den fünf Partnerphasen (Hingabe, Aufbau, Lebensmitte, Altern, Zweisamkeit). Etwa alle zehn Jahre findet der Umbruch zur nächsten Partnerphase statt.

Er bringt, wie bei Wachstumsphasen üblich, Schmerzen und Krisen mit sich, die jedes Paar gleichermaßen zu bewältigen hat, auch in einer zweiten und dritten Beziehung.

c) Wie wird gestritten, geliebt und gelitten: die Art, dem Partner seine Gefühle mitzuteilen, seine Liebe zu zeigen, seine Kritik zu äußern, zärtlich zu sein, sich abzugrenzen, eigene Sorgen zu tragen, mit schlechter Stimmung umzugehen? Die unterschiedlichen Verhaltensmuster lassen sich in die fünf Partnerstile ordnen, die schon von den Eltern übernommen, gelernt und als *Mitgift* in jede Beziehung mitgebracht werden: Anpassung, Durchsetzung, Intuition, Kontrolle und Integration.

Diese drei Bausteine der Paarpsychologie, Partnerraum, Partnerphasen, Partnerstile, die zusammen mit den schon angeführten fünf Grunddialogen im wesentlichen Paarprobleme verständlich machen, haben sehr unterschiedliche Bedeutung für die folgende Bearbeitung und Lösung der Konflikte. Das Verwirrende daran ist allerdings, daß im Streit der Paare Ursachen, Ziele und Partnerstile häufig durcheinandergeworfen und verwechselt werden. So beginnt der Teufelskreis, das Chaos wird immer größer, Streit wird zum Endlosstreit, der Konflikt wird zur Krise.

Die Ursachen für ein Zerwürfnis oder eine Zerrüttung könnten bei notwendiger Selbsteinsicht oft gut von den Partnern selbst beseitigt werden, zumal diese häufig von außen auf das Paar einwirken: Sorgen um Kinder, Geld, Beruf und Krankheiten usw.

Die Streitziele und Streitobjekte sowie der Partnerstil, mit dem der Konflikt ausgetragen wird, sind allerdings sehr persönlichkeitsspezifisch und können oft nur therapeutisch verändert werden. Hilfe von außen wird dann gebraucht. Aber der Mut, solche Hilfe in Anspruch zu nehmen, muß vom Partner selbst kommen. Es ist wie beim Zahnarzt: Je länger man wartet, um so schmerzhafter wird das Bohren, desto tiefer wird der Nerv in Mitleidenschaft gezogen.

Natürlich heißt das nicht, daß sich Paare ständig in Paartherapie begeben müssen, aber sicher ist, daß die Gesundheitspflege der Liebe extrem wichtig ist, um ernsthaften Störungen vorzubeugen. Zur Vorbeugung von Unfällen und Krankheiten am *Arbeitsplatz Liebe* gehört nicht allein ein Herz voller Romantik, Zärtlichkeit und Aufopferungsbereitschaft, sondern auch Mut, Abenteuerlust und sehr viel Wissen und Kenntnis über die Psychologie der Liebe. Denn um Liebeskrisen zu überwinden, brauchen wir neben emotionalen vor allem auch intelligente und drittens praktikable Lösungen. Wie wir (bei Beate und Robert) sehen, lösen Einsicht und Verstehen von Streitanlässen allein noch nicht die Probleme, aber ohne das Wissen um die tieferen Zusammenhänge geht es auch nicht. Partnerkonflikte sind auf Dauer nur dann lösbar, wenn Gefühle, Erkenntnisse und Handlungsweisen zu einer stimmigen Einheit integriert sind, wenn Kopf, Bauch und Hände im Dialog mit dem Partner eine einheitliche und verständnisvolle Sprache sprechen.

Übungsteil

Die im folgenden dargestellten Übungen werden in alphabetischer Reihenfolge erläutert. Diese Übungen haben im Verlauf der Paartherapie das Ziel, über die rein sprachliche Auseinandersetzung mit dem Partner hinaus auch auf anderen Begegnungsebenen zu einer tieferen Konzentration und Bündelung der Gefühle und Einsichten zu führen. Durch die schriftliche Darlegung oder die kreativ-bildliche Gestaltung in Collagen, Zeichnungen oder Tonarbeiten wird darüber hinaus eine Konkretisierung erreicht, denn viele Paare weichen sonst in Schweigen oder Totreden aus. Während der Therapie und der Paarseminare dienen die Übungen zur unmittelbaren Vertiefung, um bestimmte Prozesse des Erlebens und Fühlens in Gang zu setzen, mit dem Partner auszutauschen oder die gewonnenen Erkenntnisse in direktes Handeln umzusetzen. Einfach ausgedrückt meint das, daß es viel leichter ist, über ein Gefühl zu reden, als es dann tatsächlich in die Tat umzusetzen. Viele Ängste und Widerstände werden erst dabei sichtbar. Unendlich viele Partner geben verbal zu, daß sie selbst auch Fehler haben, werden sie aber aufgefordert, diese im einzelnen aufzuschreiben und zu vertiefen, reagieren sie mit Widerstand und Verweigerung.

Als «Hausaufgaben» dienen diese Übungen dazu, die in der jeweiligen Therapiesitzung begonnenen Prozesse fortzusetzen und zu Hause zu vertiefen. Eines ist dabei entscheidend: Solche Übungen können nur sinnvoll sein, wenn sie zur richtigen Zeit an der richtigen Stelle im Therapieprozeß mitgegeben werden. Z. B. kann ein Partner, der noch ganz voll ist von ohnmächtigem Zorn, nicht dazu aufgefordert werden, die Übung «Verzeihen und Versöhnen» mitzumachen. Ebensowenig macht es Sinn, am Anfang einer Paartherapie bereits die Übung: «Lernen durch Dich» mitzugeben. Dritte Schritte dürfen nicht vor dem ersten getan werden. Körperübungen zu Beginn einer Paartherapie mit zerstrittenen Partnern würden geradezu eine Kontraindikation bewirken: Der Widerstand und der Streit mit dem Partner würde sich verschlimmern, der Konflikt eskalieren. In der Therapie der Paare muß sorgsam Schritt auf Schritt aufgebaut werden.

Feedback

Diese Übung ist aus vielen Therapieformen bekannt, erhält allerdings in der Paartherapie, vor allem in der Paargruppe, eine besondere Bedeutung. Sie dient dem Vergleich zwischen Selbstbild, Fremdbild und Partnerbild. Viele Partner tendieren nach dem Gesetz der Konstanz der Wahrnehmung dazu, ihren eigenen Partner mit immer den gleichen Augen zu sehen. Mag dieser sich schon wesentlich geändert und auch an seinen Fehlern gearbeitet haben, mag auch die gesamte Umwelt die Veränderung positiv wahrnehmen, neigt doch der eigene Partner dazu, am negativen Bild vom Anderen festzuhalten. Erst durch die Konfrontation mit den Rückmeldungen anderer sieht er sich dann veranlaßt, sein eigenes Bild vom Partner zu überprüfen, den alten Partner mit neuen Augen zu sehen.

Gleichzeitig dient diese Übung dazu, den einzelnen Partner mit kritischen Rückmeldungen zu konfrontieren, so daß er sich veranlaßt sieht, seine eigenen Schattenseiten, seine Fehler und kritischen Verhaltensweisen unter die Lupe zu nehmen, selbstkritisch zu prüfen und an einer Änderung zu arbeiten.

Darüber hinaus wird dem Paar die ganz zentrale Fähigkeit vermittelt, kritische Aussprachen zu führen, ohne sofort in Streit zu eskalieren. Deshalb ist dies eine Übung, die auch als Hausaufgabe oder außerhalb der Therapie, im Freundeskreis, mit Kollegen, Geschwistern und anderen Verwandten, besonders aber in der Familie mit den eigenen Kindern, geübt werden sollte. *Wie bin ich in Deinen Augen wirklich?* lautet die entscheidende Einleitungsfrage; die Wahrheit über sich selbst zu hören und zu erforschen, ist das Ziel.

Innerer Dialog:

In dieser Übung sollen alle Gefühle gegenüber dem Partner, die sonst durch Routine und Druck des Alltags, durch schnell einsetzende Streitmuster oder durch Gegenargumente des Partners normalerweise untergehen oder gar nicht ausgesprochen werden, zu Ende gedacht und nieder-geschrieben werden.

Viele von uns setzen den Streit mit dem Partner innerlich fort, weil sie direkt mit ihm zu keiner Klärung kommen. Dieses geschieht dann oft nachts im Bett vor dem Einschlafen, in Träumen oder selbst tagsüber an der Arbeitsstelle. Häufig begleiten einen die Gedanken, die Dinge, die man dem Partner wirklich gern einmal sagen möchte oder schon lange nicht mehr gesagt hat, tagelang und quälend, weil immer noch unerle-digt. Der Innere Dialog stellt die Aufgabe, die wahre Tiefe der Gefühle, Sehnsüchte, Zuneigung, Verletzungen und Erkenntnisse aufzuschreiben und so gebündelt dem Partner vorzulesen. Eine innere Zwiesprache findet statt, die die möglichen Einwände des Partners in der Phantasie erkennt und vorwegnimmt.

Das Aufschreiben dieser aus der eigenen Tiefe kommenden Auseinan-dersetzung mit dem Partner soll auf höchstens zwei Seiten konzentriert werden. Dabei geht es niemals um alte Klagelieder, sondern um das mu-tige Bekennen zu den eigenen Herzensangelegenheiten, die zu kennen der Partner verdient.

Meine Liebe – wie ist sie?

Diese Übung eignet sich hervorragend dazu, sowohl geschrieben als auch gemalt oder vielleicht noch besser in einer Collage dargestellt zu werden. Es geht hier darum, die Tiefe der eigenen Liebe unabhängig von der Re-aktion des Partners auszudrücken, zu zeigen, wie groß der Reichtum der eigenen Gefühle ist. Welche Gefühle und Zwiespältigkeiten oder Gegen-sätze stecken in mir? Wie haben sich meine Liebesinhalte verändert? Was an Aggression, an Angst, an Triebhaftigkeit und Lust, an Hoffnung und Sehnsucht, an Wünschen und Begierden, aber auch an Blockierung, an Verzicht oder Hoffnungslosigkeit und Resignation empfinde ich? Wich-tig dabei ist das Bewußtsein, daß ich Verantwortung dafür trage, wie ich meine Liebe gestalte und nicht immer den Partner zum Sündenbock mache. All dieses soll hier Platz finden und wie ein Mosaik aus tausend Bildern Auskunft über mich als Liebender geben.

Natürlich steht eine umfassende Selbsteinschätzung und Selbstbesin-nung dabei im Vordergrund. Dabei kann auch deutlich werden, daß an-dere Dinge im Leben wie Hobbies, Beruf oder Kinder als sehr viel wichti-ger empfunden werden als die Liebe zum Partner. In jedem Fall ist diese

Übung eine gute Gelegenheit, den Partner eingehend über die eigene Persönlichkeitsdynamik zu informieren, darüber, wie bei mir Seele, Körper, Herz und Verstand zusammenfließen.

Partnerdiagramm

Darin soll sichtbar gemacht werden, welche Lebensbereiche jeder der Partner besonders zentral sieht oder intensiv lebt bzw. vernachlässigt. Durch das Ausfüllen des Partnerdiagramms entstehen Flächen für Frau und Mann, die in ihrer Überschneidung den Partnerraum kennzeichnen und in den übrigen Flächen den Eigenraum jedes Partners im Verhältnis zum ganzen Lebensraum sichtbar machen. Daraus läßt sich eine Analyse der Paarbeziehung ableiten: Wieviel Paarsubstanz und gemeinsames Fundament ist vorhanden? Wie eigenständig lebt jeder in dieser Beziehung? Wieviel Reibungsfläche gibt es? Wo liegen die wesentlichen Übereinstimmungen bzw. Differenzen?

Es läßt sich weiter erkennen, an welchen Polerweiterungen die einzelnen Partner arbeiten müssen, um höhere Übereinstimmung und Gemeinsamkeit mit dem Anderen zu erreichen. Auf einen Blick wird die Diagnostik des Paares sichtbar: Übereinstimmung, Fremdheit, Dominanz, Begrenzung, Symbiose, Isolation usw.

Ausgefüllt wird das Partnerdiagramm ganz einfach. Frau und Mann füllen zunächst jeder für sich allein ein Blatt aus. Dabei wird auf allen Linien, die sternförmig von der Mitte aus zu den Polen auf dem Kreisrand führen, ein Punkt markiert. Insgesamt vierzehn Pole stehen für die zentralen Einflußkräfte der Liebe. Je stärker ein Pol gelebt wird, desto dichter wird der Punkt an den Kreisrand gesetzt, bei 100 Prozent sogar ganz auf ihn, bei extremer Überspitzung sogar darüber hinaus. Wird der Pol wenig oder gar nicht gelebt, rückt der Punkt nach innen, bei 0 Prozent ganz in die Mitte. Dadurch wird die Intensität dieses Bereiches im Zusammenleben der Partner ausgedrückt.

Um aber auch Raum und Zeit auszudrücken, die vom einzelnen Partner z. B. für Familie, für Gefühle, für Hingabe oder für Seele als Einflußfaktoren der Liebe tatsächlich aufgewandt werden, werden die einzelnen Punkte auf den Pollinien miteinander verbunden, so daß eine Fläche entsteht. Bei wenig Ausleben dieses Poles wird an der jeweiligen Pollinie zurück in Richtung Mitte eine schmale Fläche eingetragen, bei breitem Raum dieses Poles im Zusammenleben eine breite Verbindung zum

Partnerdiagramm: Lebensraum, Eigenraum, Partnerraum

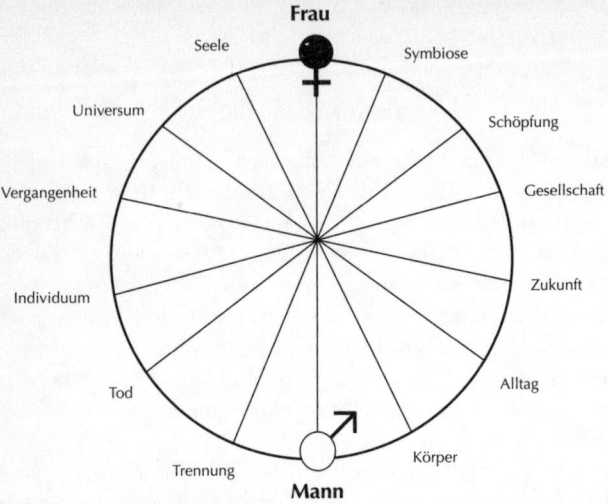

FRAU	GESCHLECHT	MANN
Trennung Freiheit Autonomie Aggression	Beziehung	Harmonie Geborgenheit Treue Symbiose
Tod Einsamkeit Rückzug Abgrenzung	Kreativität	Anpassung Phantasie Entfaltung Schöpfung
Individuum Macht Selbstwert Selbstgefühl	Werte	Familie Freunde Beruf Gesellschaft
Vergangenheit Herkunft Paargeschichte	Zeit	Paarphasen Lebensplan Zukunft
Universum Transzendenz Sinnerfüllung Sein	Raum	Haushalt Arbeit Ökologie Alltag
Seele Sehnsucht Gefühl Geist	Ganzheit	Vitalität Zärtlichkeit Sexualität Körper

nächsten Punkt gezogen. Haben Mann und Frau so ihren Eigenraum aufgezeichnet, werden die beiden Diagramme übereinandergelegt und übereinandergezeichnet.

Die Überschneidung der Flächen zeigt dann den gemeinsamen Partnerraum, der für die Breite der Paarsubstanz, für das gemeinsame Fundament steht. Je weniger Überschneidungsfläche, um so weniger Berührungspunkte, um so schwieriger die Verständigung bis hin zur totalen Entfremdung. Je weniger die beiden den gesamten Kreis ausfüllen, um so weniger erfüllen sie die Möglichkeiten ihres Lebensraumes: Das Paar verkümmert. Je mehr der eine den Anderen überdeckt, desto dominanter wirkt er auf den Anderen ein. Je identischer die Flächen der beiden sind, desto größere Übereinstimmung herrscht vor, vielleicht aber auch schon Spannungslosigkeit und Langeweile, weil der Gegenpol fehlt.

Sicher dient dieses Partnerdiagramm zur Vertiefung der Gespräche über die Beziehung. In einem weiteren Schritt kann dann jeder Partner dieses Diagramm nicht für sich selbst, sondern für den Partner ausfüllen, die gegenseitige Einschätzung dadurch deutlich machen. Viele Variationen sind noch möglich bis hin zu der Darstellung der eigenen Wünsche an die Beziehung und den Partner (siehe auch Tafelteil).

Sehnsuchtsbrief

So wichtig wie Fehlersuche und Konfliktlösung in einer krisenhaften Partnerbeziehung ist das Wiederfinden, das Vertiefen und Entfalten verschütteter und abgeblockter Gefühle. Oft haben wir im Laufe der Jahre völlig verlernt, unseren Gefühlen in der entsprechenden Heftigkeit Ausdruck zu geben, oft ist es uns peinlich, oder wir haben nie gelernt, unser Innerstes zu zeigen. Gefühle im eigenen Inneren als auch in der tiefsten Seele des Partners zu hören und zu spüren, diese dann umzusetzen in Sprechen und danach Handeln, das muß immer wieder neu geübt, verstärkt, gefördert und entfaltet werden. Die Ausdifferenzierung der Gefühle ist ein entscheidender Faktor in der Partnerbeziehung.

Da Gefühle an sich weder gut noch böse, weder positiv noch negativ, sondern immer janusköpfig sind, gilt es, das Umgehen mit Gefühlen sehr bewußt zu lernen, diese gewaltige und eruptive menschliche Kraft richtig einzusetzen. Unsere Kultur und unsere Gesellschaft leisten dabei wenig Schützenhilfe, denn weder in unseren Schulen noch in unseren Kirchen, in unserer Politik noch in unseren Gerichten wird direkt mit den Gefühlen gearbeitet.

Vielmehr werden sie als Privat- und Intimsache abgetan, totgeschwiegen oder verdrängt. Aber Gefühle lassen sich nicht töten, und sie lassen sich nicht auf Dauer verdrängen, sondern sie tauchen dann im schlimmsten Falle an anderer Stelle, meistens in ungeeigneter Form wieder auf, als Verzerrung, oder sie kehren sich gar ins Gegenteil: Die ungelebte Sehnsucht und Romantik verwandelt sich in Kühle, die ungelebte Lust und Leidenschaft verwandelt sich in Pornographie, die ungelebte Abgrenzung verwandelt sich in brutale Aggression oder in Depression oder Suchtverhalten. Gefühle fordern immer, wie sehr sie auch kontrolliert werden mögen, ihren Tribut. Deshalb ist es, besonders in der Paartherapie, von Bedeutung, dafür vielfältigste Ausdrucksmöglichkeiten, Lebendigkeit, Übersetzung und Spontaneität zu finden.

Dies soll im Sehnsuchtsbrief geschehen. Die Partner sollen zur folgenden Sitzung einen Brief mitbringen, den sie an ihre Sehnsucht gerichtet haben: Darin sollen sie versuchen, ihre Gefühlstiefen, die Ozeane ihrer Reichtümer an Gefühlen auszuschütten, aber auch die unermeßlichen Verletzungen dieser Gefühle. Dabei ist wichtig zu betonen, daß es nicht um eine besonders elegante oder dichterische Form geht. Vom Kitsch und der Sentimentalität bis zur Romantik – alles ist erlaubt. Es soll das Pulsieren des Herzens, das Atmen der Seele und das Sich-Öffnen der Poren zu spüren sein.

Allerdings gerät der Sehnsuchtsbrief vielfach auch zum Fiasko. Mancher will ihn gar nicht schreiben, weil er keine Sehnsucht mehr spürt oder den Partner nur noch haßt. Andere schämen sich, und wieder andere glauben ihren eigenen Gefühlen nicht. Das Paar selbst und der Therapeut haben dadurch eine gute diagnostische Einschätzungsmöglichkeit der Partnerkrise. Dann muß der Therapeut immer wieder neu motivieren, nach den Gründen des Widerstandes forschen und helfen, Glaube, Hoffnung und Mut für solche wichtigen menschlichen Regungen neu zu entwickeln.

Symbol der Beziehung

Diese Aufgabe eignet sich besonders als Geschenk für den Partner oder als Einstieg in ein tieferes Gespräch über die Beziehung, vor allem zu Beginn einer Paartherapie. Sie kann zwischendurch immer wieder neu gestellt und von jedem Paar öfter wiederholt werden: Es geht darum, daß beide Partner, jeder für sich, versuchen, einen Gegenstand oder ein Symbol, ein Gebilde, irgend etwas aus der Wohnung, aus der Natur, von einem Spaziergang oder von einer Reise, aus der Kunst oder Selbstgebasteltes zu finden, das die derzeitige Qualität der Partnerbeziehung aus eigener Sicht widerspiegelt. Da bringt z. B. einer eine Schallplatte mit, die an einer Stelle leiert; eine Frau bringt eine weiche Zudecke mit, unter der alles abgestorben ist; ein Mann bringt eine verschlossene Muschel mit; ein anderer bringt einen Koffer voller Utensilien mit, die die vielfach verschiedenen Aspekte der Beziehung bedeuten sollen, baut aber gleichzeitig den Koffer zwischen sich und dem Partner als unüberwindbare Mauer auf. Bei näherem Betrachten und intensiver Unterhaltung über die Paarsymbole wird schnell deutlich, welche Botschaft an den Partner darin steckt, welche Wünsche und Ängste darin verborgen sind, welche Motivation, an dieser Beziehung zu arbeiten, enthalten ist, und wie viele Konflikte darin liegen. Diese Symbole der Beziehung können sehr gut zu Hause einen wichtigen Platz bekommen; möglicherweise können nach einem weiteren Jahr neue Symbole gefunden werden.

Täter in der Beziehung – ich?

Diese Übung kann zu Hause, ohne jede therapeutische Hilfe, mit dem Partner durchgeführt werden. Sie dient ganz wesentlich als Vorbereitung zu gegenseitigem Verzeihen und Versöhnen. Gleich in der ersten Phase der Paartherapie aber gilt sie als früher Versuch zur Einübung kritischer Selbstreflektion, statt dem Partner die Schuld in die Schuhe zu schieben. So einfach diese Weisheit sein mag, daß es aus dem Wald herausschallt, wie ich hineinbrülle, so schwer ist es doch, diese Einsicht auf sich selbst anzuwenden. Und die Einsicht, daß ich durch meine Eigenarten das Partnerleben oft schwer belaste, dem Partner Verletzungen oder Kummer zufüge, obwohl ich es gar nicht will, ist immer bitter.

Wie wird der Partner zum Täter an mir? Wie bin ich Täter am Partner; wie trage ich dazu bei, daß dieser Opfer wird? Extrem formuliert und zugespitzt gefragt, aber dadurch um so wirksamer beim Nachsinnen über die Konsequenzen.

In der Eigenbeschäftigung zu Hause mit dieser Aufgabe heißt es, die eigenen blinden Flecken aufzuspüren. In der Dialogarbeit muß der Therapeut oft in eine entschiedene Konfrontation mit beiden Partnern treten: Beider Fehler deutlich aufzeigen, sie dabei nicht ausweichen und nichts an Kritik unbenannt lassen. Mit der ganzen Überzeugungskraft und therapeutischen Autorität muß auch dem unschuldigst Dreinblickenden klargemacht werden, wie sehr er durch Anklage, Gewalt und Dominanz, aber genauso durch Rückzug, Verweigerung oder gar Depression dem Anderen weh tut. Nicht nur derjenige ist Täter, der brutal in Wort und Tat den Partner mißhandelt, nicht nur der ist untreu, der eine Außenbeziehung aufnimmt, sondern genauso der, der sich zurückzieht, sich verweigert, sich ausschweigt und in passiven Widerstand geht. Alle diese Möglichkeiten, den Partner direkt oder indirekt zu belasten, schuldig zu erklären oder anzugreifen, sind hier selbstkritisch in den eigenen Täterkatalog aufzunehmen.

Um einen versöhnlichen Weg zu finden, ist es auch möglich, diese schmerzende Eigenanalyse schriftlich festzuhalten und sie dem Partner zum Geschenk zu machen: zum Geburtstag, zu Weihnachten. So kann ein Fest der Liebe im eigentlichen Sinn beginnen.

Therapietagebuch

Die einzelnen Prozesse, Phasen und Zyklen der Therapie, die verschiedenen Schritte, Erkenntnisse, Planungen und Verhaltensänderungen werden jetzt festgehalten, damit sie nicht dem Vergessen anheimfallen. Häufig ist eine Nachbereitung der Therapiesitzung durch das Niederschreiben im Tagebuch ein wichtiges Hilfsmittel, um die Arbeit zwischen den Sitzungen fortzusetzen, die Dialoge um die Liebe nicht nur in den Therapiesitzungen durchzuführen, sondern gerade eben zu Hause. Und noch mehr: Der Prozeß der Therapie wird innerlich, ohne Therapeut, weiter bearbeitet und darüber hinaus durch wiederholte Selbstbesinnung ein eigener Standpunkt gefunden. Das Therapietagebuch dient weiter dazu, Träume, Fotos, Szenen, Erinnerungen und andere Dinge zu sammeln und zu einer Übersicht zu bringen. Es ist dabei nicht an die Eintragung kleiner Alltäglichkeiten gedacht, sondern vor allem an innere Einsichten, Erkenntnisse und Gefühlsbewegungen.

Von Zeit zu Zeit kann dieses Tagebuch auch als eine Art Bilanz und Überprüfen der jeweiligen therapeutischen Entwicklung verwendet werden. Die Partner werden dann aufgefordert, wichtige Stellen aus dem Tagebuch in der Sitzung oder zu Hause laut vorzulesen und in Zwiesprache darüber zu treten.

Tod des Partners

«Was würde ich an meinem Verhalten ändern, wenn ich wüßte, daß mein Partner in einem halben Jahr sterben muß?» Beide erhalten in der therapeutischen Sitzung den Auftrag, sich eine Woche lang mit diesem Gedanken auseinanderzusetzen und das Ergebnis aufzuschreiben. Unter dem Einfluß dieser Gedanken verändert sich die Wahrnehmung des alltäglichen Umgangs mit dem Partner. Die Frage nach dem Wichtigsten im Leben taucht auf, die Zeitverteilung wird überprüft und die eigene Bereitschaft, sich auf den Partner wirklich einzustellen.

Verblüffend dabei ist das häufige Ergebnis, daß beide Partner sehr genau wissen, was dem Anderen guttäte, für ihn wichtig wäre und wie das gemeinsame Partnerleben umzugestalten sei, damit sie oder er die letzten Wochen und Monate noch glücklich sein könnte. Dann taucht natürlich die Frage sehr schnell auf, warum dies nicht genauso möglich sein sollte ohne den drohenden Tod des Partners vor Augen? Die Wiederholung dieser Aufgabe vertieft immer neu die Besinnung über den Wert des Partners, über den Wert und die Kostbarkeit, ihm zu begegnen, mit ihm zu verschmelzen, den Platz für die Liebe im eigenen Leben zu überdenken.

Natürlich kann es auch vorkommen, daß jemand sich an dieser Stelle insgeheim doch den Tod des Partners als Erlösung von den fürchterlichen Auseinandersetzungen mit ihm wünscht. Dann ist es Zeit, die Kraft zur Ehrlichkeit zu finden und sich vom Partner zu trennen.

2

PARTNERWERDUNG

Die zweite Phase der Paartherapie bearbeitet die verdeckten Zusammenhänge zwischen Psychodynamik und Paardynamik. Die Lebensgeschichte beider Partner und deren Liebeserfahrungen aus früheren Beziehungen treten jetzt in den Vordergrund. Menschliche Geschichte wird zum Schicksal der Liebe, deren Fäden beim Paar zusammenfließen. Vor allem geht es dabei um tiefenpsychologische Arbeit: die erste ‹Liebesgeschichte› des Kindes mit den Eltern; das dann alles entscheidende Liebesabenteuer mit sich selbst und schließlich dessen Rücktransport auf den Partner. Daraus erlernte Liebesweisen, Streitmuster und andere übernommene *Altlasten* (siehe Seite 102 f) prägen entscheidend alle weiteren Beziehungen, Partnerschaften, Lieben und Ehen. Ängste, Verletzungen und Deformierungen aus dieser Zeit wie gebrochenes Urvertrauen, sexueller Mißbrauch, Defizite an Hautkontakt und Nestwärme, Minderwertigkeitsgefühle, falsche Leitbilder von männlich und weiblich (schwache, manipulierende oder despotische Elternfiguren) und die ganze Liste persönlich-bewußter oder unbewußter Kränkungen zerstören, verhindern oder beeinträchtigen den Aufbau einer gesunden Liebesbeziehung zum Partner.

Die Art der Partnerwahl, die bevorzugten Partnerstile von Anpassung, Durchsetzung, Intuition oder Kontrolle, die gesamte sexuelle Entwicklung und Lustentfaltung, Kontakt-, Beziehungs- und Liebesfähigkeit, alle Dialogebenen des Paares zwischen Körper, Sprache, Gefühl, Sinnfindung und Zeitqualität, das ganze Liebesleben ist von dieser Geschichte der Partnerwerdung wesentlich mitgeprägt. Was gerade in der Beziehung zu Eltern und Geschwistern schiefgelaufen ist, wird jetzt aufgearbeitet: Verschüttete Gefühle werden freigelegt, der Eltern-Kind-Dialog rekonstruiert und durch psychodramatische Arbeit neu gestaltet. In den Tiefen der Seele wird die Kraft, die Hoffnung, die Sehnsucht und der Glaube an die Liebe neu geweckt. Blockierende Lebens- und Liebesängste im eigenen Ich werden überwunden.

Diese Phase der Paartherapie gleicht einer klassischen Einzeltherapie, vollzieht sich aber in Gegenwart des Anderen und erhält dadurch eine völlig eigene Dynamik des Miteinander-Wachsens. In der wechselseitigen Begleitung dieser inneren Emanzipation entsteht das Gefühl neuer Verbundenheit und Solidarität in der Ablösung von störenden Einflüssen aus der Vergangenheit. Der Mythos der Generationen, die *Ahnenbotschaft* (siehe Seite 101 f) der Liebe wird umgeschrieben zu neuen Liebesgeschichten.

Wie schon die Traumarbeit von Jakob im ersten Kapitel zeigt, gilt es jetzt, nach der vorangegangenen Phase der Paargestalt, mit tieferen Schichten der einzelnen Partner zu arbeiten. Auf keinen Fall würde es genügen, nur im gegenseitigen Austausch von Wünschen, Anklagen und Ängsten steckenzubleiben. Das pure Anhören der Konfliktberichte und die Übersetzung zwischen den Partnern durch einen Sachverständigen allein ist keine Paartherapie. Die Beziehungsklärung ist nur *ein* Schritt, die Auseinandersetzung mit sich selbst ein weiterer, absolut notwendiger Teil der Paartherapie.

Dazu gehört die therapeutische Arbeit mit der eigenen Herkunft und Lebensgeschichte. Wie in einem Rucksack tragen wir diese frühen Lebenserfahrungen in die Gestaltung jeder anderen Beziehung hinein. Um die eigene Liebesfähigkeit, die viel mehr ist als Kontakt- und Beziehungsfähigkeit, in ihren Stärken und Schwächen erfassen, begreifen und erkennen zu können, muß die jeweilige Geschichte der Partnerwerdung verstanden werden: Wie wurde ich zum liebenden Menschen erzogen? Welche weiteren Beziehungen haben mich im Lauf meines Lebens geprägt und geformt? Wie habe ich gelernt, mit Gefühlen umzugehen?

Zu Wissen und Erfahrung in Sachen Liebe gehört natürlich auch das Fundament der Gefühle. Der Gefühlsdialog ist einer der fünf Säulen der Partnerschaft überhaupt. Vielen ist nicht klar, daß Gefühle zu ihrer Umsetzung viel Übung brauchen. Ein Mann, der seit 20 Jahren keine Blumen mehr geschenkt hat, wirkt linkisch, wenn er es das erste Mal wieder tut; eine Frau, die nie oder nur selten ihren Zorn oder ihre Wut zum Ausdruck gebracht hat, beginnt eher zu weinen als zu schreien oder verstummt und wird depressiv. Partner, die lange nicht zärtlich waren, können sich nicht entspannt streicheln und genießen, sondern sind unbeholfen, sind sich beim Lieben gegenseitig im Weg: zu schwer, zu kurzatmig, die Glieder stoßen sich, keine Stellung paßt richtig.

Gefühle, besonders die der Liebe, zu üben, scheint dem romantisch oder sinnlich Denkenden nur unsinnig und paradox. In Wirklichkeit sind Seele und Körper des Paares wie kostbare und vielsaitige Instrumente. Sie meisterlich zu spielen, braucht es ständig neue Übung. Selbst die Phantasie, immer neue Ausdrucksweisen für die Liebe, immer neue Spielereien dafür zu finden, braucht Übung. Die Kunst, seine eigenen Gefühle dem Partner so echt und so tief anzubieten, daß dieser tatsächlich das wahre Ausmaß von Hingabe oder Zorn, von Enttäuschung oder Schmerz oder aber von Lust und sexuellem Appetit erfährt, wird schon als Kind eingeübt. Wo aber die Eltern selbst nur kümmerlich mit Gefühlen untereinander umgegangen sind, zusätzlich den Kindern ihre spontanen Gefühlsausbrüche aberzogen haben, sei es deren Wunsch nach Zärtlichkeit und Hautkontakt, seien es auch heftige Ausbrüche von kindlichem Ärger, Zorn und hilfloser Wut, da kann eine Einübung nicht stattfinden.

Noch schlimmer: Je mehr spontanes Zeigen und Ausleben von Gefühlen unterdrückt, mißachtet oder gar bestraft wurde, desto mehr Angst gräbt sich in die Seele, auch als Erwachsener seinen Gefühlen freien Lauf zu lassen. Daher zeigen sich viele gehemmt, überkontrolliert, scheinbar arrogant oder nur verhalten, depressiv und introvertiert oder wirken gar geizig mit ihren Gefühlen, so als ob sie sich etwas vergeben würden, auch nur ein Lächeln zu zeigen, immer aus Angst, sich bloßzustellen oder verletzt zu werden. Also unterbleibt jede offene Regung. Angst ist also der schlechteste Begleiter von Gefühlen, ihr größter Verhinderer.

In den Inneren Dialogen, in der Sprache mit dem Herzen, in der Zärtlichkeit der Nächte oder in der Ekstase beim Fest der Sinne sollte zwischen Liebenden der eigentlich natürlich vorhandene Reichtum der Gefühle ungehemmt fließen. Jeder Mensch verfügt über eine unendliche Bandbreite von Gefühlen. Aber in der rauhen Wirklichkeit des Liebesalltags versiegt der breite Strom der Gefühle häufig zu einem Rinnsal. Viele verdursten und verhungern dann an diesen nicht gereiften und nicht gelebten Gefühlen.

Viele aus den Generationen der Nachkriegszeit und davor konnten diesen Reichtum meist gar nicht erst entfalten, weil sie als Kinder bei Großeltern und Eltern nicht erleben durften, wie diese sich liebten, selbst sogar für eigene Gefühle bestraft wurden oder diese verboten bekamen. So erklärt sich vielleicht, daß Männer, die früher bekanntlich härter erzogen wurden als Mädchen, im Inneren Dialog so häufig wortkarg sind, lieber eine nüchterne Bilanz ziehen oder Gefühle eliminieren wollen.

So auch Sebastian, der in der kargen Welt der Halligen aufwuchs, schweigsam zwischen schweigsamen Eltern, mit schweigsamen Onkeln und Tanten; der Vater Seefahrer, immer wieder betrunken, die Mutter stumm. Sebastian wendet sich, auf der Flucht vor dieser inneren Einsamkeit, zwar einer ganz anderen Welt zu, wird Musiker, bleibt aber lange ohne Sprache für sich und wählt auch eine Frau, die genauso wie er durch ihre Erziehung verhalten und zurückgenommen ist. Sie erkrankt daran schwer, kann vor lauter Ängsten das Haus nicht mehr verlassen, die drei Kinder und den Haushalt kaum noch versorgen. Er reagiert wie zu Hause und übernimmt alle Pflichten neben seinem Beruf. So hat er sich als Kind um den kranken Bruder gekümmert, so hat er den betrunkenen Vater aus der Kneipe geholt, so hat er die Mutter unterstützt, immer ohne Worte. Ohne Worte bleibt er auch bei seiner Frau Amelie, kennt nur einen Weg, seine Liebe auszudrücken: alles für sie tun und mit ihr schlafen. Sie hält das auf Dauer nicht aus, fühlt sich durch seine Fürsorge eingeengt. Das ist die Liebe zweier, die sich ängstlich aneinander festklammern. Diese Liebe wird allmählich zum Gefängnis, sie wird immer depressiver. Schließlich kommen sie in die Paartherapie.

Als *Inneren Dialog* (siehe Seite 49), der ja eigentlich Auskunft geben sollte über seine eigenen tieferen Gefühle zu Amelie, schreibt er eine Art Analyse:

▶ *Situationen:* Ich beginne den Tag mit einer ziemlich genauen Vorstellung von den Dingen, die passieren müssen (Dienst, Vorbereitung dazu, Verpflichtungen den Kindern oder Amelie etc.), und habe oft auch schon eine genaue Vorstellung, wie ich die übrige Zeit verbringen möchte. Da gibt es Tage, an denen ich diese Zeit im Kopf nur für mich plane und mir wünschen würde, Amelie täte es auch.
Signale von Amelie:
«Ich bin gereizt.» – «Die Kinder nerven mich.» – «Ich habe so viele Termine.» – «Mir geht es schlecht.» – «Kümmere Dich um mich.» – «Ich schaffe das alles nicht.» – «Laß uns etwas zusammen machen.»
Beide beginnen wir aber eine «wortlose» Kommunikation, die eigentlich nur zu Mißverständnissen führen kann. Ich verschweige meine eigentliche Planung wegen der oben genannten empfangenen Signale (von denen ich nicht einmal sicher sein kann, daß ich sie auch richtig verstehe) und tue Dinge, für die ich mich eigentlich nicht richtig zuständig fühle.

Warum tue ich das?
– automatisches, angelerntes Reagieren auf solche Signale, sicherstes Mittel, um Auseinandersetzungen aus dem Wege zu gehen,
– habe nie gelernt, zuerst in mich zu hören, was *ich* eigentlich will,
– weil ich Amelie liebe.
Warum sendet Amelie diese Signale?
– auch angelernt; ihre Eltern haben in kritischen Situationen immer prompt reagiert; das sicherste Mittel, um einen «Beschützer» (also mich) zu aktivieren.
Was ist das Frustrierende daran?
Ein Gefühl von Überforderung, ohne es zugeben zu können; es fehlt die erwartete oder erhoffte «Rückmeldung» (Dank oder Anerkennung), weil auch keine direkte Aufforderung vorliegt, und es werden verschwommene Aggressionen wach.
Was wünsche ich mir?
Weniger Signale, mehr «Erwachsensein» von Amelie, schnelleres Erkennen eigener Bedürfnisse und entschiedeneres Umsetzen und Verteidigen. ◄

Das klingt eher wie nüchterne Bestandsaufnahme in dürren Worten statt eines Vertiefens in den Dialog seiner Gefühle mit Amelie. Ihm und sehr vielen anderen fehlt das ABC der Gefühle. Sie wurden in der Kindheit nie zum Thema gemacht; man hatte sie bestenfalls. Darüber zu sprechen war eher verpönt. Besonders noch in der Nachkriegszeit wurden so viele zu Analphabeten der Liebe erzogen.

Gefühle werden deshalb in der Paartherapie intensiv geübt, geweckt, erlaubt, wieder aufgetaut, verstärkt, durchgearbeitet, zum Fließen gebracht, verfeinert und in Gang gesetzt. Denn viele Partner haben oft nur einen sehr einseitigen Weg, ihre Gefühle zu äußern. Trauer, Wut, Sehnsucht, Verzweiflung, Hilflosigkeit und Angst werden dann allein durch Weinen oder allein durch Schreien, durch Nörgeln, durch Überkontrolle und Steifheit, durch heftiges und überschießendes Reagieren oder durch Schweigen, Rückzug und Verweigerung dem Partner geäußert.

Die Bandbreite, die Tiefe und der Reichtum an Gefühlen, die selbstverständlich in jedem von uns schlummern, brauchen oftmals Hilfe und Förderung, Bestätigung, Würdigung und fließenden Austausch, aber auch mitunter kritische Überprüfung, Spiegelung oder gar Konfrontation, wie es schon bei uns Kindern durch unsere Eltern hätte geschehen sollen. Wo dies nicht der Fall war, muß ein solcher Prozeß gerade in der Paartherapie zurück bis in die Kleinkinderzeit nachgearbeitet werden: Tiefenpsychologie beginnt.

Dazu gehören eine intensive Beziehungsklärung mit den Eltern, das Nachholen von Auseinandersetzungen und das Aufarbeiten unterdrückter oder verdrängter Defizite. Hunger nach Liebe, Anerkennung und Bestätigung werden «nachgenährt». Eltern, ja Großeltern werden eingeladen, mit in die Therapie zu kommen. Ist dies nicht möglich, werden Zwiegespräche mit diesen wichtigen Bezugspersonen mit Hilfe der Phantasie nachgestellt oder im Rollenspiel frei erfunden. Der Klient stellt sich vor, daß jene Person ihm gegenüber auf einem leeren Stuhl im Therapiezimmer sitzt. Oder er schreibt Briefe an sie über entscheidende Szenen aus der Kindheit. Diese Arbeit soll dazu dienen, innerlich nicht bewältigte Spannungen abzubauen und die wichtigsten Liebesbeziehungen des jungen Menschen, nämlich die zu den Eltern, wieder lebendig werden zu lassen. Freilich geht dies oft erst dann, wenn Groll und Vorwurf, Schrecken und Trauer vorher geäußert werden konnten. Solche Auseinandersetzungen werden in *Elternbriefen* (siehe Seite 104) vorgelesen und in der Therapiestunde vor dem Abschicken durchgesprochen. Daraus werden die übernommenen Liebesmuster deutlich, die Ängste und Blockierungen auch heute noch mobilisieren und die jetzige Beziehung zum Scheitern führen. Elternbotschaften, die zu Lebensskripten geworden sind, müssen relativiert und umgeschrieben werden.

So richtet sich Sebastian zweimal schriftlich an seinen Vater, besucht ihn dann später auf der Intensivstation:

▶ Lieber Vater –
  lieber Papa, hätte ich noch vor einem Jahr geschrieben –, aber selbst, wenn ich diese Anrede für einen erwachsenen Mann akzeptieren würde, so könnte ich sie jetzt nicht mehr gebrauchen. Papa – mit dem Klang dieser Anrede verbinde ich Nähe, Vertrauen, Verstehen, Liebe. Ich bin Dir nicht nahe, und immer mehr erkenne ich, wie fremd wir uns sind. Wenn ich Dich heute im Umgang mit Deinen Enkeln beobachte, bekomme ich eine Ahnung vom Umgang mit uns in dem Alter.
  Hast Du Dir jemals die Frage gestellt, was Deine Söhne wohl fühlen, wenn ihr Vater regelmäßig manchmal tagelang «versackt» ist,

wie wir es nannten? Kannst Du Dir vorstellen, was in einem Sohn kaputtgeht, wenn er seinen Vater total besoffen morgens aus einer Hafenspelunke holt?

Mir waren die Gefühle, die in solch einer Situation überkochen müßten, längst abhanden gekommen, aberzogen worden! Mit uns gab es nie Probleme, wir waren immer lieb! Das geht nur, wenn man es schafft, seinen Kindern Zweifel, Fragen und Gefühle abzuerziehen. Hast Du Dich jemals gefragt, warum einer Deiner Söhne gestottert hat und schon mit vierzehn Jahren ein Magengeschwür bekam?

Oder hast Du Dir einmal Gedanken über die regelmäßigen Migräneanfälle Deiner Frau gemacht? «De Groote», so wurdest Du bewundernd von Deiner Mutter und der ganzen Sippe genannt. Du bist nie kritisiert worden, Deine Familie kam nicht einmal auf den Gedanken. Noch heute stellst Du eine Selbstgerechtigkeit zur Schau, die ich ganz schwer ertragen kann. So wie Du heute auf Deinem Stuhl dozierend festsitzt, so warst Du eigentlich immer, ganz leblos. Ich habe Dich nie schreien, weinen, rennen, fluchen, aufgeregt, zärtlich gesehen. Immer in einer gleichmäßig langweiligen Gemütslage, die ich, wenn ich sie bei mir beobachte, grauenhaft finde.

Ich will Dich an unsere Segeltour erinnern, von der Du immer so stolz erzählt hast. Wir liegen nach einer langen Fahrt im Hafen, es ist ein wunderschöner Abend. Was tust Du? Du schickst uns in die Koje und gehst alleine in eine Kneipe. Ich liege bis lange nach Mitternacht wach, mit der panischen Angst, Du könntest Dich so besaufen, daß Du nicht zurück an Bord findest. Ich habe in meinem Leben nie wieder solche Angst gehabt. Es ist Dir sicher nicht entgangen, trotzdem gab es kein Trösten, kein In-den-Arm-Nehmen, kein Beruhigen. Solche Gefühle wurden nur durch Spott ersetzt, auf den Du so stolz bist.

So hast Du als Vater versagt, statt Dich stark oder zärtlich oder mitfühlend zu zeigen. Wo warst Du als männlicher Partner und Aufklärer während unserer Pubertät? Du hast alle Gelegenheiten verpaßt, Nähe zu erzeugen. Jetzt ist es viel zu spät.

Dein Sebastian ◄

Und in einem zweiten Brief:

▶ Lieber Vater,
mein erstes Fotoalbum habe ich mir kritisch angesehen, und einiges
ist mir aufgefallen. Wir Kinder sind nicht beim Spielen, Toben,
Verkleiden oder Ähnlichem aufgenommen, sondern immer zu-
rechtgestellt und immer von weiblichen Personen, Mutter, Oma,
Kindermädchen, umgeben. So wie Du auf den Bildern dabeistehst,
ist sehr typisch für Deine Rolle in der Familie. Abseits, die Hände in
der Hosentasche, beobachtend, nie aktiv. Eine kurze, meist spötti-
sche Bemerkung reicht, um uns von «dummen Gedanken» abzu-
bringen. Als Spielgefährte, Anstifter, Ermutiger, männlicher Partner bist Du nie aufgetreten.
Ich will versuchen, Dir zu erklären, welche Folgen diese Erziehung
für mich gehabt hat und welche Schwierigkeiten ich deshalb heute
im Zusammenleben mit meiner Frau und andern habe.
Gefühle waren in unserem Haus keine zulässige Antriebskraft.
Man tat nichts aus Wut oder Trauer oder Ausgelassenheit oder
einem Glücksgefühl heraus. Diese Worte existierten bei uns gar
nicht. Für alle diese Zustände oder Gefühle, die ich im Bauch hatte,
gab es keine Namen. Noch heute kenne ich diesen Druck im Magen,
dieses Unwohlsein, für das es keine Bezeichnung gibt und das sich
manchmal erst viel später und oft viel zu spät als Wut oder Empö-
rung oder Traurigkeit herausstellt. Genauso schwer fällt es mir,
spontan auf Gefühlsbekundungen von Amelie oder den Kindern zu
reagieren. Es ist mir auch nie gezeigt worden.
Wenn es einem schlechtgeht, dann trägt man daran selber Schuld.
Schuld – und Pflicht, die einzigen Worte, die ich mit dem Wort
Gefühl in Verbindung zu bringen gelernt habe. Ich habe nur gelernt zu fragen: Was wird von mir erwartet? Eine Folge davon, daß
ich schon ganz früh bei Bruder und Mutter eine fürsorgende Rolle
übernommen habe. Erst ganz langsam wird mir mein Verhalten in
der Familie bewußt. Es gefällt mir nicht mehr, ich will es nicht
mehr, aber der Lernprozeß scheint schwierig zu sein.
Jetzt habe ich Dich nach Deinem Hirnschlag im Krankenhaus besucht. Hilflos, mit den müdesten Augen der Welt, mehr lallend als
sprechend, lagst Du in Deinem Bett. Sofort kam mir dieser Zustand
bekannt vor, er glich erschreckend dem Deiner Sauftouren. Es fällt
mir wahnsinnig schwer, meine Gefühle an Deinem Krankenbett zu
beschreiben.

Ich habe Dich umarmt, gestreichelt und rasiert, alles mit einer merkwürdigen Distanz und vor allem nicht mit dem Gefühl, daß all das bei Dir Reaktionen auslöst. Und so war es eigentlich immer.

Am nächsten Tag war es anders, Du warst viel klarer, und ich spürte Deine Freude, mich zu sehen. Aber die Signale, aus denen ich Deine Freude schloß, waren selbst für einen Sohn kaum zu sehen. Auch angesichts Deines Todes bist Du nicht in der Lage, Gefühle zu zeigen.

Ich habe große Schwierigkeiten mit der Entscheidung, ob ich Dich jetzt noch einmal besuche oder nicht.   Sebastian ◄

Bedarf es erst einer schweren Lebenskrise, des nahenden Todes, um sich der Realität der Gefühle zu stellen, den Mut zu finden, sich zu ihnen zu bekennen? Die ganze Tragödie dieses Paares wird ergänzt und erheblich verstärkt durch die Kindheits- und Jugendgeschichte von Amelie, ausgedrückt und sichtbar in ihren Elternbriefen:

► Liebe Mutter,
ich wende mich an Dich persönlich, weil ich das unerträgliche Gefühl habe, daß wir beide noch nie über uns miteinander gesprochen haben, vor allem nicht über negative Gefühle. Ich habe in den Ferien einen solchen Panzer um Dich herum gespürt, daß ich den Eindruck totaler Ablehnung meiner Person, meines Verhaltens, meiner Äußerlichkeit hatte. Ich komme einfach nicht davon los, alle meine Verhaltensweisen, meine Mutterrolle, meine Rolle als Ehefrau, meine Lebensführung an Deinen Werten zu messen! Es ist für mich ein wahnsinnig schmerzvoller Prozeß, meine *eigenen* Wünsche und Vorstellungen von meinem Leben überhaupt zu entdecken und gleichzeitig von den mit der Muttermilch eingesogenen Abschied zu nehmen. Nach dem Motto: Es ging doch gut, was lief denn schief? Daß etwas nicht richtig *für mich* lief, kann ein Blinder an dem Ausbruch meiner Lebensängste erkennen, Angst vorm Verlassenwerden (durch den Partner, die Kinder, von den Eltern).

Nachdem ich in der letzten Nacht von Dir geträumt habe und in dem Traum mit einer Mutter zu tun hatte, die nichts begriffen hatte, *muß* ich einfach einmal meine Trauer über unser beider Unfähigkeit, miteinander umzugehen, mitteilen. Keine leichte Sache, wenn man wie ich gelernt hat, negative Empfindungen lieber gegen sich selbst zu richten als gegen andere Personen. Ich sehe mich im Rückblick als einen Menschen, der immer mit allen Mitteln um Anerkennung und Liebe gekämpft hat, sich lieber anpaßte, als dem eigentlichen Impuls zu folgen, um nicht verstoßen zu werden.

Eine Rückerinnerung: Die Nacht, in der Vater mich aus dem Bett meines damaligen Liebhabers (meinem ersten überhaupt) herausgeklingelt hat.

Was mich immer noch erschüttert, ist die Tatsache, daß ich brav akzeptiert habe und sogar auf Vaters Ultimatum: er oder wir («Willst Du mit *unserer Familie* überhaupt noch etwas zu tun haben?») nicht laut protestierend aufgetreten bin. Ich war achtzehn, noch nicht mündig, aber sehr, sehr verliebt. Mir ist völlig unklar, welche Rolle Du in diesem schlechten Theaterstück gespielt hast, angeblich vor Angst geschüttelt, Angst wovor eigentlich? Um die Unschuld Deiner Tochter? Es war sicher ein ganz wichtiger Punkt in meinem Leben, ich empfinde so einen Bruch, ein Gefühl des Flügelbeschneidens. Verstehe mich bitte richtig, ich will Dich nicht anklagen, mir geht es um dieses so stumme Verhalten von uns beiden. Ich weiß nicht, wieweit Du meine damaligen Depressionen verstanden hast. Ich habe gerade jetzt wieder spüren müssen, wie sehr ich mich immer noch unter Druck setze, meine eigenen (sind es wirklich meine eigenen?) Ansprüche zu hoch schraube, um dann nachts mit einem Druck auf dem Magen aufzuwachen, der ganz gewaltig ist.

Vielleicht kannst Du mit diesem Brief gar nichts anfangen, aber ich habe das starke Bedürfnis, von Dir mehr zu erfahren. Oder bist Du irritiert, wenn ich mein langsam erstarkendes Selbstbewußtsein ausprobiere?

Ich hoffe, daß Du ein offenes Ohr für mich hast. Deine Amelie ◄

Und erst 1¼ Jahr später findet Amelie den Mut, nun auch ihrem Vater zu schreiben. Endlich geht Amelie damit den ersten Schritt, sich als Erwachsene aus alten Beziehungs- und Rollenmustern herauszulösen, sich von der elterlichen Autorität zu emanzipieren. Dann erst gelingt es, die Bindungskräfte an die Eltern abzulösen durch die Partnerbindung.

► Lieber Vater,
ich sitze vor einer irrsinnig schweren Arbeit, der ich schon oft durch Anwendung sämtlicher Tricks ausgewichen bin.

Ich nehme meinen ganzen Mut zusammen, fasse mir ein Herz. Auch wenn Du das Gefühl haben solltest, durch ein Schlüsselloch in die intimsten Angelegenheiten Deiner Tochter blicken zu müssen, ich kann es Dir nicht mehr ersparen. Versteh mich bitte recht, es geht in keinster Weise um ein Zerwürfnis, eine Anklage, eine Art Gerichtsverhandlung!

Wie denn nun beginnen, wenn die Wut im Bauch doch so stark spürbar ist bei den Erinnerungen, die wie Filmstreifen immer wieder vor meinem inneren Auge abspulen, dabei dasselbe Ohnmachtsgefühl wie vor zwanzig Jahren auslösen!

Ich frage mich immer und immer wieder, ob es damals *Deine* ureigene Überzeugung war, daß eine achtzehnjährige Tochter nicht in das Bett eines Liebhabers gehörte, der Euch beiden offensichtlich zuwider war. Ich kann mir einfach nicht vorstellen, daß Du bei Deinem doch auch sehr bewegten und nicht immer an gesellschaftlichen Moralvorstellungen gemessenen untadeligen Liebesleben so wenig großzügig mir gegenüber sein konntest!

Die Äußerung «Daß Du geschlechtlichen Verkehr hast, sieht Deine Mutter ja in Deiner Wäsche!» magst Du nicht mehr erinnern, aber kannst Du Dir vorstellen, wie es mir dabei ging?

Ich will betonen, daß meine ersten sexuellen Erfahrungen in keinster Weise negativ waren, ich wäre heute froh, hätte ich mir diese Natürlichkeit in der Sinnlichkeit bewahren können.

Als Du mich dann im Sprechzimmer quasi als Patientin behandeltest und mich vor die Wahl stelltest – weiterhin Kontakt zur Familie oder monatlich nur den Wechsel – was ist da nur in Dir vorgegangen? Warum wolltet Ihr mit Gewalt und Hausarrest verhindern, daß ich liebte?

An dieser Stelle gibt es einen Bruch in meinem Leben. Nicht ohne Grund habe ich mir die ganze anhaftende Lust von meinem Körper weggehungert. Wenn ich darüber nachdenke, welche Sinnlichkeit es überhaupt in unserer Familie gab, fallen mir nur die «ungefährlichen» ein. Welche körperlichen Zärtlichkeiten gab es zwischen uns? Wenn überhaupt, dann nur unbeholfene, als solche kaum zu erkennende Berührungen unverfänglicher Art – *durftest* Du uns Töchter vielleicht nicht anfassen, gab es da eine moralische Seite? Zwischen einer Umarmung und unsittlichem Berühren gibt es ja noch jede Menge Varianten.

Auf der anderen Seite dann die *Ungeheuerlichkeit* der gynäkologischen Untersuchung einer Tochter durch ihren Vater nach dieser gewaltsam unterbrochenen Liebesnacht! Das mußte doch wirklich nicht sein! Es gibt und gab doch Frauenärzte, die das Problem gelöst hätten! Es war für mich so fürchterlich, es ging einfach zu weit – warum habe ich mich nicht gewehrt, warum nicht?

In der Therapie geht es auch um die Kontrolle, die ich über mich und leider auch über andere ausübe. Ich empfinde mich dabei oft als hart, wenig großzügig und intolerant. Den Anspruch, den ich an mich stelle, übertrage ich in noch höherem Maße auf meine Mitmenschen, strebe nach Perfektion. Nur, ich entdecke immer mehr, daß meine Mutter, Deine Frau, diese Unerbittlichkeit auch an sich hat, die ich früher nicht erkannt habe. Hat sie Dich in dieser Nacht vorgeschoben?

Ihr Urteil über Menschen ist sehr stark durch moralische Grundsätze geprägt, keiner schlüpft durch die engen Maschen ihres Siebes. Ich entdecke solche übernommenen moralischen Grundsätze auch bei mir, die ich eigentlich gar nicht akzeptiere, aber trotzdem nach ihnen lebe.

Wie attraktiv «darf» eine Frau sich zurechtmachen? Den Körper meiner Mutter kenne ich überhaupt nicht! Mir sind die Welten der Sinnlichkeit verschlossen geblieben, die ich mit 40 Jahren mühsam entdecke.

Lieber Vater, mir reicht's jetzt, und ich will auch keine weiteren Erinnerungen hervorholen – nur noch eine Bitte: Ich habe so oft auf derartige Beanstandungen von Dir gehört: «Das haben wir alles aus übergroßer Liebe getan.» Bitte nicht dieses!

Einmal macht dieses «Argument» *jeden* stumm, dagegen kann man nichts mehr einwenden, zum zweiten: Woraus besteht denn diese Liebe, wenn es dem «Opfer» dabei nicht gutgeht? Steht dann nicht doch das Interesse an der eigenen heilen Haut im Vordergrund, wenn auch unbewußt?

Dies alles konnte ich mir jetzt von der Seele schreiben, weil ich begriffen habe, daß ich auch die Fehler sehen muß und alle Spannungen und negativen Gefühle nur durch offene Aussprache austragen kann. Und nur darum geht es jetzt. Ihr wißt, daß ich Euch beide sehr liebe, und daß wir ein sehr schönes Verhältnis zueinander haben, das es jetzt noch ein wenig zu steuern gilt. Wenn nicht jetzt, wann dann?

Laß uns darüber schreiben oder sprechen. In Liebe,

Deine Amelie ◄

Immer wieder betont Amelie, daß sie die Eltern nicht anklagen will, immer wieder muß sie trotz allem ihre Liebe beteuern. Die Angst, die Eltern zu verärgern, ist noch zu groß. Aus dieser Angst kann nicht wirklich Liebe wachsen. Aber genau diese Angst wird auch in die Liebesbeziehung zu Sebastian hineintransportiert und blockt die Entfaltung zur sinnlich-reifen Frau ab. Solange sie die Eltern in ihrem Inneren nicht entmachten kann, solange wird sie ihre Sexualität nicht entfalten können. Und Sebastian kann ihr dabei nicht helfen, denn er hat selbst keinen Zugang zu seinen Gefühlen. Beiden fällt es unendlich schwer, diese notwendige Entmachtung der Eltern durchzusetzen, aus Angst, diese zu verärgern.

Wolfgang und Arielle sträuben sich in der Therapie noch sehr viel länger gegen jede Art von Elternarbeit. Beide verweigern und blocken ab, über viele Monate. Er erinnert anfänglich sogar nur Gutes von seiner Kindheit und beteuert, er habe sich sehr geborgen gefühlt. In der Therapie kommt es zum Widerstand, den beide gleichermaßen ins Feld führen: «Es geht nicht, kritisch mit meiner Mutter, mit meinen Eltern oder mit meinem Vater zu reden. Sie sind zu alt, es würde sie ins Unglück stürzen. Sie haben das nicht verdient.» Andere führen die Gefahr von Krankheit durch Kummer und Gram an, daß der Vater einen Schlaganfall bekommen würde, wenn er sich aufregt usw.

So ängstlich und unoffen, wie die beiden mit ihren Eltern umgehen, so gehen sie auch miteinander um. Die Qualität der Beziehung, ihre Intensität und tiefe Verbundenheit, ist zwar völlig geblockt, es existiert ein überwiegend formaler Umgang mit den Eltern und untereinander, aber dieser Zustand darf um Gottes willen nicht angetastet werden.

Ein entscheidender Schritt der Therapiearbeit ist getan, gelingt es, Einsicht, Mut, Vertrauen und die Fähigkeit zu wecken, mit den Paaren noch einmal in diese frühen Erinnerungen und Szenen von Glück und Unglück einzutauchen. Zeit, Geduld und liebevolle Begleitung ist nötig, bis es zu solcher Tiefenarbeit kommt. Die folgenden Texte zeigen etwas von dieser Entwicklung, wenngleich sie nur einen Abglanz der dichten Atmosphäre aus der Therapiestunde widergeben. Wolfgang schreibt:

▶ Liebe Mutter,

seit über einem Jahr machen Arielle und ich eine Paartherapie, weil wir mit unseren Partnerproblemen nicht allein fertig werden. Die Konflikte sind schon vor etlichen Jahren aufgetreten. Nur sind sie immer unerträglicher geworden.

Im Laufe dieser Therapie habe ich versucht, mich in meine Kinder- und Jugendjahre zurückzuversetzen, weil ich dort wichtige Hinweise auf meine Probleme vermute. Dabei ist mir immer klarer geworden, daß mein bisheriges Bild unserer Familie ein Trugbild war; ich habe mir etwas vorgemacht.

Zunächst habe ich herausgefunden, daß ich als Kind mit meinen Problemen, Sorgen und Ängsten nicht zu Dir (und auch nicht zu anderen Familienmitgliedern) gegangen bin. Ich habe immer versucht, mit allen Belastungen allein fertig zu werden. Warum war das so? Warum erwartete ich keinen Trost von Dir? Warum hatte ich kein Vertrauen zu Dir? Hast Du mich zurückgewiesen, weil Du hilflos warst oder weil es Dir zuviel wurde? Ich weiß keine Erklärung; bitte versuche Du, mir damit zu helfen.

Es geht mir nicht darum, Dir Vorwürfe zu machen oder mich an Dir zu rächen. Ich bin rat- und hilflos und suche die Wahrheit, um zu verstehen, was mit mir geschehen ist und mein Leben noch heute so sehr beeinträchtigt.

Ich habe kein Vertrauen zu anderen Menschen, ich kann mich nicht fallenlassen, mich nicht bedingungslos anvertrauen. Warum ist das so? Habe ich nie erfahren, daß ich bedingungslos vertrauen darf? Hast Du mir immer Bedingungen dafür gestellt, daß ich Deine Zuneigung und Liebe zu spüren bekam?

Meine Erinnerung kennt nur wenige Szenen, wie Du mit ausgebreiteten Armen auf mich zugehst. Ich sehe mich nicht auf Deinem Schoß sitzen, auf Deinen Armen ruhen, von Dir umschlungen. Ich spüre nicht, wie Du mir einen Kuß gibst und mich zärtlich streichelst.

Ich weiß, daß Du mich liebst und mich auch als Kind geliebt hast. Was hat Dich gehindert, mir Deine Liebe auch zu zeigen? Warum warst Du nur darauf bedacht, mich schon als kleines Kind eher zu meinen Freunden abzuschieben, als Dich mit mir zu beschäftigen? Wollte ich zuviel von Dir?

Ich will Dich nicht verletzen, weil ich weiß, daß Du das nicht verdienst. Du hast mich immer geliebt und viel für mich getan. Bitte versuche trotz der traurigen oder zornigen Gefühle, die Du jetzt haben magst, mir zu helfen. Ich brauche Deine Hilfe, um mich zu verstehen und mein Leben zu meistern.　　　　Dein Wolfgang ◄

Beim Vorlesen bricht der sonst so kontrolliert wirkende Wolfgang in Tränen aus. Er war sehr alleingelassen als Junge. Es wird noch sehr lange dauern, bis er diesen Brief seiner Mutter wirklich vorlesen kann. Und auch er muß immer wieder beteuern, daß er ja lieb sein will.

Arielle weigert sich zunächst vollkommen, ihrem Vater kritisch gegenüberzutreten, er würde es nicht verkraften. Deshalb nimmt sie mich als Therapeuten zum Vaterersatz, will von mir Klarheit und starke Führung.

► Lieber Michael,
　ich schreibe diese Gedanken, bevor ich sie bei mir in Heimlichkeiten vergrabe. Es ist gut, «am Punkt» zu bleiben, auch wenn ich mich mit allem dagegen sträube und mich gegen den Druck wehre. Ich mag es, daß Du nicht zurückweichst. Diese Direktheit ist zwar anstrengend, aber sie tut mir gut und macht mich lebendig.
　Ich würde gerne am Thema «Sexualität» weitermachen, weil ich das Gefühl habe, meine eigene sexuelle Identität finden zu müssen, bevor ich mit Wolfgang in Beziehung treten kann. Ich bleibe sonst mit meiner Unsicherheit in alten Mustern stecken.
　Und ich habe das Gefühl, daß ich mit Dir als Gegenüber und mit Deiner Begleitung einiges von dieser Identität entdecken könnte.
　　　　　　　　　　　　　　　　　　　　　　Arielle. ◄

Dann aber wehrt sie sich wieder, schwankt hin und her in ihren Gefühlen, lehnt sich auf und bittet doch wieder um Hilfe:

► Warum es Dir so wichtig ist, daß unsere Therapie «schnell» vorangeht? Ich weiß nicht, warum die Zeit und vor allen Dingen die Schnelligkeit so wichtig ist. Kannst Du mir das bitte sagen?
　Du hast die Dreieckssituation zum Thema gemacht und trafst damit auf einen doch hoch empfindlichen Nerv bei mir.
　Ich wußte bisher wenig davon, wie erdrückend und unauflösbar es für mich war und wie sehr ich darunter gelitten habe, zwischen

Vater und Mutter zu stehen. Ich bin an der Stelle sehr taub geworden und konnte bisher wenig fühlen.

Seit Montag höre ich eine für mich neue, kleine Stimme, die aus den Tiefen dieses Dreieckschaos nach Hilfe ruft. Es ist die Stimme eines kleinen Mädchens. Sie ist darin verschüttet wie unter Ruinen. Ich weiß, daß sie da ist.

Ich bin in den letzten Monaten sehr schlecht mit Dir umgegangen. Ich weiß, daß mein Verhalten Dir gegenüber mißachtend und verachtend gewesen ist. Heute tut mir das leid.

Ich habe sehr viel Zeit und Energie dafür verbraucht, um eine Situation herbeizuführen, die ich in meinem tiefsten Herzen gar nicht will: nämlich eine Situation, in der Du mich verstößt.

Dabei habe ich Dich verstoßen – immer wieder.

Ich bin froh, wenn ich heute anfangen kann, diese Dinge zu sehen und zu fühlen. Ich meine damit: die Verschlossenheit meines Herzens und die Überforderung und Verzweiflung des kleinen Mädchens.

Der Weg bis hierhin war streckenweise mühsam.

Ich empfinde die Beziehung zwischen Dir und mir als sehr angespannt. Sie ist genauso kompliziert, ambivalent und für mich unfaßbar wie meine Beziehung zu meinem Vater, damals und heute.

Ich möchte diese Konfusion in meinem Kopf und in meinem Herzen auflösen und lernen, die Gefühle zu fühlen. Ich weiß, daß ich Hilfe bei der «Bergung» des kleinen Mädchens brauche. Können wir uns auf dem Weg Zeit nehmen, oder müssen wir uns beeilen?

Arielle ◄

Diese Verwirrung mit dem Vater, dessen Lieblingstochter sie war und der sie immer wieder der Mutter vorzog, der sich durch Krankheit und Depressionen, aber auch durch seine Gewalt Liebe erzwang, der Arielle zur phantasierten Geliebten machte und die Mutter dagegen ausspielte, der dadurch die Zugehörigkeitsgefühle von Arielle völlig verwirrte, dieser Vater überschattet auch heute noch alle Beziehungen, besonders zu Wolfgang, jetzt aber auch zum Therapeuten als Ersatzvater. Um ihr hier zu helfen, antworte ich in einem Brief:

▶ Liebe Arielle,

Deine Frage: Warum soll die Therapie so schnell vorangehen?
Für mich ist Paartherapie die Behandlung von Seelen, die gekränkt
oder verletzt worden sind. Heilen diese Wunden nicht schnell genug, wird die Verletzung nur schlimmer. Mit anderen Worten: Der
Heilungsgradient einer Therapie muß rascher voranschreiten als
der Zerstörungsgradient des Partnerkonfliktes, da sonst die Beziehung kaputtgeht, bevor die Therapie greift. Eine «Endlostherapie»
birgt zudem immer die Gefahr einer Verschleppung, bei der Therapeuten und Klienten gemeinsam ein Bündnis mit «blinden Flecken»
eingehen, betriebsblind werden.

Ich fühle mich Euch sehr verbunden und habe das große Anliegen,
diese Therapie sinnvoll zu führen und zu einem guten Ziel zu bringen, egal wie lange es dauert.

Manchmal überlege ich mir allerdings, daß einer von Euch beiden
die Geduld verliert und aufhören möchte. Meine Einschätzung,
und hier wiederhole ich mich, weil ich es für wichtig halte, ist die,
daß Ihr beide langsam Schritt für Schritt vorwärts kommt. Ich bin
glücklich und froh darüber. Trotzdem will ich weiter darauf achten,
ein gewisses Tempo einzuhalten.   Michael ◀

Clarissa und Wismar unterscheiden sich sehr voneinander in der Bereitschaft zu solcher Tiefenarbeit: Sie ist von ihrem Beruf her gewohnt, tie-
fenpsychologisch zu denken, während Wismar sich sträubt und meint,
daß die Eltern, die sowieso schon tot sind, doch nicht mehr verantwortlich zu machen seien für sein Leben heute. Clarissa kennt überwiegend
Erschreckendes aus ihrer Kindheit. Zunächst macht sie vier Anläufe in
zwei Tagen, aufzuschreiben, welche Zusammenhänge sie sieht:

▶ ... Mir geht es schlecht nach der heutigen Therapiestunde. Der
Satz: «Weil ich so bin, wie ich bin, kann jeder mich ablehnen, der es
will, und ich bin selber schuld» ist es, der mir nicht mehr aus dem
Kopf geht. Ich will meine Mutter fragen, warum sie mich nicht
leiden kann...

27. 6. ... Mein Thema ist, wie erwünscht war ich bei meiner Mutter, und wie erwünscht bin ich heute. Und auf Dich bezogen, bedeutet das für mich: ... Wie erwünscht bin ich bei Dir?

28. 6. ... was immer wieder so schmerzlich bei mir hochkommt, ist

die Frage, die ich meiner Mutter stellen muß, ob ich für sie heute denn erwünschter bin als vor vierzig Jahren, und mit der Antwort muß ich mich dann aussöhnen... Und während ich hier sitze, fällt mir auch immer wieder Wismars Satz ein: «Die Alte spinnt ja.»
28. 6. ... es ist nicht einfach, in Worte zu fassen, was jetzt bei mir hochgekommen ist. Es ist, als ob ich einen Scherbenhaufen vor mir sehe. Bei meiner Mutter war ich nicht erwünscht und bin es wahrscheinlich heute auch noch nicht. Für Wismar bin ich eine «Alte, die spinnt», und vor mir selbst muß ich eingestehen, daß ich mein Herz verschließe, um nichts zu spüren von alledem.
Und wenn ich meine Mutter besuchen werde, will ich wissen, ob es meine Schuld ist, daß sie mich nicht leiden kann... ◄

Dann folgen ein Brief an die noch lebende Mutter, erst viel später und nach langem Zögern schreibt sie an den schon länger verstorbenen Vater:

▶ Liebe Mutti,
... Dieses Mal bin ich nicht auf Deine Ablehnung eingegangen, sondern habe einfach darauf bestanden, Dich zu besuchen.
Weißt Du eigentlich, was solche Ablehnungen für mich bedeuten? Auch heute noch bin ich traurig, daß ich mich dagegen nicht wehren kann.
Weißt Du, daß meine Angst vor Ablehnung mein ganzes Leben bestimmt hat? Wieviel ich in meinem Leben nicht gewagt habe und wie oft ich mich traurig und trotzig und verletzt zurückgezogen habe?
Du weißt von alledem gar nichts. Du weißt nicht, daß Du mich verletzt hast, weil ich es Dir bisher nie gesagt habe. Du hast immer nur behauptet, ich sei kalt und herzlos, dabei war ich nur verletzt, einsam und traurig.
Ich möchte mit Dir Frieden schließen. Früher war ich immer sehr wütend auf Dich. Ich habe Dich gehaßt, weil Du mich nicht geliebt hast. Weil Du meine Geschwister nicht geliebt hast und weil für mich nichts übriggeblieben ist.
Ich überlege oft, wer sich über meine Geburt gefreut hat. Ich weiß, es war eine schlimme Zeit, die sechs Monate der Flucht. Aber irgend jemand muß mich doch gemocht haben, denn sonst wäre ich sicher gestorben, ich wog doch nur viereinhalb Pfund.

Ja, Mutti, so ist das mit mir. Und obwohl Du mich nicht haben wolltest und ich nichts von Dir haben will, habe ich anscheinend ganz viel von Dir.

Du warst unbeugsam und hart, als Du meiner Schwester vorgehalten hast, daß sie ihr ganzes Leben lang für ihre Scheidung büßen muß. Ich war Dir gegenüber hart, um mich dafür zu rächen, daß Du mich nicht geliebt hast. Aber ich spüre jetzt auch, daß man mit Haß keine Liebe erwirbt.

Du warst oft sehr wütend und ungerecht, und ich habe aus Angst vor Deiner Wut und Deinen Schlägen gezittert. Diese Wut, die ich so ablehne und gleichzeitig fürchte, ist mein Erbe von Dir, gegen das ich am meisten ankämpfe, das ich verdamme, hasse und doch nicht loswerde. Und dabei weiß ich gar nicht, worauf ich eigentlich wütend bin. Das ist etwas, was ich Dich fragen werde, weshalb warst Du früher so wütend, auf wen oder auf was?

War es Vati, weil er so schwach war und Dich nicht vor seinem Bruder beschützt hat? ◄ Clarissa

Und eine ganze Weile später folgt dann der erste Vaterbrief:

► Lieber Vati,
wenn ich Dich jetzt vor mir sehe, werde ich traurig, aber je länger ich auf Deinen Mund sehe, desto wütender werde ich. Du hast gar keine Lippen mehr, Du hast sie genau so weggebissen, wie Du Deine Gefühle weggebissen hast. Du hast Dich umarmen lassen, wie man eine Statue umarmt, ohne eigene Regung.

Niemals hast Du den Arm um mich gelegt, wenn ich Dich umarmt habe. Du warst bis auf einen kleinen Kern immer aus Stein, wie tot. Es macht mich so traurig, daß Du schon tot warst, als Du noch lebendig warst. Ich habe ein Gefühl, als habe ich mit meinen kleinen Ärmchen vergeblich versucht, Dich zum Leben zu erwecken – bis heute. Ich will das nicht mehr!

Ich will mit Dir abrechnen. Wie bist Du mit meiner Liebe umgegangen? Du hast mich benutzt als Sprachrohr und Mülleimer, um mit mir über Deine Arbeit zu reden. Und ich war so glücklich darüber. Wie viele Männer nach Dir habe ich schon als Väter adoptiert, damit sie mir von ihrer Arbeit berichten konnten? Wie habe ich mich immer angestrengt, daß Männer mich mochten.

Ich finde das eine unwahrscheinliche Sauerei, weil Du mich und meine Gefühle für Deine Zwecke ausgenutzt hast. Nicht ein einziges Mal hast Du mich nach meinen Bedürfnissen und nach meinen Problemen gefragt. Immer mußte ich alleine damit fertig werden.

Wo blieb Deine menschliche Fürsorge? Für fremde Menschen und fremde Jugendliche konntest Du ein verständnisvoller Polizist sein. Wann warst Du je ein verständnisvoller Familienvater? Du warst ein grenzenloser Egoist. Ich hasse Dich dafür, daß Du uns im Stich gelassen hast. Du hast Mutti und meine Schwester von Deinem Bruder schlagen lassen. Du warst ein Feigling. Ein Schlappschwanz.

Mutti hat ihre Wut auf Dich an uns ausgelassen. Sie hat mich einmal sogar mit dem Gummiknüppel – Deinem Gummiknüppel verhauen. Ich finde, Du warst ein feiges Schwein.

Wenn es brenzlig wurde, hast Du Dich verpißt hinter Deinem spießigen Beamtentum. Ich hasse alles, was so spießig und rigide und so angepaßt ist, wie Du es warst.

Was warst Du für ein Vater, was hast Du mit mir gemacht, um was hast Du mich gebracht? Ich sehe Dein Bild an und muß heulen, ich sehe Deinen Mund und möchte hineinschlagen, ich sehe Deine Nase und möchte sie platt hauen. Ich hasse Dich für das, was Du nicht getan hast.

Du hast mir nie gezeigt, was Zärtlichkeit ist, nicht bei Mutti und nicht mit mir. Ich habe nur Deine Hände in Erinnerung, Deine verkrampften Hände, die versuchen zu hauen. Wo war Dein Gefühl, Dein Gefühl für mich? Ich weiß absolut nicht, wie Männer sein sollen, wenn sie lieben. Ich orientiere mich an fremden Männern. Und ständig geht mir jetzt der Satz im Kopf herum: «Woher soll ich wissen, daß Männer keine Schweine sind und mich wieder mißbrauchen?»

Ich weiß nicht, was gut ist, und weiß nicht, was falsch und schlecht ist – ich muß immerzu mißtrauen.

Was ich weiß, ist, daß Männer Druck ausüben, um sich durchzusetzen. Du hast ständig Druck ausgeübt, so daß ich ihn für normal gehalten habe und auch kaum gemerkt habe, wenn Wismar es getan hat. Du hattest die absolute Macht über Mutti und uns.

Du hattest sogar Macht, wenn Du *nicht* da warst – und Du hast

heute, acht Jahre nach Deinem Tod, noch immer Macht über mich –
aber damit ist es nun vorbei – über mich soll kein Mann mehr
Macht haben und diese Macht mißbrauchen.
Ich möchte wissen, warum meine Mutter nachts *immer* die Schlaf-
zimmertür offenließ? Was war es, was sie wissen und kontrollieren
wollte? Wieso wolltest Du denn nicht wissen, was im Haus vor sich
geht? Clarissa ◄

Hier wird überdeutlich, daß solche Elternarbeit auch dann noch wichtig
ist, wenn die Personen schon längst tot sind. Solche Briefe können dann
in der Therapiestunde, unter Umständen sogar am Grab der Eltern vorgelesen oder im Rollenspiel psychodramatisch aufgearbeitet werden. In
der weiteren Arbeit mit Clarissa stellt sich tatsächlich heraus, daß sie von
einem Dorfbewohner sexuell mißbraucht wurde, die Mutter sie überdies
im Alter von zwölf Jahren noch beim wöchentlichen Waschen in der
Wanne und beim Abtrocknen in der Küche nackt den Blicken von Vater
und Knecht oder anderen Besuchern preisgab, der Knecht sich vor ihr
exhibitionierte. Aus diesen Erinnerungen heraus schreibt sie noch einmal ein Gedicht an den Vater:

> ► Mein Vater, wo warst Du?
> Mein Vater, wo warst Du
> in der Nacht,
> als ich nach Dir schrie,
> was hast Du gemacht?
> Ich war so allein in
> meiner Pein,
> ich war so allein in
> meiner Wut
> und wünschte so oft,
> ich wäre tot.
> Mein Vater, wo warst Du? ◄

Sie malt Szenen dieses Mißbrauchs und der kindlichen Bloßstellung später in erschütternden Bildern, aber auch ihre phantasierte Rache dazu.
Mit der Axt schlägt sie auf einem Hackklotz dem Knecht seinen Penis ab.
Zutiefst beeindruckte mich das daran anschließend gemalte Bild: die *Rosenaxt* (siehe dazu auch Tafelteil). Auf einem Hackklotz liegt ein großer

Strauß Rosen, in den eine Axt hineinhaut. Erschütternd die Ausdruckskraft dieses Symbols. Je stärker ihre verletzte Kindheit in der Therapie zutage tritt, desto mehr kämpft sie und wendet sich von Wismar ab. Sie schreibt ihm ähnliche Verletzungen zu. Mein therapeutisches Bemühen, diese «Übertragung» des Mißbrauchs und des schrecklichen Vaters auf Wismar aufzuarbeiten, schlägt fehl. Sie wird sich bald von Wismar trennen; dessen Liebe kann sie nicht erreichen und ihr nicht helfen. Sie bleibt aber in Einzeltherapie. Dort gelingt es ihr ganz langsam, zu ihrer eigenen Identität zu finden.

Wie sehr Druck und Angst aus der Kindheit die spätere Liebesfähigkeit behindern, zeigt sich auch bei Brigitte und Jürgen. Beide durften und konnten keine eigenen Persönlichkeiten entwickeln. Beide sind sie hilflos, unsicher, suchen vergeblich Nestwärme und Geborgenheit beim gleichermaßen verstörten Partner. Keiner kann dem Andern geben, was der an Liebe braucht, da jeder selbst zu bedürftig ist. Gegenseitig klagen sie sich daher der Lieblosigkeit an. Auch sie erhalten die Aufgabe, ihre Beziehung zu den Eltern zu klären. Brigitte wagt für die Therapie nur den Entwurf eines Briefes an die Mutter, den sie ihr aber auf keinen Fall schicken will:

▶ Mammi, ich möchte mit Dir heute sprechen. Jürgen und ich machen eine gemeinsame Therapie, um die Fehler in unserer Beziehung zu erkennen und möglichst zu ändern. Dabei sind auch die Eltern- und Großelternvorbilder zur Sprache gekommen. In beiden Fällen haben wir dominante Mütter, aber Väter, die kaum in Erscheinung traten. Diese Vorbilder haben wir natürlich übernommen.

Zuerst paßten Jürgen und ich ganz gut zusammen, aber das war mehr eine Zweckgemeinschaft, keine richtige Liebe und kein wahres Vertrauen. Das haben wir beide nicht vorgelebt bekommen. Ich kenne es gar nicht, daß Mann und Frau gemeinsam Entscheidungen treffen und Probleme gemeinsam lösen.

Vorwürfe, Meckerei und Abgrenzung waren für mich normale Reaktionen, und heute habe ich große Schwierigkeiten, Jürgen gegenüber offen zu sein, Fehler zugeben zu können, Vertrauen entgegenzubringen. Ich habe nicht gelernt, Gefühle zu zeigen. Das alles habe ich von Euch nicht gelernt.

Außerdem habe ich große Schwierigkeiten, mich selbst zu akzeptieren. Ich habe ein riesiges Liebes- und Anerkennungsbedürfnis und wenig Selbstvertrauen. Wir mußten als Kinder immer unauffällig sein. Die Meinung der Nachbarn oder der Großeltern war Dir immer schrecklich wichtig. Aber ich kann mich nicht erinnern, daß Du zärtlich warst und Deine Liebe offen gezeigt hast, weder Vati noch mir.

Und wenn ich Schwierigkeiten in der Schule hatte, bin ich zur Nachbarin gegangen, weil Du mich allein gelassen hattest und nur über die Schande geklagt hast.

Vati hat geweint am Telefon, als ich ihm von Jürgens geplantem Auszug erzählte. Aber Du wolltest Dich nur raushalten. Warum konntest Du mir da nicht Mitgefühl zeigen oder mir mal Hilfe anbieten?   Brigitte ◄

Jürgen schildert seine Kindheit in einer einzigen, aber sehr bedeutsamen Szene, die erschreckend klarmacht, wie seine Kinderseele stirbt, fünfjährig damals, wie in der Folge sein ganzes Mann-Sein traumatisch zerstört wird und er auch als Erwachsener vor Frauen flüchten muß.

► *Weihnachten 1953:*
Durch irgendeine Kleinigkeit zog ich den Zorn meiner Mutter auf mich. Sie drohte damit, «die Männer der Erziehungsanstalt» anzurufen, die mich mit einer leinenen Zwangsjacke auf einer Trage festschnallen und mitnehmen würden, um mir meinen Trotz auszutreiben. Sie rannte zum Telefon, wählte eine Nummer und redete von einem ungezogenen Bengel, der sofort abzuholen wäre. Ich war entsetzt, bekam einen Heulkrampf, lief zu meiner Mutter, hielt mich an ihrem blauen Faltenrock fest und brüllte: «Ich will hierbleiben!» Sie antwortete: «Jetzt ist es zu spät.» Sie ging zum Fenster, um den Männern von der Erziehungsanstalt das richtige Haus zu zeigen. Ich ließ los, rannte zu meinem Vater, der mich aber weder auf den Arm nahm noch den Versuch machte, mich zu trösten. Er äußerte sich so, daß ich selbst schuld hätte, es ihm aber leid täte, daß ich jetzt fortmüsse. Ich nahm meinen Teddy in den Arm, setzte mich in die Zimmerecke neben das Fenster, damit mich die fremden Männer nicht gleich sehen würden, und hoffte, daß ich wenigstens den Teddy behalten dürfte.

Nach einer sehr langen Zeit, der Teddy war ganz naßgeweint, meinte meine Mutter, ich hätte wohl Glück gehabt, daß die Männer unser Haus nicht gefunden hätten. Die Drohung, mich bei Ungehorsam wegzugeben, blieb aber bestehen. ◄

Jürgens «Kinderzeichnung» zeigt deutlicher als alle Worte die traumatische Weihnachtsszene als Auslöser seiner zerstörten Liebesfähigkeit. Die Mutter, machtvoll und drohend im Zentrum des Bildes, hat kurz vor der Bescherung, nur weil der Fünfjährige aus Versehen an die Eisenbahn gestoßen war, zu seiner Bestrafung einen Anruf im «Erziehungsheim» vorgetäuscht, damit die Wärter (auch im Zentrum des Bildes) ihn fesseln und abholen. Mehrere Stunden kauert der kleine Jürgen in der Ecke, das Gesicht vor Angst entstellt, einen See von Tränen um sich herum, zitternd, daß die Wärter tatsächlich jeden Moment kommen. Sein schwacher Vater greift weder ein, noch schützt er ihn, sondern steht selbst angstvoll an die Wand gepreßt. Eine Frau innig zu lieben und sich ihr anzuvertrauen wird deshalb für Jürgen fast unmöglich.

Über viele Sitzungen hinweg, eigentlich bis zum Ende der Therapie, wirkt Jürgen wie ein großer Junge, den ich in den Arm nehmen und trösten möchte. Das war eigentlich auch das, was er sich immer von Brigitte erhofft hatte: eine liebevolle, umsorgende Mutter und keine fordernde Partnerin. Für eine Ehe waren beide nicht reif. Um das eigene Defizit an Geborgenheit auszugleichen, hatten sie aber gemeinsam drei Kinder bekommen.

Auch Roberts in der Kindheit begründete Probleme lassen sich herauslesen aus den Briefen an seine Mutter. Schon viele Jahre vor Therapiebeginn, vielleicht sein Leben lang, hatte er versucht, sich aus ihrer unheilvollen Umschlingung zu befreien. Erst spät in der Therapie wird klar, daß Robert als Junge den fehlenden Vater ersetzen mußte, dadurch bei ihm sexueller Mißbrauch stattfand, der viel Verwirrung in seiner männlichen Identitätsfindung stiftete.

Einen Brief aus einem früheren Urlaub hatte er aufbewahrt. Dieser und spätere, während der Therapie geschriebene, zeigen schon in ihrer Sprache und Ausdrucksweise seine Verwirrung. Sie sind deshalb oft schwer zu lesen, wenngleich voll Scharfsinn und Einsicht:

▶ Liebe Mutti,
daß Du nun an Deinem Geburtstag nach Hause fährst, finde ich beschämend. Denn später wird die Tatsache bestehen bleiben, daß Dein Sohn Dich an Deinem Geburtstag nicht zum Dableiben bewegen konnte.
Sei gewiß: Ich habe auch diesmal gedacht: Es muß doch möglich sein, die eigene Mutter in den Ferien zu besuchen, ohne daß persönliches Prestige oder die Tiefe der eigenen Emotionsfähigkeit abgemindert werden muß. Denn denk doch mal weiter und zier Dich nicht, vertusch Deinen Entschluß nicht mit einem Mißton, der alles wieder zunichte macht. Gib doch mal Deinen Wünschen nach und nicht Deinen Zwängen.
Ich finde und fand es immer beschämend und erniedrigend, von Dir nach meiner Einstellung zu Dir abgefragt zu werden. Es führt zu eskalierenden Verletzungen und Bosheiten, weil es an die Substanz geht – es führt zu Vertrauensschwund statt zu zunehmendem Vertrauen und – noch schlimmer – zu Aggressionen bei uns beiden.
Das nach meiner Ansicht einzig Sinnvolle besteht in ganz normaler Umgangsform, einfach in Form der den anderen ehrenden

Höflichkeit. Du mußt oder wirst merken, daß Dich keiner übervorteilen, zwingen, einengen oder entmündigen will.   Dein Robert ◄

Diesen Brief schrieb Robert etwa mit 36 Jahren. Und es ist erstaunlich: Genau das, was er im letzten Satz seiner Mutter klarzumachen versucht, fürchtet er für sich selbst am meisten, daß nämlich seine Frau Beate ihn genauso behandelt.

Während der Therapie schreibt er dann an seine Mutter, jetzt zynischer und sarkastischer:

► Liebe Mutti,
ich möchte Dir nur sagen, daß wir beide, da wir voneinander abstammen, uns sehr ähnlich sind und ich die von Dir bekannten Druckmittel in der eigenen Familienidylle auch wirksam einsetze – nur mit der Erkenntnis, daß alles nur noch schlimmer und kälter wird durch solche Gemeinheiten. Aber ich möchte – und muß vielleicht auch mit meinen Angehörigen auskommen. Ich versuche immer wieder neue Ansätze zu machen – wie kleinschrittig und zaghaft auch immer sie sein mögen. Jedes nicht gesprochene Wort und jeder zurückgehaltene Gedanke wegen eines gerade vorausgegangenen Zerwürfnisses bereitet mir die grausamsten Qualen – immer mit der Frage «Warum nur?»
Ich finde, Du solltest endlich sehen, daß unsere Beziehung immer schon heikel war, solange ich zurückdenken kann. Aber ich merke, wie Du versuchst, diese Tatsache zu übersehen und zu übertünchen.
Zum Schluß erinnere ich Dich noch an meinen Brief, den Du seinerzeit aus dem Urlaub erhalten hast. Auf jeden Fall ist er die Reaktion auf eine fast identische, für Dein Verhalten so typische Manipulation meiner Gefühle. Darüber solltest Du endlich mal nachdenken.
Du mußt wissen: Du bist mir zu nichts verpflichtet. Alle Zuwendungen machst Du freiwillig, ohne daß ich immer wieder für alle Wohltaten mit Erniedrigung «bezahlen» muß.   Dein Robert ◄

Und später immer intensiver in weiteren Briefen an die Mutter:

▶ . . . Alle Probleme, die ich jetzt habe, haben mit meiner Kindheit zu tun. Vielleicht ist Dir das unheimlich, aber es soll mir in meiner Familie besser gehen. Beate hat mich nicht dazu gezwungen, sondern endlich komme ich allein dazu, über mich nachzudenken.

Wenn Du glaubst, daß ich erst in den letzten zwanzig Jahren so abgebaut habe, ist das nicht richtig. Beate hat mich schon fingernägelkauend und chaotisch kennengelernt, da ich so unendlich angepaßt war. Meine fröhlichen Momente hatte ich heimlich, ohne Dein Wissen. Ich hatte Angst vor Deiner Entdeckung und Eifersucht. Wie oft habe ich Dir im Zorn gesagt, daß Du mich nicht kennst und mich falsch einschätzt.

Ich muß meine Probleme über Dich regeln, weil Du mit meiner Kindheit zu tun hast. – Ich habe das Gefühl, daß ich damals als Wärmekissen von Dir benutzt wurde, als braver Sohn ohne Probleme.

Aber aus mir ist ein Mann geworden, der ein zwiespältiges Verhältnis zu Frauen hat, ebenso zu Beate und den Kindern. Ich komme mit meiner Familie nicht klar. Immer habe ich das Gefühl, zu kurz zu kommen, bin immer schnell beleidigt, zerstöre dadurch den Langmut meiner Leute. Völlig unnötig.

Ich verlange zuhauf – unnötig – ständig Liebesbeweise und habe kein Vertrauen zu meinen Familienangehörigen: genau dasselbe, was Du mir in meinem Verhältnis zu Dir vorwirfst. Darin sind wir uns so ähnlich, und das ist es, was mich und damit mein Verhältnis zu meiner Familie stetig zerstört und meine Kinder später genauso handeln läßt.

Dir ist es vielleicht neu: Unser zu enges und von Dir bei Strafe des Liebesentzuges immer wieder beschworenes, nicht von Dir freigegebenes Mutter-Sohn-Verhältnis ist die eigentliche Ursache meiner stagnierenden Entwicklung. Ich versuche daran zu arbeiten und muß Dich selbstverständlich einbeziehen – ohne Dich anzugreifen. Wie ich Dir schon sagte, Dein *eigenes* Leben respektiere ich, aber meine Liebesbeweise und meine Rechtfertigungen für meine Entscheidungen stelle ich ein und kündige mein pathologisches Mutter-Sohn-Verhältnis, gegenüber Deinem Beleidigtsein bin ich ab jetzt taub, es ist ohnehin ein Faß ohne Boden, Dir kann ich es sowieso nie recht machen. – Behalte in Deiner Erinnerung, daß ich Dich liebe, und laß es damit gut sein. Das muß endlich genug sein.

Dadurch, daß ich eine viel zu lange Zeit Dein «ganzes Glück» gewesen bin und dabei nicht mein Glück sein konnte, habe ich mein eigenes Leben nicht leben können und nur eine geradezu perfekte Kunst der Konspiration entwickelt, Deine Macht zu unterlaufen. Das hat mir geholfen, hat aber später verhindert, Auseinandersetzungen und Meinungsverschiedenheiten mit meinen Freunden und den zu meiner Welt Gehörenden offen auszutragen. Ich kann meine Meinung auch heute nur verschachtelt und vernebelt vertreten, ständig in der Angst, irgend jemanden zu verletzen. Deshalb sind sogar meine Sätze oft so kraus und konfus.

Mein verkümmertes Selbstbewußtsein resultiert aus diesem Unvermögen, meine ehrliche Meinung zu vertreten, auf die meine Umgebung Anspruch hat.

Aber ich bleibe schon wieder nicht bei mir, sondern beschuldige Dich, dafür bitte ich Dich wirklich um Verzeihung, weil das nicht gerecht ist und weil ich Dich nicht beleidigen will. Aber mich verunsichert ganz erheblich in zunehmendem Maße, daß ich eigentlich nicht Fleisch und nicht Fisch bin, niemand auf mein Wort zählen kann, ich nirgends und für nichts Verantwortung übernehme. Und diesen Vorwurf mache ich Dir insgeheim, das gebe ich zu. Weil ich mich von Dir verraten fühle, Du Deine Verantwortung als Mutter, mich zu einem selbstbewußten Mann mit Verantwortungsbewußtsein wachsen zu lassen, mißbraucht hast für Deine Zwecke, mich für Deinen Trost und Deine eigene Bedürftigkeit verwandt hast. Du hast es immer unbequem gefunden, meine Wünsche zu verstehen!! Immer wolltest Du mich «behüten», vor Gefahren beschützen. Ich sehe dieses Bild vor mir, wie mir ein viel zu großer Hut übergestülpt wird, der natürlich auch meine Augen zudeckt, so daß ich nichts mehr erkennen kann. – Ich werde schon wieder «unhöflich».

Ich weiß, daß es für eine Änderung Deines Verhaltens zu spät ist, ich verlange auch keine Handlungen von Dir. Aber töten, wie Du es nennst, will ich in der Tat endlich diese «Obhut» von Dir und mein Gefühl der Strafererwartung bei Nichteinhalten irgendwelcher «Höflichkeitsregeln». Das sind zwei Dinge, die ich Dir konkret genug geschildert habe, und damit trenne ich Dein Leben, das ich so akzeptiere, von Deinem Leben mit mir, das ich als unglücklich empfinde. Bitte vergiß nicht, daß ich für mich spreche und Dir keine Vorwürfe mache! Bis zum nächstenmal,   Robert ◄

In diesen Briefen wird die ganze Verwirrung und Tragik von Robert sichtbar: Er hat Mitleid mit den Kindern, an denen aus Gedankenlosigkeit und Bosheit Verbrechen begangen werden, wie an ihm selbst durch die Mutter geschehen. Es erwachsen daraus Mißtrauen, schrille Erinnerung, Zynismus und die Unfähigkeit, über die ihm wirklich wichtigen Dinge zu sprechen. Statt dessen Konfusion in Sprache und Gefühlen, Vertuschen und Mißtöne, Scheinlogik, Beschämung und Erniedrigung, Gefühlskälte. Und dann wieder seine verzweifelten Appelle, durch ganz «normale, einfache, ungekünstelte Umgangsformen» alles ins Lot bringen zu wollen. Und dann wieder das Mißtrauen vor Übervorteilung, Zwang, Einengung und Entmündigung.

Das Trauma dieser Mutter-Sohn-Beziehung wirkt weiter, noch mit vierzig und fünfzig Jahren, wird in der *Ahnenbotschaft* (siehe Seite 101 f) von einer Generation zur nächsten weitergegeben. Robert überträgt das Muster seiner Mutterbeziehung in der Folge direkt auf Beate, später auf die Kinder. So schreibt er in einer Zusammenfassung über das Familiengeschehen:

▶ ... ich habe das Gefühl, daß meine Aktivitäten durch meine Mutter entwertet werden. Ich fühle mich von ihr verfolgt, entwertet und bespitzelt – ohne daß ich Anerkennung von ihr bekomme.
Dieses Gefühl habe ich bei Beate ebenfalls. Nie fragt sie direkt, interessiert oder neugierig, sondern mit sehr negativen Attitüden, beleidigend und provozierend, um mich zum Reden und «Gestehen» zu zwingen. Diese Doppelmoral sticht mir jedesmal tief ins Innere, wenn ich erkenne, wie feige sie ist, obwohl sie vielleicht weicher sein möchte. Doch verschleiert sie immer ihre Gefühle, um unangreifbar zu bleiben. Dabei will ich sie nicht angreifen. Durch Druck und Verachtung versucht Beate, Liebe zu erzwingen. ◀

Die Übertragungsmuster, die Projektionen von Robert auf Beate werden überdeutlich: Manchmal nennt er in seiner Erregung Beate dann auch Mutti, die Bilder der beiden Frauen schieben sich übereinander, fließen ineinander. Robert wird zunehmend selbst so, wie er es seiner Mutter und vor allem Beate vorwirft: Er ist es, der Beate verfolgt, entwertet und bespitzelt, ihr niemals eine Anerkennung gibt, sie ständig beleidigt und provoziert, um sie zum Gestehen zu zwingen. «Gib doch zu, daß Du mich nicht liebst», ist ein Standardsatz von ihm. Er selbst lebt Doppelmoral, indem er ständig Liebesbeweise von Beate fordert, aber häufig fremdgeht und darum herumlügt. Eigentlich müßte er selbst statt Beate sagen: «Durch Druck und Verachtung will ich von Beate Liebe erzwingen.» Tatsächlich wünscht er sich selbst, weich sein zu dürfen, ohne die vermeintliche Gefahr, wie als Kind ständig in seinen Gefühlen mißbraucht zu werden.

Beate hat sich sehr gewappnet in diesem Kampf und schreibt in dieser Phase der Therapie an Robert. Sie setzt sich ebenfalls mit seiner Mutter auseinander:

▶ Lieber Robert, na, wie ist es, diesmal von mir einen Brief zu bekommen, «persönlich», wo doch sonst immer Freundinnen oder Mutter an Dich schreiben. Aber Vorsicht! Ich glaube, es wird kein Liebesbrief, sondern schwerer Tobak. Die Liebesbriefe sind so schön, sie geben das Gefühl des Angenommenseins. Aber mit der Du seit mehr als zwanzig Jahren lebst, mit der hast Du Probleme, sie kennt ja auch Deine negativen Anteile und hält sie Dir leider häufig genug vor Augen. Zu häufig, ich weiß!!!

Von den negativen Sachen willst Du aber nichts hören. Du hast die Nase voll und ziehst Dich hinter Abwehrhaltungen, Ironie, Aggressionen, Gedächtnisverlust zurück. Du ergreifst die Flucht.

Im Zentrum Deiner Scham über Dich selbst steht die Identifizierung mit Deiner Mutter. «Ich bin gerade so schlecht, inkompetent, schwafelig und hysterisch wie sie, wie ich sie verachte und hasse, muß ich mich selbst verachten und hassen.» Deine ständigen Reden «ich bin nichts wert, schwach, tauge nichts, bin kein Vater» etc. sind ein Verlust Deines Stolzes, Deiner Identität und Folge Deines Hasses, den Du gegen Dich selbst richtest. Du schämst Dich darüber. Doch statt endlich mal mit Deiner Mutter abzurechnen, machst Du es ständig mit Dir selbst.

Wenn Du mit Deiner Mutter endlich abrechnen würdest, würdest Du Dich schuldig fühlen. So entsteht ein ganz beträchtlicher Konflikt:

– Einerseits schämst Du Dich, woraus unbewußte Abwehrhaltungen folgen,

– andererseits entstehen Schuldgefühle, wenn Du Dich mit ihr auseinandersetzt und womöglich gewinnst.

Ich wünschte mir, Du würdest den Inhalt dieses Briefes nicht über-
heblich abtun, obwohl sicher viel Krauses darin ist, aber die Gedan-
kengänge haben auch mir geholfen. Ich erkenne, daß vieles gar
nicht so viel mit mir zu tun hat, daß ich für vieles nicht verantwortlich bin, insofern war dieses Schreiben auch eine kleine Therapie für
mich. Nun zum Schluß, auch das kann ich, so etwas wie ein Liebes-
gedicht, doch noch – es paßt im Moment gerade:

> Manchmal suche ich Zuflucht
> bei Dir
> vor Dir und vor mir
> vor dem Zorn auf Dich
> vor der Ungeduld
> vor der Ermüdung
> vor meinem Leben
> das Hoffnungen abstreift
> wie der Tod
> Ich suche Schutz
> bei Dir
> vor der zu ruhigen Ruhe
> Ich suche bei Dir meine Schwäche
> die soll mir zu Hilfe kommen
> gegen die Kraft, die ich nicht haben will   ◄
>
> (Fried)

Beate bleibt aber nicht bei der Anklage gegen Robert stehen. Sie tut selbst
einen Schritt für sich, will mit ihren Eltern in eine ähnliche Auseinandersetzung treten und bittet Robert, ihr nun seinerseits dabei zu helfen.
Solch gemeinsame Lebensbewältigung ist ein tiefer Sinn jeder Partnerschaft.

Und sie schreibt tatsächlich dann an ihre Eltern:

▶ Vati: Eigentlich hätte ich Dir noch mehr sagen sollen, die Gelegenheit war günstig, Dir mal alle meine Gedanken über Dich zu sagen.
Du hast selten echte «Kritik» gehört, meist von Dir im Keim erstickt, durch Dein unwirsches Verhalten und Ausweichen..., mit
Ironie oder jovialem Humor abgewehrt; andererseits habe ich Kritik nur ansatzweise geäußert aus Angst vor Deiner Unbeherrscht-

heit, Türenschlagen und massiver Abwehr: «*Darüber rede ich nicht mit Dir*» und im Hintergrund die Angst, daß ich dann endgültig die Liebe des Vaters verliere.

So, wie Du heute mit mir umgegangen bist, hast Du es immer gemacht. – Ich war in der Kleinkindrolle, gehorsam, brav, nie aufgemuckt, ich konnte nie lange reden und meine Meinung sagen, weil *Du immer gleich das Wort ergriffen und Deine Reden geschwungen hast.* Innerhalb unserer Familie warst Du immer die Hauptperson, alles mußte sich um Dich oder Deine Scheißfirma drehen.

Wegen Deiner ewigen Magenschmerzen mußtest Du auch noch geschont werden. Bloß keine Konflikte, nur Harmonie vortäuschen, wie beschissen war das, nie Gefühle!

Auch heute noch wertest Du mich ab, titulierst mich als Emanze, ironisierst und drohst an, zu Weihnachten nicht zu kommen. Du hattest wieder mal das Heft in der Hand und bestimmst die Regeln.

Was für eine Rolle spielt Mutti eigentlich dazwischen? Wieso ergreift sie dauernd Partei für Dich, das hat sie mein Leben lang gemacht. Ihr kommt mir vor wie siamesische Zwillinge, nur füreinander da, Außenstehende haben nie eine Chance, und wehe, Ihr werdet gestört, oder nur ein Hauch von unangenehmem Luftzug streift Euch, sofort seid Ihr beleidigt, gekränkt, zieht Euch zurück und fühlt Euch im Recht, die Anderen sind die Schuldigen.

Immer habt Ihr auf zwei Ebenen gelebt, nach außen jovial gastfreundlich, harmonisch hilfsbereit, nach innen empfindsam, konfliktscheu, Gefühle nicht zulassend, sehr subtil. Lange hat es gedauert, bis ich dahinterkam, was dadurch aus mir geworden ist und wie ich zum Teil selber so weiter agiere.

Mutti: Immer ergreifst Du Partei für ihn, kann er das nicht alleine? Du blockst Gefühle total ab, Du verträgst überhaupt keine Kritik, immer hast Du auch über mich bestimmt, mich in Faltenröcke, Pullover mit weißem Blusenkragen gesteckt, lieb und brav sollte ich sein, und wenn ich mal anderer Meinung war, hast Du hoheitsvoll und intellektualisierend ironisch abgewehrt!

Du bist total unselbständig und hast mich für Deine nicht erworbene Selbständigkeit benutzt, um das zu erreichen, was Du selbst nicht geschafft hast, bloß, was ist aus mir geworden ...???

Funktionierend, sachlich kompetent, mit gutem organisatorischem Talent; ein Wesen, das nichts über eigene Gefühle weiß, geschweige sie ausdrücken könnte.   Beate ◄

Aus der Gegenüberstellung der Briefe von Beate und Robert werden jetzt beide Seiten der Münze sichtbar, nämlich auch Beates Anteile an dieser Konfliktvernetzung. Sie wählte sich in Robert einen Partner, der in vielem ihrem Vater gleicht: kritikunverträglich, ironisch redenschwingend, humorig nach außen usw. Sie überträgt einfach ihre Erfahrungsmuster vom Vater auf den Partner, manövriert Robert dadurch unweigerlich in diese Rolle hinein. Sie sieht ihren Mann durch die Brille der Tochter, die einen unverträglichen, liebesunfähigen Vater gehabt hat und diese Schatten der Vergangenheit nicht abschütteln kann. Von Robert haben wir schon gesehen, wie er sein negatives Mutterbild auf Beate überträgt.

Beide bleiben, solange sie die Verstrickung mit der Vergangenheit nicht lösen und die Elternbeziehung nicht klären, im gordischen Knoten ihrer Partnerschaft verstrickt und gefangen. Sie rächen am Anderen, was ihnen als Kind widerfahren ist.

Zur Aufgabe des Partners gehört es auch, den Anderen bei der *Beziehungsklärung* (siehe Seite 103) mit Mutter oder Vater zu unterstützen. Das Paar hat hier eine gemeinsame Aufgabe, solidarisiert sich, arbeitet gemeinsam an den Bruchstellen der Seele und lernt so, die Fehler der Vergangenheit zu verstehen und in die eigene Beziehungsdynamik einzuordnen. So hilft Beate Robert, als sie ein Telefonat von ihm mit seiner Mutter mitprotokolliert. Beide finden auf diese Weise vorsichtiges Vertrauen zueinander.

Aber trotz aller kleinen Fortschritte, Versuche und guten Vorsätze zur Annäherung zwischen Robert und Beate kommt es immer wieder zu drastischen, oft handgreiflichen und sehr zerstörerischen Auseinandersetzungen. Wie tief die Zerstörungen in Robert selbst gesetzt worden sein müssen, bis hin zum möglichen sexuellen Mißbrauch durch die eigene Mutter, zeigt sich in den folgenden Therapiesitzungen und im folgenden Brief an sie:

► An die Mutter: Ein kleiner Anfang ist gemacht: Ich habe jetzt ein besseres Gefühl für Dich und auch für mich – und einiges angesprochen, um das ich mich immer gedrückt habe – in der Angst, Du würdest beleidigt sein. Anderes muß noch ausgesprochen werden.

Dazu gehört vor allem die Frage des *sexuellen Mißbrauchs*. Sie ist für mich so wichtig, weil sie unter der Überschrift «Vergessen und Verdrängen» eingeordnet wird. Vieles wird von mir vergessen. Wenn es nun nicht *so* in dem befürchteten Ausmaß stattfindet, dann ist es für mich beruhigend. – Und ein bißchen Kuscheln mit dem einzigen Kind und Sohn statt mit dem Vater gestatte ich Dir und jeder anderen Mutter unter den damaligen Umständen...

Mich hätte gefreut, von Dir zu hören, ob und wie viele sexuelle, erotische Verbindungen zwischen Kriegsende und Wiederheirat Deinen Alltag verschönten. Denn Du bist doch eine schöne und begehrenswerte Frau und warst damals in den besten Jahren. Ehrlich darfst Du sein, es verletzt mich nicht. Es ist für mich ganz wichtig, daß Du ehrlich antwortest, um mich nicht zu verwirren. Bitte, versuch auch Du, Dich zu erinnern.

Themawechsel: Ich erzählte Dir, ich sei damals sehr einsam gewesen. Du hieltest mir daraufhin vor, ich sollte erst mal *Deine* Einsamkeit sehen. Meine Einsamkeit hat zu starker Verunsicherung und Selbstzweifeln geführt. Zurück blieb ein tiefes Mißtrauen allen Menschen gegenüber. Ich werde erst in letzter Zeit selbstsicherer und mutiger und muß darin viel nachholen. Immer mehr stelle ich fest, daß mein kindliches Selbstbewußtsein abhanden gekommen ist. Immerzu denke ich, daß meine Äußerungen meine Gesprächspartner beleidigen könnten. Das führt dann zu gelegentlichen Entladungen, die niemand versteht, weil ich innerlich wütend werde über meine Unfähigkeit, mich zu äußern oder mir Gehör zu verschaffen.

Mit anderen Worten: Ich hatte früher das Gefühl und habe es jetzt auch wieder bei Beate, mundtot gemacht zu werden, weil niemand das hören und vertrauensvoll aufnehmen will, was ich zu sagen habe.   Robert ◀

Besonders sexueller Mißbrauch setzt ein lebenslanges Trauma, das therapeutisch aufgearbeitet werden muß. Kennzeichen sind immer tiefe Verwirrungszustände bis zur Desorientierung, Gefühle des Bedrohtseins, starke Verunsicherung im Umgang mit Gefühlen, Unfähigkeit zur Ich-Abgrenzung und Anpassungszwänge, Mißtrauen den eigenen Gefühlen gegenüber und gestörte Vertrauensbezüge. Erinnerungen daran sind oft ungenau bis verdrängt, kommen aber in späteren Intimbeziehungen meist unbewußt als sexuelle Blockierungen oder Fehlleitungen zutage. Beate und Robert leiden noch lange unter den Folgen.

Ganz im Gegensatz zu Robert schildert Jakob seine Kindheit als völlig problemlos und unbeschwert. Er kann sich nur schwer vorstellen, daß bei ihm in seiner Entwicklung zur Liebesfähigkeit überhaupt etwas schiefgelaufen sein soll. Erst sehr spät in der Therapie beginnt er, mühsam nach Fakten und Gefühlen zu suchen, die auf frühe Verletzungen schließen lassen könnten. Er berichtet von einem Wochenende bei seinen Eltern und seinem Bruder, von der *Reise zu seinen Wurzeln* (siehe Seite 104 f), in seine Vergangenheit. Unbewußt schreibt er mehr vom Bruder als von sich, beobachtet dabei gravierende Störungen:

▶ Wochenende bei Bruder, Mutter und Vater:
Mein Bruder hat sich nicht abgelöst, sondern sich dem autoritären Druck durch Flucht (vor dem Abitur, mit 18) entzogen:
– linkisch in Bewegungen, heruntergezogene Schultern, geneigter Kopf, «mach einen Diener», hat wie ich weder Kurzzeit- noch Langzeitgedächtnis, hat in 24 Jahren nur einmal zu Hause (Elternhaus) geschlafen, ist radikaler als ich in der Sprache bezüglich der Bewertung der Eltern, denkt nicht an Geburtstagstermine der Eltern. Mutter total erschrocken, als Bruder sie in Badewanne überrascht hat. Bruder kann nicht allein im Zimmer lesen, kommt jemand rein, fällt er in Kindheitsmuster zurück. Als seine Frau das erste Mal mit ihm gestritten hat, war er erst mal hilflos (sagt sie). Er reagiert noch heute mit totaler Abwehr, wenn man ihn laut ruft; ruft selbst nie laut.
Ich habe meine Kindheitsbilder zugunsten der Eltern eingefärbt: Wir wurden nach Ausflug in Dachrinne aus dem Bett geholt und bestraft, Schläge.
Ab 40 haben sich Eltern auf die Rente vorbereitet, Haus war mit 55 so, daß keine Arbeit mehr damit: kein Leben mehr, sondern nur warten, keine Aktivitäten bis auf Urlaubsreisen.
Kinder sollten unter Situation im Hause nicht leiden: Tränen, Dank, Streit, etc. gab es nicht vor den Kindern. Im Haus extrem starker Druck durch Eltern/Schwiegereltern.
Gefühle bei der Hinfahrt: Druck in Magengegend; Rückfahrt: Druck im Magen und wenige Tränen. Mutter: «Du tust mir leid, wenn Du keine Erinnerungen an Gefühle hast.» Ich mir auch. ◀

Später, für sich allein, notiert er dann:

► Was ist mit der Abstumpfung meiner Sinne, der Unempfindlichkeit meines Körpers? Abstumpfung gegen Schmerz bedeutet auch Abstumpfung gegen Freude. Durfte ich so sein, wie ich war? Wenn ich mich nicht richtig verhielt, ging es meiner Mutter schlecht. War meine kleine Seele überfordert, wenn ohne Worte Geborgenheit entzogen wurde, Macht ausgeübt wurde? War ich überfordert und strengte mich an, sorgte für andere, erwies mich als nützlich und war dann in Ordnung! War nur dann in Ordnung? ◄

Wenn jemand als Kind so wenig er selbst sein konnte wie Jakob, wird er es auch in einer Ehe nicht sein können. Und so sucht er sich eine Frau, die ihm nicht gefährlich werden kann, die das gleiche Problem wie er hat, die sich Hilfe von ihm erhofft: Marie, allein bei ihrer Mutter groß geworden, lieb, brav, unterdrückt und erstickt von der aufsaugenden Liebe der Mutter, vom Nachbarn sexuell mißbraucht, ohne bei der Mutter Verarbeitungshilfe dafür zu finden. Sie erzählt nach ihrer eigenen therapeutischen Arbeit um ihre Mutterbeziehung einen Traum, den sie nach der Sitzung hatte:

► Ich bin in einem Gefängnis, aber nicht in einer Zelle, sondern draußen im Hof. Ich bin auch nicht gefangen, sondern ich bin dort, weil ich jemanden finden will oder soll, und zwar eine Frau, von der ich weiß, daß sie ihre Tochter umbringen will (ich glaube erwürgen). Ich wühle im Dreck, suche und finde schließlich in einem großen alten Schrank eine Strohpuppe, von der ich weiß, daß die Frau diese als Symbol benutzt. Ich weiß jetzt, daß die Frau, die ich suche, da ist. Und ich finde sie auch, als sie mit der Puppe hantiert, aber sie entwischt mir durch den Boden des Schranks. Als ich sie wiedersehe, liegt sie in einem weißen Bett in einem Krankenhaus, in der psychiatrischen Abteilung, mit ihrer Puppe. Ich habe eine ungeheure Wut auf sie und bewerfe sie mit allem, was ich greifen kann (oder sind das nur Kissen?), und schreie, wie fürchterlich das ist, seine Tochter umzubringen. Ich bin wütend deswegen, aber auch, weil ich sie jetzt, im Krankenhaus, nicht zur Rechenschaft ziehen kann. ◄

Mit ihrem Traum zeigt Marie erste Ansätze, aus dem Gefängnis ihrer Kindheit auszubrechen. Sie will mit der Mutter, die die Seele ihrer Tochter fast «erwürgt» und erstickt hat, abrechnen. Aber selbst im Traum ist ihr das verboten, sie findet die Frau, die Kindesmörderin, ihre Mutter, nur sehr schwer und darf sie heutzutage, da die Mutter schon alt und gebrechlich ist, nicht mehr zur Rechenschaft ziehen. Bald danach hat sie einen zweiten Traum:

► Ich gehe eine enge, steile, dunkle Treppe hinauf zu einem Anwalt oder Notar. Dieser Mann, das weiß ich, arbeitet mit meiner Rechtsanwältin zusammen. Sie hat mir von ihm erzählt, er kann mir helfen. Ich habe Unterlagen für ihn dabei. Als ich eintrete in einen hellen, angenehmen Raum, läuft dort eine Cassette mit Musik, die ich ihm geschickt habe. Die Musik ist laut. Ich kann die Stimme des Rechtsanwalts nicht gut verstehen, verstehe seine Fragen kaum, frage aber auch nicht nach. Er fragt mich nach ganz einfachen Dingen, ich kann mich aber an nichts erinnern, so sehr ich mich auch bemühe. Ich empfinde meine Unfähigkeit als merkwürdig und peinlich, erkläre aber nichts, sondern schweige einfach. ◄

In diesen Träumen wird deutlich, wie folgerichtig und logisch die Seele arbeitet, Schritt für Schritt durch die Therapie an die Probleme herangeht: Da Marie spürt, daß sie nicht allein gegen die Mutter ankommt, nimmt sie sich einen Anwalt = Therapeuten zu Hilfe. Aber trotzdem findet sie in sich noch keine Antworten, kann noch nicht handeln, sich nicht einmal helfen lassen, weil die Blockierung, das kindliche Trauma, noch zu groß ist.

In der Praxis der Paartherapie geht es in dieser Phase hauptsächlich darum, die Gefühle, die zwischen Eltern und Kindern blockiert oder gestört waren, wieder ins Fließen zu bringen. Wenn es in diesen Briefen und Dokumenten auch den Anschein haben mag, daß Erkenntniszusammenhänge darüber im Vordergrund stehen, wie die Liebesmuster der Eltern das spätere Partnerverhalten der Kinder beeinflussen, kommt dem unmittelbaren Wiedererleben und Durcharbeiten von Gefühlen die weitaus größere Bedeutung zu. Kindheitserlebnisse sollen deshalb nicht nur angehört und durchgesprochen, sondern durchgearbeitet und daraus entstehende Impulse unmittelbar in die Tat umgesetzt werden. In der Therapie werden dazu Hilfen gegeben, Szenen in Gang gesetzt, Eltern- und

Familiengeschichten nachgespielt und umgestaltet und alle Arten von Gefühl im unmittelbaren Rollenspiel oder mit gewählten Partnern ausgetragen. Die Therapeuten sind dabei oft mitten im Geschehen, werden zu dieser Zeit selbst als Vater- oder Mutterersatz gesehen, als liebevoll helfend oder als autoritär bedrohlich, je nach Situation. Besonders, wenn im Geflecht des Partnerkonfliktes die Streitebenen völlig durcheinandergehen, alte Muster blind auf den eigenen Partner übertragen werden, kann das in der Konsequenz auch bedeuten, daß sich der Therapeut im wahrsten Sinne des Wortes mit einem der Partner in der Therapie laut streitet, stellvertretend beispielsweise für die jahrelang unterwürfige, anpassungsorientierte Ehefrau. Es kann aber auch bedeuten, daß der Therapeut schützend, zärtlich und liebevoll durch die Schrecken der Kindheit hindurchbegleitet, wie ein guter Vater oder eine gute Mutter den Liebeshunger der Betroffenen nachnährt, damit diese wieder an die Liebe glauben können. Er selbst ist also immer auch Übungsfeld für die jetzt langsam wieder erwachenden Gefühle der einzelnen Partner.

Das Durcharbeiten dieser seelischen Bruchstellen und blockierten Liebeserfahrungen als Kind hat das Ziel, die durch die Paarkrise oft rigiden und einseitig gewordenen Liebesmuster und Partnerstile, ob karg, starr oder verklemmt, aufzulockern und statt dessen eine Vielfalt von Reaktionen und Impulsen zu ermöglichen.

Die Partnerstile der Anpassung, der Durchsetzung, der Intuition und der Kontrolle und Planung werden hier aus ihrer starken Einseitigkeit, aus ihrer bevorzugten Anwendung und ihrer alleinigen Routine erlöst und zur Vielseitigkeit reaktiviert.

Doch in der Geschichte der Partnerwerdung und ihrer Aufarbeitung zwischen den Partnern gehen wir noch tiefer, noch weiter zurück. Zurück bis zu den Großeltern und Urahnen, zurück bis zu den Vorfahren in längst vergangener Geschichte. Deren *Ahnenbotschaft* (siehe Seite 101 f) von Liebe und Liebesleid beginnt mit einer Phantasiereise zurück bis zu dem Zeitpunkt, an dem sich Samen und Ei von Vater und Mutter vereinigt haben. Von da aus gehen wir Generation um Generation zurück, um so zu ergründen, was diese Vorfahren jeweils in ihrem Samen und in ihrem Ei mitgegeben haben an Mythos und Botschaft von Liebesmustern. Für uns als Liebende ist es von großer Bedeutung, sich in dieser Kette von Frauen und Männern wiederzuerkennen, zu begreifen, welchen Teil ihrer Botschaft wir weitertragen und welche Tradition wir brechen wollen: *Altlasten* (siehe Seite 102 f) an Moral, an Ge- und Verboten, an Geschlechterkrieg und Frauenunterdrückung einerseits, aber auch andererseits der unzerstörbare Mythos vom Glauben an die Liebe, von der Sehnsucht nach Vereinigung und von den Teilen dieser göttlichen Kraft in uns.

Um das Erleben aus dieser Phase der Partnerwerdung zusammenzufassen, sollen die Partner am Ende dieser Phantasiereise ein Gedicht über das innerlich Gesehene und Gefühlte schreiben. Dabei kommen künstlerische Schöpfungen zustande, Dichterkraft, wie sie häufig nur zu Anfang einer jungen Liebe blüht, aber auch die bescheidene Einordnung der eigenen Person in die Realitäten der Liebe.

So schreibt Klaus:

► Im Gang durch die Geschlechter zurück zu den Urgründen der Menschheit verspüre ich zuerst nur Verachtung, Demütigung, Zerstörung, wenn ich an die Liebe meiner Eltern, Großeltern, Urgroßeltern denke.

Aber je weiter ich zurückgehe, um so weiter wird meine Brust, mein Bauch, mein Körper, um so tiefer verspüre ich die Macht, die Kraft, die Energie, die Gewalt, den Sturm der Gefühle, die entfesselten Urelemente, die Licht und Dunkel voneinander trennten, die Tag und Nacht schufen, Himmel und Erde, Wasser und Land, Pflanzen, Tiere und Menschen.

Ich spüre etwas von der gewaltigen Kraft, wenn diese Elemente, wenn Mann und Frau einander begegnen, aufeinanderprallen, sich vereinigen, sich verschlingen und sich wieder trennen. Ich fühle, ahne etwas von der Lust, der Begierde, der Leidenschaft, der Lebenskraft, die sich in dieser Begegnung offenbart, und auch etwas von der zerstörerischen Kraft, der Bedrohung, der Vernichtungsgefahr, dem Tod.

Das erfüllt mich mit tiefem Brausen, einem vollen dunklen Ton, einer gewaltigen Bewegung, die sich in mir tief eingraben soll, in mir wirken soll, die ich nicht wieder loslassen will, die ich leben will.

Und ich möchte diese Töne, die Stimme, diese Gefühle an meine Kinder weitergeben, in ihnen wecken, in ihnen zum Leben verhelfen, in ihnen weiterwirken lassen. ◄

► Werner:
Noch nicht vollendet...
Ich lausche in die Stille längst vergangener Zeiten, und ich höre den
Klang des Zusammentreffens von Samen und Ei:
Ein rollender Jubelschrei, dessen Verklingen kein Ende findet.
Jetzt hat er auch mich erreicht, dieser Schrei,
und ich stimme mit ein in diesen überschäumenden Klang.
Ein Rausch erfaßt mich und trägt mich hinauf in die höchsten Hö-
hen, um wieder zu stürzen in die tiefsten Tiefen.
Ohnmächtig von diesem ewigen Liebesspiel
steige ich aus und halte Rast...
Doch die nächste Klangwelle reißt mich mit,
um zu erfüllen den kosmischen Plan. ◄

► Ulla:
«Schwer in Worte zu fassen: der Weg zum Ursprung – Kommen
und Gehen, Werden, Sein, Vergehen und Wiederkommen. Ich war
mein Vater, und ich war meine Mutter und beide zugleich. Ich war
Liebe und Angst und davor Schalen zum Schutz.
Der Gedanke meines Vaters: So muß ich als Mann sein. Meine
Mutter ist spielerischer, aber ängstlich. Bigotter Nebel, Menschen-
verachtung in sich und «christliche Liebe».
Die Botschaft an mich: So ist ein Mann, so ist eine Frau. Wenn
beide sich zusammentun, darf es keine Schwierigkeiten geben.
Über Liebe und Lust wird nicht gesprochen. Lust und Sinnlichkeit
gibt's höchstens heimlich. Man arrangiert sich mit seinem Schick-
sal. Die Familie ist das Zentrum, da hört alle Individualität auf.
Auf dem Weg zu meinen Ahnen begegne ich starren Männern, die
Mann-Sein wesentlicher fanden als Frau-Sein – als etwas Gottge-
wolltes. Die verheirateten Frauen arbeiten viel auf dem Lande und
im Haus oder sind Pastoren- oder Lehrerfrauen, die letzteren sterben früh. Sie fügen sich und rebellieren nach innen gegen sich
(Krankheit). Ihre Botschaft an mich: Kämpfe für Dich.
Unverheiratete Frauen, die ich bei meinen Ahnen väterlicherseits
treffe zurück bis 1800, schreiben, gehen länger zur Schule und werden sehr alt. Im Alter werden einige verrückt. Ihre Botschaft: Wir
können nur eines. Ihre Herausforderung an mich: Suche die Verbindung von Ich und Wir, wir haben sie nicht gefunden.

Weiter fliege ich durch die Zeit, mal bin ich Mann, mal bin ich Frau. Als Mann bin ich genauso wie die anderen Männer, mein Fraugewesensein hat mich nichts gelehrt. Ich bin mächtiger und freier als Mann, schwächer und voller Rebellion als Frau. Die Botschaften der Frauen: Kämpfe für deine Freiheit. Botschaft der Männer: Wir sind stärker / Macht und Gewalt.

Ich habe Angst. Meine Ahnfrauen und -männer suchen sich und lieben sich. Ich suche weit zurück, bis klare Höhlen vor meinem inneren Auge zu sehen sind. Kälte, Nässe und Wärme vom Feuer oder in einer Umarmung. Ich fühle weiche Haare am ganzen Körper. Ich rieche Schweiß und mehrere Menschen. Ich bin als Samen und bin zwei von diesen und bin sie selber. Ich rieche Wasser und Erde und Tiere. Vereintsein damit, Aufgehobensein und fast gleichzeitig Furcht davor sind die Botschaften meiner Ahnen.

Danach löse ich mich auf und verliere mich in Zeit und Raum – das ist schön und schrecklich zugleich –, ich finde mich wieder, als Samen und Ei meiner Eltern verschmelzen, und ich entstehe. ◄

> ▶ Beim Kampf ums nackte Leben
> nahm er sich in der Gier nach Befreiung
> das Weib zu seiner Lust.
> Im gleichen Kampf ließ sie sich nehmen,
> in Wildheit und Angst
> im Dunkel der Höhlen und im Licht der Felder,
> auf Fellen und im Gras.
> Neue Glieder in einer endlosen Kette.
>
> Als wandernder Gesell klopfte er an manche Tür,
> an manches Herz,
> nahm er sich in Leidenschaft die Frau, die er begehrte.
> Was kümmerte ihn ihre Not?
> Sie öffnete ihm ihre Tür und ihr Herz,
> zitternd vor Leidenschaft.
> In Angst vor Entdeckung blieb ihr beim Abschied
> nur die Verzweiflung, und sie gebar neues Leben.
>
> Voller Sehnsucht nach Wärme und Zärtlichkeit
> öffnete die Magd ihre Schenkel,
> um Geliebte und Mutter zu sein für den Polak,

den heimatlosen Fremdling,
und der Bauer trieb sie vom Hof.
Sie nahm ihre Last und gebar neues Leben.
In Ehrbarkeit, mit geheimer Lust und dem ehelichen Recht,
ergoß sich mein Großvater und zeugte zwölf Kinder.
Mit Angst und verlorener Lust, die gewichen der Last,
empfing meine Großmutter, was sie unter Schmerzen gebar.
Zwölfmal gab sie Leben, fünfmal Tod.
Besser siebzehn auf dem Kissen als eines auf dem Gewissen.

Als stolzer Soldat erwählte sich mein Vater seine Frau.
Ganz Herr, ganz Befehl,
forderte er sein Recht.
Einem deutschen Offizier gebührt ein Sohn.
In Leidenschaft und Lust gab er seinen Samen.

Es wurden geboren zwei Töchter.
Heute bin ich, ich will leben und lieben
und geben die Botschaft an die nächsten Generationen.

Klockenkämper ◄

► Ruth:
Karg, moorig, naß.
Arbeiten, um zu überleben.
Das Land urbar machen.
Ackern, Ernten. Gerade das Nötigste.
Dazwischen die Kriege der Herrschenden,
die meine Väter und Großväter in den Krieg holten.
Die Frauen übernahmen ihre Arbeit zu Hause mit.
Was brachte die Leute zusammen?
Mann und Frau.
Liebe, Not, Verzweiflung und Hoffnung auf Leben.
Lust, Zärtlichkeit und Ekstase,
wo hatten die ihren Platz?
Mit eurer Zuversicht mag ich leben.
Mit eurem Glauben an die Schöpfung
und eurer Zufriedenheit mit dem täglichen Alltag.
Eure Bescheidenheit macht mir Mut,
daß es nicht viel braucht, um glücklich zu sein:

Liebe und Arbeit; Brot und Rosen.
Meine Welt ist größer geworden als es eure jemals war.
Ich genieße die Freiheiten, die mir das bringt.
Ihr habt mich wegfliegen lassen.
Mit zwölf Jahren aus dem Moornest
in den Kasten der Bildung gesteckt.
Eine große Welt. Eine fremde Welt.
Welche Botschaften gelten hier?
Tausende von Botschaften stürzen auf mich ein.
Sie haben mir lange den Blick für das Eigentliche verstellt:
das Herz und die Liebe. ◄

Ihr Partner Markus:

► Ich bin das letzte Glied der Ahnenkette.
Aus der Vereinigung meines Samens mit dem Ei meiner Frau will
kein neues Leben entstehen.
Am Ende einer langen Kette aus Angst, Not, Enge, Heimatverlust,
Krieg und Verletzung, ungelebtem Leben, Unwissenheit und
Stummheit.
Ins Leben hinein verloren als Sturzgeburt.
Und es war damals schon bestimmt, daß ich keine eigenen
leiblichen Kinder mit einer Frau zusammen haben würde?
Warum?
Ein abgestorbener Ast, der keine Früchte mehr trägt.
Ich fühle mich taub und hohl, leer, unfruchtbar.
Einer von Millionen Samen, die eben nicht keimen und neue
Früchte tragen.
Das Endglied einer Kette sein... ◄

> ► Erst mit dem Lieben
> lernte ich zu leben,
> denn die Botschaft der Ahnen
> war verworren,
> verloren in fernen Ländern,
> in Krieg und Gefängnissen zerronnen.
> Erst jetzt beginne ich zu ahnen,
> daß die Mütter und Väter

trotz Verzweiflung auch hofften,
trotz Liebe auch zerstörten,
daß Ei und Samen
erst Tod und Leben vereinen.

Georg ◄

Der eigene Partnerkonflikt relativiert sich angesichts der Kette der Liebenden und Hassenden. Jeder muß sich entscheiden, ob er mit seiner Liebe für Frieden oder für Krieg auf dieser Erde eintritt. Tatsächlich gewinnt diese Partnerarbeit und Paartherapie dadurch auch einen über das persönliche Erleben hinausführenden Aspekt: Paartherapie wird so zur Arbeit für den Frieden – vom Geschlechterkrieg zur Geschlechterversöhnung und zur Versöhnung der Völker.

Übungen

Ahnenbotschaft

Wichtige Szenen aus der Kindheit sollen aktualisiert, neu durchlebt, gespiegelt und durch die Rückführung bis zu den Ahnen in neuen Zusammenhängen gesehen werden. Anschließend überarbeitet das Paar gemeinsam mit dem Therapeuten diese Ahnen-Großeltern-Eltern-Kind-Geschichten, die für Partnerstile, Selbstdarstellung und alle Liebesmuster grundsteinlegend sind. Die positiven und negativen Einflüsse werden aufgezeichnet. Ein Netzwerk von Einwirkungen auf die Entfaltung der eigenen Liebesfähigkeit zeigt spezifische Behinderungen, neurotische Aufträge und unerfüllbare *Lebensskripte*. Nur durch deren Bewußtmachung können sie umgeschrieben werden.

In einer vom Therapeuten gelenkten Phantasiereise wird die Geschichte der eigenen Partnerwerdung aus den Wurzeln der Vorfahren heraus entwickelt. Durch die Kraft der Phantasie in der Zeit rückwärts gehend vom Moment der eigenen Zeugung an, wird die liebende oder auch haßerfüllte Verschmelzung der Generationen von Frauen und Männern, Müttern und Vätern bis zurück in die dunkle Urgeschichte nachvollzogen und die geheimen Botschaften von Liebe und Kampf und deren Weitergabe an die nächste Generation im Augenblick jeder Zeugung erspürt. Der Therapeut gibt dazu folgende Anweisungen. «Setzen

Sie sich so hin, daß Sie Ihre ganze Aufmerksamkeit nach innen lenken können. Versuchen Sie, mit der Kraft Ihrer Phantasie sich an den Moment zurückzufühlen, als Ihre Mutter und Ihr Vater Sie zeugten, als deren Ei und Samen zusammentrafen, um Ihr Leben zu wecken. Wieviel von heißer Leidenschaft und glücklicher Erfüllung, wieviel von Leid und Einsamkeit war darin enthalten? Welche Botschaft von Frau und Mann, vom Verschmelzen und Wiederverlassen, von Seele und Körper wurde Ihnen mitgegeben? – Und nach einiger Zeit des Erspürens gehen Sie in Ihrer Phantasiereise weiter zurück bis zu dem Zeitpunkt, als Großmutter und Großvater Ihre Eltern zeugten. Aus welchen Welten sind diese aufeinandergetroffen? Was gaben sie mit in ihrer Vereinigung der Körper und Seelen vom Kampf der Geschlechter, vom Lied der Liebe, von klopfendem Herzen und heißem Atem der Begierde? Und was an Angst, Verbot, Heimlichkeit und strafender Moral?»

Die Phantasiereise wird auf diese und ähnliche Weise fortgesetzt bis zurück in graue Vorzeiten, bis zurück zum Entstehen der Erde. Jede dieser Ahnengenerationen hat schon damals mit ihrer Verschmelzung von Ei und Samen auch uns heute eine Botschaft mitgegeben, deren Erben wir sind. Die Partner setzen dann das in dieser Phantasiereise Erlebte um in ein Gedicht oder ein Märchen und versuchen darin zu erkennen, welche Botschaften der Liebe sie selbst heute weitergeben, welche sie unterbrechen oder beenden wollen, welche Tradition der Liebe in die Beziehung, in die Familie und Umwelt hineingetragen werden muß. Diese Übung ist ob ihrer mystischen Tiefe oft sehr erschütternd und soll mit genügend Zeit nachbesprochen werden.

Altlasten

Diese Übung sollte jedes Paar eigentlich schon vor der Eheschließung, rein vorbeugend, durchführen. Auch ohne die Inanspruchnahme von Paartherapie wäre es lohnend, aufzuschreiben, was jeder der Partner aus seinem eigenen Elternhaus an Liebesmustern mitbringt. Dazu gehört die Erinnerung an die von den Eltern erlebten Partnerstile, eine Besinnung auf die wichtigsten Botschaften zur Liebe und die elterlichen Gespräche dazu. Vielleicht noch wichtiger sind Erinnerungen von nonverbalen Liebesmustern, wie sie sich im Partnerdialog zwischen Eltern und Kind, aber auch zwischen Vater und Mutter gezeigt haben. Hierher gehören auch alle traumatischen Erlebnisse aus der Kindheit, wie z. B. sexueller

Mißbrauch, Verlust eines Elternteils, Alkoholmißbrauch, Alleingelassensein mit Ängsten usw. Die entscheidende Frage dazu lautet: «Was bringe ich mit aus meiner eigenen Vergangenheit, von den Tagen der Kindheit an bis zu meinen vorhergehenden Partnerbeziehungen: an Erfahrung, an Liebe, an Trauer, Schmerz und Verletzung, was hat sich in meine Seele und in meinen Körper eingegraben an Wissen und Fühlen von Liebe? Wie habe ich gelernt, mit Streit umzugehen – wie mit Gefühlen von Zuneigung, Wärme und Liebe? Gab es eine Sprache für Gefühle? Konnte ich Urvertrauen erwerben? Was habe ich mitgebracht an grundsätzlichen Lebensgefühlen: Freude und Optimismus, oder Angst und Mißtrauen oder Leistungsdruck? War ich ein erwünschtes Kind usw.?»

All diese Botschaften stellen Prägungen dar, die wie in einem Rucksack mitgeschleppt werden. Mit dem Partner darüber eine Aussprache zu führen, ermöglicht mehr Verständnis und leichteres Umgehen damit.

Beziehungsklärung

In jeder Therapie, besonders aber in der Paartherapie, ist es wichtig, mehrere Arten von Beziehungsklärung durchzuführen: Hauptsächlich gehören dazu die Beziehung zu den Eltern, aber auch die Beziehung zu den Geschwistern, zu früheren Partnern und vor allem natürlich zum eigenen Partner. Beziehungsklärung meint hier, daß alte und unverarbeitete Verletzungen, Kränkungen, Vertrauensbrüche und ähnliches mit den dazugehörigen Gefühlen von Schmerz, Trauer oder Zorn und den entsprechenden Erinnerungen und Szenen durchgearbeitet werden müssen und mit den entsprechenden Personen, soweit wie möglich, so aufgearbeitet werden, daß eine liebende Zuwendung bzw. ein Verzeihen und Versöhnen möglich ist. Dabei gilt als tiefenpsychologische Faustregel, daß das Muster der eigenen früheren Eltern-Kind-Beziehung in ähnlicher Weise auf die aktuelle Partnerbeziehung transportiert wird und deshalb in der aktuellen Beziehung gleiche Konflikte hervorruft.

Dieser Schritt zu einer Beziehungsklärung, der es möglich macht, alles Unbehagen und alle Enttäuschung durch diese Beziehung auszusprechen und trotzdem bzw. gerade deshalb hinterher eine intensivere und liebevollere Form der Begegnung miteinander zu haben, sollte im Konfliktfall therapeutisch vorbereitet werden, damit nicht sofort bei der Aussprache die alten Streitmuster aufkommen und noch mehr Ärger entsteht.

Die Vorbereitung geschieht am besten schriftlich, in Form eines Briefes, in dem die Eltern direkt angeredet werden. Darauf aufbauend kann mit dem Therapeuten das Vorgehen besser überprüft und abgestimmt werden.

Elternbriefe

Die Eltern-Kind-Beziehung ist die erste Liebesbeziehung im Leben eines jeden Menschen. Beziehungskonflikte aus dieser Zeit begleiten jeden von uns bis in das Erwachsenenalter und in die aktuelle Beziehung hinein. Die «Liebesmuster» der eigenen Eltern, deren Körperdialoge und Botschaften zur Liebe, die sie den Kindern mitgeben, wirken als «Altlasten» ein Leben lang weiter. Oft unbewußt erfüllen wir so den «Auftrag» der Eltern und können uns erst davon lösen, wenn wir in der Lage sind, die Beziehung mit den Eltern aufzuarbeiten. Dazu gehört ein Bewußtmachen der Erziehungs- und Beziehungsmuster, ein offener und direkter Dialog mit den Eltern darüber und die kritische bis versöhnliche Auseinandersetzung. Um einen solchen Eltern-Kind-Dialog vorzubereiten, wird vom Therapeuten der Auftrag gegeben, an die Eltern oder an Mutter und Vater jeweils getrennt oder zumindest an einen, einen Brief zu schreiben. Dieser Brief soll alle schwierigen und kritischen Situationen ansprechen und rückhaltlos aufklären. Ziel ist nicht eine einseitige Verurteilung der Eltern, es soll aber auch nicht aus lauter Rücksicht und Scheu vor deren jetzigem Alter oder einer möglichen Krankheit oder aus schuldiger Liebespflicht heraus falsche Rücksicht genommen werden. Am Schluß steht nicht das Zerwürfnis, sondern eine Versöhnung auf gleichberechtigter partnerschaftlicher Ebene. Auch wenn ein oder beide Elternteile tot sind, gilt es immer noch, diese Briefe zu schreiben, diese Beziehung aufzuarbeiten und, wenn nötig, das Grab der Eltern zu besuchen und diesen Brief dort vorzulesen oder einzugraben.

Reise zu den Wurzeln

Beide Partner sollten viele Wege gehen, um die wichtigsten Erinnerungen und Szenen aus der Kindheit in ihrer Bedeutung für die jetzige Beziehung zu klären. Dazu gehören die vorher benannten Übungen, Ahnenbotschaften, Altlasten, Beziehungsklärung und Elternbriefe. Die Eltern können aber, besser noch, in die Therapie selbst mitgebracht oder zu

Hause für ein Dialogwochenende besucht werden. Die Partner sollten solche Wege möglichst gemeinsam gehen, auch die Gespräche mit den Eltern als solidarische Aufgabe gemeinsam führen. Leben die Eltern nicht mehr, ist es wichtig, ihr Grab zu besuchen und die Briefe dort zu lesen, vielleicht sogar laut zu lesen und in die Erde einzugraben. Darüber hinaus sollten Verwandte, Bekannte oder Leute, die die Eltern oder die eigene Kindheit miterleben konnten, interviewt werden. Geschwister sind in diesen Prozeß der Arbeit auch einzubeziehen. Dadurch kommt es zu einem erhöhten Verständnis eigener Handlungs- und Liebesmuster und deren Auswirkungen auf die jetzige Beziehung. Zu klären sind etwa solche Fragen wie: Welche Liebesweisen habe ich kennengelernt, mit wieviel Liebe bin ich selbst erzogen worden, wo sind meine Ängste entstanden, und welche Sicherheit bzw. Minderwertigkeitsgefühle habe ich im Umgang mit anderen Menschen erworben usw.

Eine Reise zu den Orten der Kindheit und den wichtigsten Erlebnisstätten könnte geplant werden, um die eigenen Spuren dem Partner verständlich zu machen, selbst aber für eigene Verhaltensweisen mehr Zusammenhänge zu finden. Die eigene Geschichte wird bewußt zum wichtigen Bestand der eigenen Persönlichkeit.

3

PAARDYNAMIK

In den ersten beiden Schritten der Paartherapie wurde die Paargestalt erfaßt und die Geschichte der Partnerwerdung aufgearbeitet. Jetzt, in der dritten Phase, treten sich die Partner ohne Maske, unverhüllt und unverstellt, gegenüber. Das Bild des Partners wird nicht mehr verzerrt durch hemmende, blockierende oder verfälschende Liebesmuster aus der eigenen Vergangenheit. Jetzt beginnt der Versuch, die Kräfte der Partner ins Gleichgewicht zu bringen, die Konfliktvernetzung der Partnerstile zu entzerren, die verschiedenen Dialogebenen des Paares wieder in Gang zu setzen. Die eigene Entfaltung wird mit der des Partners abgestimmt.

Mit Hilfe von Körperarbeit, Gefühlszentrierung, Selbstdarstellung, Identitätsfindung und Rollentausch wird eine Neuorientierung im Verhältnis von Partnerraum, Eigenraum und Lebensraum gesucht. Die stattgefundene Partnerwahl und die Entwicklungs- und Veränderungsschritte bis zur jetzigen Partnerphase werden überprüft. Die Paardiagnostik zeigt jetzt, welche Kernprobleme beide Partner gemeinsam haben, wo Gegensätze zerstörerisch aufeinanderprallen, andererseits aber Übereinstimmungen zur gesunden Paarsubstanz führen.

Was bisher an eigener Persönlichkeitsentwicklung noch fehlte, wird nachgearbeitet. Verunsicherungen, blinde Flecken, krisenhafte Anteile, blockierende und hemmende Einflüsse werden, soweit sie therapeutisch nicht aufgearbeitet werden können, in ihrer Auswirkung auf die Beziehungsdynamik überprüft. Die Einflüsse der Partner aufeinander treten sichtbar zutage. Soweit nötig, müssen die Partner jetzt Abgrenzung voneinander lernen. Erwachsen und damit liebesfähig zu werden heißt, mit den eigenen Gefühlen nicht nur abhängig von der Reaktion des Partners zu sein, sondern eigenen Trotz und Verletzungen zu überwinden, dem Partner die Hand zur Versöhnung hinzuhalten, auch wenn dieser nicht spontan darauf eingehen kann. In dieser Phase sollen beide Partner lernen, innerlich autonom zu werden: durch Emanzipation, Selbstbestimmung und durch Finden eigener Werte, Überzeugungen und Normen.

Das Zusammenspiel dieser Persönlichkeitskräfte ergibt eine gute Paardynamik.

Ging es also in den vorhergehenden Kapiteln hauptsächlich um das Fundament der Gefühle, deren Reifung und Wachstum vom kindlichen bis zum partnerschaftlichen Gefühlsdialog, so rückt jetzt das Fundament des Handelns ins Zentrum der Arbeit, das Umsetzen der Gefühle in die Begegnung mit dem Partner und deren Einbindung in den Alltag.

Es geht eben nicht nur um die Gefühlsvielfalt, sondern auch um eine gemeinsame Sprache für diese Vielfalt. Denn Gefühle brauchen auf Dauer, um zu überleben, sich verändern, verfeinern und vertiefen zu können, die Sprache. Sich einander mit-teilen meint ja gerade das Teilen der Gefühle, um sie gemeinsam zu erleben. Das schweigende Erahnen und Erraten der Gefühle darf nur selten eingesetzt werden.

Die Sprache der Liebenden schließt den Alltag der Liebenden ebenso ein wie die Stunden und Nächte der Erotik und Sinnlichkeit. Erzähl dem Anderen von Romantik und Zärtlichkeit, dichte für ihn das Lied der Liebe, sprich vom klopfenden Herzen und nimm den Mond, die Sonne, die Farben der Landschaft und die Urgewalt eines Gewitters als Gleichnis und Zeugen für eigene Gefühle. Scham davor, solche Gefühle in Sprache zu kleiden, laut zu äußern oder sogar niederzuschreiben, ist falsch, denn nur mit dieser Sprache überlebt und wächst die Liebe.

Dazu gehört allerdings auch, dem Partner Kritisches mitteilen zu können. Die Wahrnehmung des Anderen, das Bild von ihm, gilt es in beide Richtungen unendlich zu verfeinern. Partner sehen sich häufig einseitig, festgelegt auf bestimmte Merkmale. Nach dem Gesetz der Konstanz der Wahrnehmung werden Veränderungen des Partners erheblich verspätet registriert, während die Umwelt sie schon lange anerkennt.

Die Paartherapie begann mit den Grunddialogen von Gefühl und Sprache, erweitert sie jetzt um den Körperdialog, später dann um den Sinn- und den Zeitdialog. Aber erst müssen in dieser dritten Phase der Therapie Gefühle und Sprache wieder in Fluß kommen, damit die anderen Dialoge in Gang gesetzt werden können. Dann erst ist es sinnvoll, nach Lösungen für den Konflikt zu suchen.

Hier kommt der Innere Dialog nochmals besonders intensiv zur Anwendung, aber auch andere Hausaufgaben wie z. B. *Briefe an die eigenen Gefühle* (siehe Seite 144) (Angst, Trotz und Zorn), Träume und *Altlasten* (siehe Seite 102 f), wie nämlich früher erworbene Partnerstile und Liebesmuster in die Beziehung eingebracht werden.

So schreibt Clarissa:

▶ Lieber Wismar,
nach schlimmen Streitgesprächen war schon früher unsere einzige
Verständigungsmöglichkeit, aufzuschreiben, wie es Dir oder mir
mit dem Anderen erging.
Während ich diesen Brief schreibe, ist mein Herz schwer, sind
meine Augen voller Tränen, aber meine Hand ist fest geschlossen,
so daß nichts nach draußen klingen kann: Mir geht es damit nicht
gut. Ich möchte weinen und weiß nicht, wo. Ich will mich so gerne
an Deiner Schulter ausweinen, aber ich habe Angst, daß sie plötzlich weg ist.
Während ich schreibe, fällt mir ein, daß der Therapeut zu mir sagte,
ich würde Dich als *Alibi* benutzen, um meine Gefühle nicht zu zeigen. Vielleicht ist da was Wahres dran. Es fällt mir so schwer, mich
zu ändern, an mir etwas zu ändern. Aber ich will nicht so sein wie
meine Mutter – kalt und herzlos. Jetzt muß ich wieder heulen.
Ich habe meine Freundinnen gefragt, ob ich auf sie so kalt und herzlos wirke. Kirsten konnte sich vorstellen, daß ich kalt, hart und
herzlos sein kann, wenn ich wütend bin. Ich glaube, daß das so ist,
und das will ich nicht mehr. Ich will, wenn ich alt bin, nicht so
einsam sein wie meine Mutter.
Ich will etwas dagegen tun. Ich finde es so schrecklich traurig, daß
ich dazu die Therapie brauche, daß jemand mir *dabei helfen muß,*
daß ich meinen Trotz aufgebe, daß ich soviel Angst habe, daß Du
mich wegstößt. Ich würde es auch so gern zu Hause tun.
Bitte hilf mir doch auch dabei. Ich liebe Dich noch immer,
Clarissa –
Du hast mir doch auch schon manchmal Deine Schulter geliehen,
schenke sie mir doch. ◀

Doch im weiteren Verlauf treten ihre eigenen seelischen Verletzungen
mehr und mehr in den Vordergrund. Ihre Vergangenheit mit dem uner-
reichbaren, bedrohlichen Vater, mit der ungeliebten Mutter und mit der
Katastrophe des sexuellen Mißbrauchs sind noch so wenig verarbeitet,
daß sie sich jetzt, in der Paartherapie, von Wismar trennt. Diese Trennung bahnt sich an, wie aus ihrem Tagebuch zu erkennen ist.

▶ . . . ich will mich nicht den vorgegebenen Normen anpassen. Ich will nicht die Gefühle zeigen, die man von mir erwartet. Ja, ich brauche Sicherheit, um meine Gefühle zu zeigen, und bereits die geringste Kleinigkeit kann mich erschrecken, und ich verschließe mich.

Meine Seele ist (mindestens) zweigeteilt, in eine sich anpassende Heulsuse, die alles macht oder fast alles, was man von ihr verlangt, und in eine «Punkerin», die gerne die Grenzen «bürgerlicher Normen» überschreitet und provoziert. Momentan stehe ich nicht im Widerspruch zwischen Abhängigkeit und Unabhängigkeit, sondern will meine Freiheit. Ich beschütze gerne, wünsche mir aber auch sehnlichst, beschützt zu werden. Unerträgliche Spannungen halte ich nur sehr schlecht aus, entweder «haue ich dann ab», oder ich provoziere, damit die Spannung sich entlädt.

Ich habe es aufgegeben, von einer idealen Verbindung zu träumen. Ich will keine verbindliche Beziehung eingehen. Ich habe genug davon!

Ich träume überhaupt nicht mehr von der Liebe!

Ja, ich hasse Liebe nach Fahrplan.

Ich bin eine Frau für inoffizielle Beziehungen.

Ich kann mir nicht vorstellen, wie für mich eine Partnerschaft aussehen soll.

Ich wünsche mir einen feinfühlenden Partner, der mich auch liebevoll beschützt, der vor allen Dingen Zeit für mich hat und der weiß, was Erotik ist, und der sich lieben läßt!

Aber meine Erinnerungen und inneren Bilder sehen anders aus, da gibt es Druck, Druck in allen Variationen. Druck prägt mein Partnerbild, Druck habe ich mein Leben lang gespürt, und Druck fürchte ich, Druck, der mich verformt hat, und Druck, gegen den ich mich auflehne und verweigere, gegen den ich ankämpfe und mich manchmal sogar totstelle.

Mein Vater hat seinen sprachlosen Druck ausgeübt, Wismar übt seinen sprachlosen und aktiven Druck aus. Ich hasse Druck! Ich lasse mich nie wieder von einem Mann unterdrücken! Männer üben Druck aus mit Worten, Taten und Erwartungsdruck. Der Erwartungsdruck macht mir Angst, Angst vor dem, was da kommt, und die Angst, schuldig zu sein. Partnerschaftsarbeit ist Sisyphusarbeit, vergebliche Arbeit, am Ende wartet Schmerz, Verletzung, Einsamkeit – wozu, für das bißchen Glück, irgendwann – irgendwo? ◀

Clarissa zählt dann noch einmal alles auf, wovor sie Angst hat. Dabei wird deutlich, wie sehr ihre ganze Entwicklung bis heute deformiert bleibt, wie tief die Deformation sein muß und wie wenig sie sich dadurch einem Partner hingeben kann:

▶ Angst:
— vor Ablehnung – vor Zurückweisung, wenn ich meine Gefühle durch Taten zeige – vor Strafe, wenn ich etwas Verbotenes tue
— beschämt zu werden – entblößt zu werden – unterdrückt zu werden – kontrolliert zu werden – Angst vor Männern, Enttäuschungen, Sexualität
— Angst, wenn ich alt bin, keinen Platz zu haben – Angst, mich zu täuschen – Angst, daß mein Vertrauen mißbraucht wird. ◀

In diesem Stadium ist Clarissa weder beziehungs- noch liebesfähig. Sie wird einen langen Weg mit sich, in der Therapie, allein gehen müssen.
Auch Marie und Jakob beginnen eine lange Phase von therapeutischer Arbeit an sich selbst. Aber sie tun es zu zweit, parallel, verlieren sich nicht aus den Augen und finden später wieder zueinander. Sie grenzt sich zunächst aber ebenfalls immer mehr von Jakob ab, der verzweifelt versucht, diese von ihr geforderte Distanz zu begreifen:

▶ Maries Traum
Ich sitze mit einem jungen Mann auf dem Fußboden eines hellen Raumes, vielleicht des Kinderzimmers. Ich habe erotische Gefühle für den Mann, wir sprechen darüber, ob wir miteinander schlafen wollen. Nach einigem Hin und Her schicke ich ihn weg. Jakob kommt die Treppe herauf. Er hat ein Werkzeug in der Hand. Er baut an unserem Haus. Er ist kleiner als in Wirklichkeit und unscheinbarer.
Dann kommt meine Freundin und sagt, Jakob sei mit einer Frau in der Kneipe, die wolle etwas von ihm. Ich gehe zu der Kneipe. Vor der Tür überlege ich kurz, spüre dann meinen neuen Mut und gehe entschlossen hinein, packe die Frau am Revers und sage ihr, daß sie die Finger von diesem Mann lassen soll. Er habe drei Kinder und gehöre zu mir. Und wenn sie jetzt nicht verschwinden würde, würde sie sich gleich im Gläserregal wiederfinden. Die Frau geht. Ich sage Jakob, daß er ruhig noch ein Bier trinken könne, und gehe auch...

Ich stehe vor der Haustür unseres Hauses, auf dem Treppenstein, und gucke in zwei verschiedene Richtungen auf zwei Plätze. Auf einen wollen wir uns setzen, um ein Theaterstück zu sehen. Ich fühle fast demütig, aber zufrieden, daß Jakob aussuchen soll, wo wir sitzen werden, und daß ich es akzeptieren werde, egal, was er aussucht. Und wenn er sitzt, will ich mich auf seinen Schwanz setzen. ◀

Fast visionär sieht Marie in diesem Traum den Verlauf der Paarentwicklung vor sich. Durch frühen sexuellen Mißbrauch ist Marie in ihrer weiblichen Entwicklung auf der damaligen Stufe stehengeblieben, träumt sich deshalb symbolisch im Kinderzimmer auf dem Boden. Für sie ist die Verwirklichung ihrer Erotik noch viel zu früh. Sie schickt deshalb den jungen Mann weg. In der Realität schickt sie ihren Ehemann Jakob durch ihre Verweigerung auch immer weg. Sie macht ihn zu diesem Zweck klein und unscheinbar, kastriert ihn durch ihre Verweigerung.

Erst muß sie lernen, ihre Kräfte für Schutz und Abgrenzung zu entfalten, statt schutzlos ausgeliefert und mißbraucht zu werden wie vom alten Nachbarn an der Gartenhecke. Im Traum gelingt ihr das neuerdings sehr demonstrativ. Sie schlägt jeden Eindringling in ihr Revier wie diese Rivalin in die Flucht.

Nachdem sie so erfahren hat, daß sie durch ihre eigene Stärke absolut sicher ist, kann sie ihrem Mann gegenüber nicht nur großzügig und tolerant sein, sondern sogar sich selbst mit voll erwachter Erotik hingeben.

In einem Brief an den Therapeuten erklärt sie selbst:

▶ Der Traum bewegt mich sehr. Ich glaube vieles davon zu verstehen und fühle mich einer Wahrheit ausgeliefert, die ich noch nicht will. Gleichzeitig spüre ich deutlich, was ich tun muß, wenn ich mit einem Mann leben will. Der letzte Abschnitt des Traums war von einem Gefühl tiefer Befriedigung begleitet, der Befriedigung, sich hingeben zu können, sich anvertrauen zu können oder auch sich unterwerfen zu können. Ein Gefühl, nach dem ich mich lange gesehnt habe. Es zu haben, liegt in meiner Hand, das habe ich gespürt.

Aber ich will noch nicht wieder zurück zu Jakob. Das kommt mir vor, als würde ich die Tür zu einem schönen Garten wieder zuschlagen, nachdem ich einmal hineingeguckt habe. Der Garten lockt mich, ich will hinein.

Nachdem ich eine Woche Zeit hatte, über mich nachzudenken, fühle ich mich gebeutelt, zerrissen, glücklich und unglücklich, mutig, ängstlich, ganz klar und dann doch wieder zurückweichend – und schließlich auch dankbar.   Marie ◄

Jakob hat mehr mit sich selbst zu tun, ist ganz in sich verfangen, er grübelt nach und schreibt:

► Was fehlt mir, wie bin ich in Beziehung?
Woher das starke innere Gefühl, daß das, was ich tue, jederzeit «stimmen» muß? Warum klopfe ich unwillkürlich alles danach ab, ob es «logisch» ist, zeige Widersprüche auf, erwarte eine mich zufriedenstellende Erklärung? Kann ich mit Widersprüchen nicht leben? Gibt es Gefühle ohne Widersprüche?
Ich bin zu anpassungsfähig! Fremde Ansichten, Werte, Anweisungen, Forderungen werden übernommen. Ich ordne mich Maries Wertesystem weitgehend unter.
Warum habe ich so ein schlechtes Gedächtnis? Was ist mit meinen Gefühlen, Glück und Leid? Leidbringende Dinge / Erscheinungen werden kaum akzeptiert.
Planung steht mir im Weg, Gefühle, Gefühlsstürme werden nicht richtig zugelassen, nicht nach außen sichtbar. Warum solch ein starkes Bedürfnis nach Selbstkontrolle, sich ja keine Blöße zu geben?
Ich suche meine Ergänzung. Meine wichtigsten Freundinnen und auch Marie waren voller vitaler Lebensfreude. Wurden meine Gefühlsimpulse / Gefühlsausbrüche, Zorn, Wut bestraft, leidend durch meine Mutter oder als «unlogisch» zurückgewiesen durch meinen Vater? Liegt in meinem planenden So-Sein nicht auch Sterilität, Rigidität, Eintönigkeit?
Habe ich Lebendigkeit bei Marie gesucht und sie dann planend, schleichend über die Jahre an die Wand gedrückt, erdrückt? Ich habe diese negative «Stärke» nicht bei mir vermutet. ◄

Auffällig an diesen Selbsterkenntnissen ist die häufige Frageform, in die er seine Überlegungen kleidet – so, als ob er sich damit noch nicht abfinden kann und will. Tatsächlich ändert er in der Folge an seinem Verhalten gar nichts und bleibt bei seinen ständig wiederholten sexuellen Forderungen. Dennoch sucht er weiter, bringt eine erstaunliche Stärke und Geduld auf, seinen eigenen Problemen auf den Grund zu gehen, statt sie auf Marie zu übertragen. So schreibt er in seinen *Altlasten* (siehe Seite 102 f), den aus der Kindheit mitgebrachten Normen:

▶ Wesentliche Werte sind Harmonie und Nähe. Ich bin bescheiden, selbstlos, verzichtbereit, friedfertig, mitfühlend, angepaßt, treu, beständig. Ich selbst bin nicht wichtig. Durch meine Tugenden kann ich etwas hingeben, etwas opfern.

Ich mache mir selbst etwas vor und gebe die Verantwortung für meine persönliche Entwicklung ab. Stehe mir selbst im Weg. Kann doch selbst nicht tun, was ich an anderen mißbillige, verurteile. Werte Dinge ab. Ich komme nicht zu mir, kontrolliere mich zu stark, entwickle nicht mich selbst. Mache aus meiner Lebensangst eine Tugend. Opfern kann ich nur, was ich auch entwickelt habe.

Woher meine Schwierigkeit, mir etwas anzueignen? Nehme Menschen nicht mit wirklichem Interesse auf. Habe wie mein Bruder überhaupt kein Gedächtnis.

Habe versucht, nur durch Marie zu leben, habe mich nicht entwickelt, nicht gelernt, ein Eigenleben zu leben, war voller Verlustangst. Habe nicht auf Auseinandersetzungen bestanden und resigniert. Habe als der Erleidende geglaubt, der Bessere zu sein, nicht schuldig zu sein, und dadurch den anderen schuldig gemacht. Das ist wohl die Aggression des Friedfertigen. ◄

Immer noch verrät die abgehackte Sprache die Bruchstückhaftigkeit seiner Identität und seiner seelischen Entwicklung. Diese Ansätze zu einer tiefen Selbsterkenntnis, nämlich zu hinterfragen, sich selbst als Friedfertigen, als Opfer in diesem Partnerstreit darzustellen, reichen bei weitem nicht aus, sein Partnerverhalten gegenüber Marie wirklich zu verändern. In Wirklichkeit bedrängt er sie weiter, stellt seine Forderungen nach Zärtlichkeiten, zwingt sie in die Rolle der Versagenden. Und Marie, die als Kind nie lernen durfte, sich gegen eine erdrückende Mutter abzugrenzen, sich deshalb später auch nicht gegen den Mißbrauch durch den Nachbarn wehren konnte, konnte sich auch viele Jahre nicht gegen die gefühllosen Forderungen Jakobs nach purer Sexualität wehren. Dann, als ihre Schuldgefühle zu erdrückend werden, schlägt sie ins andere Extrem um: totale Verweigerung, Flucht, Seitensprung und schließlich fast ein Abgleiten in die Depression. Im Vergleich zu Jakob ist Robert dagegen ganz und gar nicht friedfertig. Er wird jetzt, in der durch die Therapie unvermeidlichen Konfrontation mit Beate, eher noch aggressiver. Eine Auswirkung, die zum Entsetzen und Erschrecken vieler Paare erst einige Zeit nach Beginn der Paartherapie einsetzt. Zuviel an längst fälliger Umwälzung wird jetzt erst freigesetzt. Robert ist hin- und hergerissen zwischen Wut auf sich und auf Beate. Dabei entwickelt auch er ein hohes Maß an Selbsterkenntnis. Doch genauso wie bei Jakob hilft es wenig und reicht noch nicht aus, seine Liebesfähigkeit wiederherzustellen und sein Verhalten gegenüber Beate zu verändern. Es kommt vielmehr zu einem ständigen Auf und Ab des Paares, zu heftigsten Rückschlägen, die nur schwer aufzufangen sind. Er schreibt:

▶ Schuldgefühle, weil ich Beate nie geliebt und immer betrogen habe. Haß, weil sie mich tief verachtet und ich so abhängig von ihrer Achtung bin, weil ich so viele Bedingungen gestellt bekomme, um Zuwendung zu erkaufen. Meine Enttäuschung über den sichtbar tiefen Graben und dessen Unüberwindbarkeit.

Mein vorsichtiges Agieren und behutsames Reden, bei dem ich die größten Ängste empfinde, daß die kleine Harmonie zerbrechen könnte, ist wohl gerade das, was Beate so verletzt. Weil sie fühlt, daß meine Harmonieversuche nur vordergründig sind und nicht einem Liebesgefühl entspringen. Beate sucht den großmütigen, väterlichen und verzeihenden Freund und Liebhaber, der ich bei anderen bin.

Bei der letzten Übung sah ich *in ihren Augen* (siehe Seite 146 ff) das tiefe Mißtrauen, eingekapselte und eingeigelte Zurückhaltung und die wortlose Angst vor mir, so daß mir das Herz bricht: Was habe ich da angerichtet, ohne es wahrhaben zu wollen? Irgendwie muß ich unbewußt so ein fürchterlicher Tyrann sein, daß sie sich vor mir in acht nehmen muß: Nur nichts riskieren, es könnte den Tod bedeuten.

Auch ich sollte mir den Ruck geben können, etwas Freundliches zu sagen. Und das bringe ich immer weniger fertig. Ich empfinde dabei zunehmend eine Lüge, was Beate vielleicht merkt. Dabei spüre ich in ihrem Mißtrauen meine eigene höchste Unzuverlässigkeit und dieses So-Tun-als-ob. Wer kann mir eigentlich noch trauen, wer mich verstehen? Wo liegen meine ehrlichen Absichten? Beate kennt mich genau: Was jetzt zutage tritt, ist mein eigenes entsetzliches Ich. Ich muß sie von diesem Alptraum befreien und ihr aus den Augen. Darum hat sie immer Vorbehalte bei unserem Zusammenleben gehabt, nie ein «Jawort» gegeben. Das kann man mir gegenüber auch nicht. Meinen Kindern gegenüber versuche ich, den Eindruck der Zuverlässigkeit zu erwecken, aber es kostet mich unendliche Anstrengung, es nicht zu vergessen. ◀

Trotz der vielen, offenen und ehrlich gemeinten Selbsteinsicht kommt in einem Brief dann doch wieder der Stachel gegen Beate durch:

▶ Was mich so verzweifelt macht, ist das Gefühl, verloren und verlassen zu sein. Ich fühle bei Dir eine Gnadenlosigkeit und Unerbittlichkeit. Merkst Du denn nicht, daß ich immer um Deine Zuneigung heische? – Du hast Angst vor mir und ziehst Dich zurück, weil ich so ein großer, böser Zerstörer bin. Du mußt langsam merken, daß ich mit steigendem Liebes- und Vertrauensentzug immer unausstehlicher werde, immer eifersüchtiger auf Deine Gefühle von Schönem und Erotischem. Dein fröhliches Lachen ist nur unbeschwert bei anderen.
Du hast es ja nicht nötig, Dich von mir beleidigen und erniedrigen zu lassen. Durch Dein Schweigen stürzt Du mich nur tiefer in meine Verzweiflung und Kälte. Ich kann nur so lange weitermachen, bis Du mich vollends eklig findest und mich endlich verläßt, so wie ich es *verdiene*. Dann weiß ich endlich, wie groß Deine Liebe zu mir war und wie lange es brauchte, sie zu zerstören.
Ich wage nicht mehr zu sagen, daß ich von Dir umarmt werden möchte – weil ich glaube, daß meine Forderungen von Liebesbeweisen und Zuneigung Dir zunehmend ein Greuel sind. Dann immer wieder der Hammer von Dir: «Andere Frauen wären schon längst abgehauen» und «Dieser Freund kann Dir wirklich gefährlich werden» – Wo ist da der neue Anfang? Ich halte meine Versprechen und werde Dir erzählen, falls ich etwas mit anderen Frauen anfange oder Dir eine «gefährlich werden» kann – bisher war es nicht so. Es kann nur sein – wie damals mit Anne – aus Resignation und Verzweiflung, Abschied und Trauer! Aber Du fängst mit alldem erst richtig an: genau dasselbe Versteckspiel wie ich damals – aus

Angst vor mir!! – Wie gut ich das verstehe, aber bei Dir ist es ja nur eine Reaktion auf meine Untaten. Wie lange soll ich meine Strafe noch absitzen? Laß doch endlich mal von mir ab. Wenn Du es nicht aushältst und alle Abmachungen vergißt und durchkreuzt, verschwinde zu Deinen Vertrauten. ◄

Durch die ewig neuen Mißtrauensanträge und Angriffe von Robert ganz zurückgeworfen, schreibt Beate an den Therapeuten:

► Ich komme heute nicht zur Therapiestunde. Es ist die Angst vor Roberts nun schon wochenlang anhaltenden Aggressionen und wütenden Beschimpfungen. Andererseits befürchte ich ebenso meine Abwehrschläge in Form von Wut, um mich zu rechtfertigen und um nicht immer aushalten zu müssen. Ich kann dem einfach nicht mehr standhalten. Ich weiß nicht mehr, was ich machen soll. Lasse ich Robert in Ruhe, ist es falsch, wenn ich ihn anfasse, vorsichtig zwar, oder in den Arm nehme oder zu ihm ins Bett komme, reicht es nicht aus. Ich sei unerotisch und steif wie ein Brett im Bett.
Ich bilde mir ein, nicht mehr so unzugänglich zu sein, ich schreie längst nicht mehr jeden Morgen rum. Ich werde immer noch so gesehen wie vor und seit langer Zeit. Ich scheine das Opfer seiner Wut und Verhärtung zu sein.   Beate. ◄

In dieser Zeit versuche ich als Therapeut, Robert ausnahmsweise gegen Beate in Schutz zu nehmen, weil seine kindliche Bedürftigkeit allzu deutlich im Raum steht. Deshalb kritisiere ich Beate auch, völlig ungewohnt für sie, denn bis dahin war ich nur liebevoll zu ihr. Sie reagiert ganz beleidigt. Ich entgegne, daß sie jetzt trotzig wie eine pubertierende Tochter reagiere. Darauf schreibt Beate mir:

► ... als pubertierende Tochter von Dir angesehen zu werden, paßt sicher momentan in Deine Vorstellung vom Procedere Deiner weiteren Therapie mit mir. Du mußt Dir dann allerdings auch was von mir sagen lassen, pubertierende Kinder sind ja oft auch ganz hellsichtig und unvoreingenommen. Immer, aber besonders jetzt, habe ich das Gefühl, daß Du Deine pubertierende Tochter-Vater-Bindung nicht gelöst hast. Ich hasse an Dir dieses schablonenhafte, ja autoritäre «Einordnen». Auch Dein mimosenhaftes Verhalten,

wenn es um Kritik an Deiner Person geht, wenn Du in Deiner Autorität in Frage gestellt wirst. Sofort bringst Du Deine zwanzig Jahre Therapieerfahrung ins Spiel!
Robert darf mit Deinen huldvollen Bemühungen seine Gefühle ausloten. Ich aber bin die Mutter, die sieht, wie so ein alter, schwächlicher, narzistischer Vater sich an «meine» Tochter ranmacht. Ich weiß doch, was Robert für einer ist. Warum bin ich plötzlich pubertierend, nur damit es in Dein Therapieprocedere reinpaßt?! Ich bin nicht die pubertierende Schachfigur, die Du wohl gut für die Klärung von Roberts Gefühlswirrwarr brauchst. ◄

Was Beate ihrem Vater vorwirft, ihrem Mann vorwirft, wirft sie jetzt auch dem Therapeuten vor: mimosenhaft, kritikunverträglich, autoritär. Diese Auflehnung von Beate, notwendig und wichtig, um ihre eigene, nicht erlaubte und nicht ausgelebte Pubertät nachholen zu können, ist ein entscheidender Entwicklungsschritt. Allerdings wird auch deutlich, wie sie jetzt die Beziehungsebenen durcheinanderbringt, denn Robert *macht sich keineswegs an die Tochter ran*, vielmehr meint Beate damit sich selbst. Dann aber arbeitet auch sie mutig, sehr mutig weiter:

► Was muß ich in der Therapie als nächstes tun?
Meine eigenen Bedürfnisse, Wünsche, Verletzungen und Kränkungen rechtzeitig erkennen, und wenn ich meine, diese vortragen zu wollen, es auch zu tun, selbst, wenn Probleme anderer wichtiger als meine erscheinen. Mich trotz Hemmungen, Schamgefühl, Angst, nicht geliebt zu werden, mehr öffnen, Mut zu engeren Beziehungen finden..., auch mehr Mut zu Beziehungskonflikten und deren Klärung – bisher habe ich das vermieden, eher zurückgezogen, spröde und abweisend gewirkt... Und insgesamt mir selbst wirklich den größeren Stellenwert geben und nicht den Arbeits- und Alltagsproblemen. ◄

Sie setzt ihr Vorhaben um. Sie nimmt ihre eigenen Gefühle ernst, setzt sich mit ihnen auseinander und lernt dadurch langsam, besser damit umgehen zu können:

▶ Brief an meine Angst vor Nähe:
Wenn ich jetzt einen Brief an Dich schreibe, geschieht dies ganz
mutig und mit dem Willen, Dich durch diesen Brief näher kennenzulernen.
Oft kriechst Du förmlich in mich hinein in Gestalt einer Person, in
deren Nähe ich Dich deutlich spüre. Ein Unbehagen, eine mißtraui-
sche Wachheit wächst in mir. Was sind das für Forderungen, Wünsche und Erwartungen, die an mich gestellt werden, die ich aber
nicht erfüllen möchte? Warum nicht? Aus Angst, nicht den äußeren Erwartungen zu entsprechen und meinen eigenen Anforderungen nicht gewachsen zu sein. Ich werde mir meiner Unfähigkeit,
meines Ungenügens bewußt und kann dieses Bewußtsein nicht
ertragen, weil ich hilflos werde. Diese Hilflosigkeit bedeutet
Schwäche, die mich kraft- und atemlos macht. Ich zerstöre mich,
löse mich auf und existiere nicht mehr. Auch kommst Du, Angst, in
Gestalt einer liebevollen Nähe, und ich möchte mich dieser Nähe
hingeben und ausliefern. Sofort schlägt meine Stimmung um, erzeugt in mir eher das Gegenteil: Trotz und unartiges Verhalten, um
zu testen, wieweit man mich trotzdem noch lieben mag. Ich möchte
mit meinen 47 Jahren kein Wohlverhalten mehr auf Kommando. ◀

Beate schreibt dazu eine Fortsetzung. Darin wird ihre Zerstörungskraft,
ihre Gefährlichkeit für Robert deutlich, die er schon in seinen Briefen
beschrieb:

▶ An meine Angst:
Du bist oft übermächtig und verhinderst die Hingabe. Warum? Ich
will mich nicht hingeben, aus Angst, beim Hinübergleiten mich
aufzulösen, zu entleeren, zu zerstören. Diese Furcht vor Selbstzerstörung erweckt in mir panikartige Wut. Um die eigene Vernichtung zu verhindern, werde ich wütend und aggressiv und versuche,
die sich nahende Person kampfunfähig zu machen, sie zu vernich-
ten. Ich werde in dieser wütenden Angst maßlos in meiner Kraft
und Wut. Diese Kräfte darf ich aber nicht zulassen, weil sie ein
schrecklicher Teil von mir sind. Also unterdrücke ich die Kräfte
nach außen, kann mich aber dadurch der inneren Angst vor Entlee-
rung und Vernichtung nicht erwehren. Deshalb lasse ich Nähe gar
nicht erst zu.

Was muß ich tun? Indem ich die Angst kennenlerne, sie annehme, in einen Dialog mit ihr trete, wird sie geringer werden. Was ich gut kenne und einzuschätzen weiß, wird vertrauter und damit weniger angsterregend. Fazit: weniger eigene Ängste, weniger Angst vor der Nähe der anderen. ◄

Diese offene und ehrliche Art mit sich selbst machte mich bei Beate und Robert immer wieder, trotz ihrer häufigen Rückfälle, optimistisch. Anders geht es bei Brigitte und Jürgen weiter. Wir treten auf der Stelle. Von Jürgen, seit Jahren aus der gemeinsamen Wohnung ausgezogen und immer wieder mal in einer anderen Beziehung, kommt keine Entscheidung für oder gegen Brigitte. So schreibt Brigitte:

▶ Jürgen,
es ist 1.45 Uhr und ich kann wieder nicht schlafen, wieder schreibe ich Dir einen Brief, auf den Du – wie auf die anderen auch, die ich seit Jahren an Dich schreibe – nicht eingehen wirst.
Ich will nicht mehr Dein seelischer Mülleimer sein und ansonsten abseits stehen. Ich will nicht mehr so allein sein und weiter in einem gefühlsmäßigen Vakuum leben.
Ich bin tief enttäuscht, von Dir so allein gelassen zu werden. Bei dieser Sprach- und Gefühlslosigkeit zwischen uns ist es völlig illusorisch, daß wir zusammen Urlaub machen. Ich spüre, wie wir uns immer weiter voneinander entfernen. Dich scheint unsere Familie nicht mehr zu interessieren.
Überhaupt, die Kinder! Ich habe den Eindruck, daß Du Dich gar nicht mehr mit ihnen beschäftigst. Du interessierst Dich kaum für ihre Hobbies, Freunde und die Schule. Wenn ich Dir sage, daß die Kinder leiden und daß wir auch in ihrem Interesse diese Unsicherheit so schnell wie möglich beenden sollten, sprichst Du nur davon, daß Du erst mal zu Dir selber finden mußt und wir ja dafür die Therapie machen. Nach zweieinhalb Jahren finde ich das ziemlich dürftig, sehe keine positive Änderung und empfinde Deine Haltung den Kindern gegenüber als kühl und verantwortungslos.
Es drängt sich mir schon seit vielen Monaten der Gedanke auf, daß Du kein echtes Interesse an unserer Beziehung hast und innerlich die Trennung längst vollzogen hast. Und ich ließ mich mit Kleinigkeiten bei der Stange halten (Edelkuli zu Weihnachten, Rosen aus

dem Urlaub, Arm in Arm im Park), weil ich die Hoffnung auf eine gemeinsame Zukunft nicht aufgeben wollte. Aber immer öfter beschleicht mich der Gedanke, daß ich mir nur etwas vormache. Ich nehme an, daß ich auch diesmal ohne Antwort bleiben werde.

Brigitte ◄

Tatsächlich antwortet er nicht, aber befaßt sich mit dem, was ihn gehindert hat und immer noch hindert, endlich eine Entscheidung für oder gegen Brigitte zu treffen:

► An meine Angst:
Du begleitest mich schon jahrzehntelang, obwohl ich Dich kaum wahrgenommen habe. Du bist lautlos, schleichend, immer präsent, unsichtbar, aber belastend.

Unter Deinem ständigen Druck habe ich fast immer die Rolle eines Mäuschens gespielt, mich nicht für voll genommen, meine Kraft und Stellung unterschätzt, nicht gewagt, mich durchzusetzen, habe mich kaum gewehrt.

Als Ausgleich und um vor mir und anderen bestehen zu können, habe ich mich auf Gebieten profiliert, auf denen andere Menschen Angst zeigen und in denen ich meine Furchtlosigkeit beweisen konnte. Segeln, Tauchen, Surfen, Autofahren, Fliegen, alles im Grenzbereich. Fast wie im Rausch, egal ob Höhen, Tiefen oder Geschwindigkeiten. Ich lebte meinen Sieg über meine Ängstlichkeit beim Sport aus. Die Angst anderer befreite mich kurzfristig von der Last meiner nicht erkannten Angst.

Du bist mein ständiger Begleiter. Du bist da als Angst vor dem Nichtgeliebtwerden, Nichtanerkanntwerden, vor dem Geschlagenwerden, vor dem sich Nichtdurchsetzenkönnen, vor der Niederlage. Was bist Du eigentlich, daß Du eine solche Macht ausüben kannst?

Ich kann Deine Machtfülle nicht mehr akzeptieren.

Ich kann mich wehren, brüllen, schlagen, durchsetzen, entscheiden. Fast nie hat solches Verhalten mir geschadet. Ich kann Gefühle ausdrücken wie Liebe, Haß, Wut, Freude, ohne daß meine Glaubhaftigkeit gelitten hat.

Wie viele Menschen habe ich kennen- und schätzengelernt, die mich akzeptieren und lieben, ohne daß ich mich profilieren mußte, die mich mochten, ohne daß ich Extremleistungen oder irgendwelche Anstrengungen hätte unternehmen müssen. Was soll also die Angst vor dem Nichtgeliebtwerden? Sie ist grundlos.

Ich bin Dir entwachsen, erwachsen geworden. Auch Brigitte, in den letzten Jahren eine Deiner mächtigen Verbündeten, hat viel ihrer angsteinflößenden Verhaltensweisen verloren, weil sie stumpf geworden sind. Wir können uns stundenlang konstruktiv unterhalten, verstehen und akzeptieren uns. Doch nur, weil unsere gegenseitige Angst nachgelassen hat.

Sollte Dein Einfluß und Deine Macht über mich bereits so weit nachgelassen haben, daß ich mich nicht mehr fürchten muß vor Dir? Habe ich Dich bereits besiegt, ohne das Bewußtsein, gekämpft zu haben? Es wäre irre! Gute Nacht, Angst! ◄

In Wirklichkeit hatte sich wenig verändert bei ihm, denn eine Grundwahrheit der Therapie sagt, daß ohne Schmerzen und bewußte Arbeit keine gravierenden Veränderungen eintreten. Das wird deutlich an seinen folgenden Überlegungen:

► Liebesbeziehung Brigitte – Jürgen. Wie kann es weitergehen?
Bündnis gegen unangenehme Einflüsse von außen, nicht Kampf gegeneinander; Verständnis für die Problematik des Partners, sie nicht als Angriffspunkt benutzen, Akzeptanz des Partners als Teilhaber an der Beziehung, nicht als lästiges Übel; Beziehung als Insel der Harmonie und des Friedens, nicht des Kampfes; gemeinsam planen: Kinder, Garten, Haus, Segeln, Urlaub, Alter; sich um die Wünsche des Partners bemühen, und darauf eingehen, auch wenn sie nicht ausdrücklich ausgesprochen werden; Spannungen sofort ansprechen. ◄

In diesem Text von Jürgen kommt nichts zum Ausdruck von wirklicher Bereitschaft zu einer neuen und tiefen Auseinandersetzung mit Brigitte oder gar von tiefen Gefühlen der Liebe, der Sehnsucht und Erotik zu ihr. Immer noch dieselbe Suche nach Harmonie und Schutz, Beziehung als Insel des Friedens. Die Wirklichkeit einer Liebe gerade auch mit ihrer streitbaren Seite kann er noch nicht ertragen.

In einer *Collage* (siehe Seite 144 ff), mit der beide jeweils ihre Beziehung darstellen sollen, sind nur Bilder und Photos von schönen Dingen der Welt, von seinen Hobbies und seinen Kindern, nicht aber irgendeine Zweisamkeit mit Brigitte abgebildet. Die ursprüngliche Lebensangst, die seit dem Weihnachtsschock des Fünfjährigen in ihm gesessen hat, war zu sehr der ausschlaggebende Faktor bei seiner Partnerwahl. Es war nicht Liebe, sondern Angst, die ihn diese scheue Frau hat wählen lassen. Jetzt, da er sich aus dieser Umklammerung der Angst befreien will, muß er gleichzeitig Brigitte, die permanente Mahnung an seine Angst, abschütteln. Dennoch traut er sich immer noch nicht, die Verantwortung für eine solche Entscheidung zu übernehmen, muß vielmehr ihr die Schuld dafür geben.

Auch bei Amelie und Sebastian war es ursprünglich eine gegenseitige Angstwahl. Denn jetzt, nachdem sie in der Elternarbeit ihre Lebensängste überwunden und alle Zusammenbrüche hinter sich hatte, kann sie an dem braven und angepaßten Sebastian nicht mehr viel finden. Sie lehnt an ihm jetzt ab, was sie selbst als Problem überdeutlich hatte. Sie kämpft aber auch für Veränderung mit ihm. Nachdem sie sich von ihrer eigenen Vergangenheit einigermaßen freigeschaufelt und die schlimmsten Ängste überwunden hat, sind jetzt Energien frei, ihn herauszufordern. Ihr *Innerer Dialog* (siehe Seite 49) deckt jetzt das zentrale Problem auf:

▶ Ich kann meine Gefühle doch nicht mehr in eine finstere Ecke verbannen, sie kriechen bei jeder Gelegenheit hervor und verunsichern mich in meiner Sehnsucht.
Es ist für mich neu, aber ich glaube, daß mir Deine körperliche Zartheit zu schaffen macht, damit verbunden eine teilweise Ungelenkigkeit und Unsicherheit. Du gehst mit Deinem Körper zwar nach außen hin bodenständig um, ich erkenne aber in Deinen Bewegungen keine sichtbare Lust. Tanzen ist ein Zeichen für Sicherheit im Körper. Aber bei unseren gemeinsamen Tänzen spürte ich immer alles andere, nur keine Sinnlichkeit. Wahrscheinlich achte ich erst jetzt darauf, weil ich langsam ein eigenes lustbetontes Körpergefühl erlange, zumindest in der Beschäftigung mit meinem eigenen Körper.
Viel schwieriger wird es jetzt, wenn ich versuchen will, über erotische Gefühle Dir gegenüber zu schreiben. Ich weiß, daß Du sehr verletzt bist, wenn ich mich nicht von selber an Deinen Körper «heranmache». Warum nur ist mir so selten danach? Zuerst war es die Angst vor dem sofortigen Inbrandsetzen Deiner Lust. Ist es

wirklich nur das? Oder muß ich doch ehrlicher sein und feststellen, daß ich Deinen Körper nicht begehre? Ist es das?

Wenn ich an unsere Anfänge denke, fallen mir Wärme, Geborgenheit, Nähe ein, aber keine Begierde. Habe ich das immer verwechselt?

Vielleicht ist es nur die Angst vor dem Männlichen, was mit Deinem Körper, Deiner Lust dann passiert. Warum schließe ich so oft die Augen? Was will ich nicht sehen? Die Lust oder Dich? Dieses Kapitel birgt für mich eine Katastrophe in sich, und ich bin völlig ratlos. Können wir darüber wirklich reden?   Amelie ◄

Gegenübergestellt Sebastians ‹Innerer Dialog›:

► Liebe Amelie,
es ist, als ob jemand bei mir eine Tür zugeschlossen hat und ich keinen Schlüssel dafür habe. Und es ist das gleiche Gefühl, welches ich seit Tagen habe, wenn ich mit Dir zusammen bin. Ich weiß, ich müßte reden, erklären, fragen. Ich bringe es nicht, und es geht sogar so weit, daß ich Deinem Blick ausweiche.

Es beginnt bei mir immer mit einer verpaßten Gelegenheit, Kritik an Deinem Verhalten zu äußern oder eigene Ansprüche anzumelden. Es beginnt also gleich mit einem Schwanz-Einziehen!

Ich versuche, Dir zu helfen, indem ich Dir Dinge abnehme, z. B. putze ich, koche, kümmere mich um die Mädchen, habe abends Dienst. Du gehst mit dem Jungen zum Tennisplatz. Ich gönne es Euch wirklich, habe aber ein komisches Gefühl im Bauch: Ein bißchen Eifersucht auf das «Glitzern» in Deinen Augen, ein Gefühl der Ungleichheit und das Gefühl, der Alltag ist Dir zu lästig, anstrengend und nervig. Dazu kommt mein starkes Empfinden, daß ich in der Ausübung dieser lästigen Alltagsdinge für Dich auch nicht attraktiv bin.

Mein verschlüsselter Liebesbeweis wird nicht angenommen, verkehrt sich ins Gegenteil. Sehnsucht habe ich nach Nähe, nach Angenommensein, nach Begehrtwerden. Die Sehnsucht erfüllt sich nicht. Ich verspüre Wut und Traurigkeit, beides fühle ich im Bauch fressen, und es gelingt mir wieder nicht, es zu zeigen. Ich werde völlig unfähig, mit Dir Kontakt aufzunehmen, und verhalte mich so, wie Du mich ganz bestimmt nicht magst. Manchmal schaffen wir es dann zu reden, und danach ist mir, als ob eine Zentnerlast von mir fällt. Manchmal schaffen wir es auch durch körperliche Nähe, ich denke z. B. an unseren ersten «Streichelabend», wo Gefühle wirklich strömten. Warum schaffen wir solche Begegnungen nicht öfter, warum kommen die Anstöße ausschließlich von mir, und warum habe ich immer das Gefühl, Dich überreden zu müssen?

Manchmal denke ich, mein erstes Gefühl, als ich Dich in der Hochschule sah, «An die kommst du nie heran», war gar nicht falsch. Richtig «heran» komme ich an Dich ganz, ganz selten. Und dabei bist Du heute genauso begehrenswert wie damals, nur werde ich im Umgang mit diesem Begehren immer verklemmter, spüre ich bei Dir doch manchmal richtige Abwehr gegen meinen Körper.

Warum ist mein Körper nicht begehrenswert oder attraktiv für Dich? Hat das mit dem Bild zu tun, welches Du Dir im ganzen von mir gemacht hast? Hat es damit zu tun, daß Du auch Deinen eigenen Körper nicht so annehmen kannst, wie er ist?

Mein Bild von Dir: ein stark und schnell verletzbarer Mensch, aber auch eine Frau von kindlicher Neugier und Unbefangenheit, die wundervoll lachen kann, die sehr stark und spontan sein kann, die sich wundervoll bewegen kann, in vielen Dingen einen eigenen und sicheren Geschmack hat, eine Frau, die eine ungeheuer erotische Ausstrahlung auf mich hat und von der ich dann ohne Vorbehalt sagen kann, ich liebe sie. Neben meinem mit der Muttermilch eingesogenen Reagieren als *Beschützer* ist mein anderer Beweggrund die Hoffnung auf ein Auferstehen dieses Bildes von Dir.

Kneifen tue ich aber aus Angst vor Deiner Strenge, Deinen schlechten Stimmungen, Deinem «Sich-schwer-tun» im Umgang mit unangenehmen Situationen oder Menschen.

Ich wünschte, wir könnten uns gegenseitig Mut machen. Ich glaube ganz fest, daß die Übereinstimmungen und Gemeinsamkeiten und Gefühle füreinander es lohnen, dafür zu kämpfen. ◄

Aber Amelie braucht nun keinen Beschützer mehr, das alte System ihrer Zweierbeziehung wird nicht wieder auferstehen. Die Ehe der Beiden in ihrer bisherigen Form ist gescheitert.

Das ist es, was viele in diesem Abschnitt der Therapie erst schmerzlich begreifen: Abschied nehmen von der innigen Zeit der ersten Partnerphase, von der Hingabe, der totalen Verschmelzung, von der Sehnsucht und kindlichen Geborgenheit beim Partner. Dieser Um- und Aufbruch in die nächsten Phasen und Zyklen von Partnerschaft, in den Aufbau und die Lebensmitte hinein verlangt kritische Auseinandersetzung mit sich selbst und dem Partner: Neue Ziele und Aufgaben, neuer Partnersinn muß gefunden, eigenes Selbstbewußtsein und Autonomie entwickelt werden.

Gleichberechtigung der Partner, Voraussetzung für die freie Entfaltung der Liebe, fordert zwei eigenständige, voneinander unabhängige Menschen, die zwischen Hingabe und Abgrenzung, Distanz und Nähe pendeln. Ein Gleichgewicht der Partnerkräfte, der Liebespotentiale und die Balance zwischen Eigenraum, Partnerraum und Lebensraum wird jetzt gesucht. Wie dicht Liebe und Ablehnung dann oft beieinanderliegen, wie sehr sie sogar zusammengehören, zeigen die Inneren Dialoge von Helma und Ron:

▶ Du, lieber Ron,
24 Jahre sind wir jetzt verheiratet, unsere Kinder sind fast erwachsen. Die Jahre sind anders gewesen, als ich sie mir in meinen Idealen vorgestellt habe. Zu lieben ist so viel schwieriger, als ich es gedacht hatte. Manchmal war es Kampf. Manchmal, vielleicht sogar oft, hatte ich das Gefühl von Versagen.
Wo stehe ich mit meinem Leben? Wo stehen wir miteinander?
Ganz entgegen meinen ursprünglichen Vorstellungen – ich wollte ganz für meine Familie da sein – bin ich über die letzten zwölf Jahre sehr aktiv und engagiert gewesen. Das hat mich oft in große Konflikte gebracht. Ich fühlte mich innerlich hin- und hergezerrt und hatte oft das Gefühl, nichts und niemandem gerecht zu werden. Nach außen hin bin ich dabei erfolgreich gewesen. Jetzt sind die Kinder groß, gehen bald aus dem Haus, und ein neues Leben zu zweit beginnt. Diese Woche bekam ich so einen Vorgeschmack, wie es sein kann, wenn ich meine Energien nicht so breit verstreuen muß, wie schön es miteinander sein kann.
Mein Wunsch ist, daß unsere Liebe die Grundlage für mein Leben sein kann – nicht nur das Geliebtwerden, sondern auch das Dich-Lieben. Ich wünsche mir, daß unsere Liebe mir Kraft gibt, in die Welt hinausschwirren zu können, daß sie auch die Kraft für meine Kreativität und Produktivität ist. Ich wünsche mir Austausch und gegenseitige Unterstützung, auch im Beruflichen. Mein Wunsch

ist es, Zeit füreinander zu haben, miteinander zu spielen, zu schmusen, zu schlafen. Ich wünsche mir, die Kraft zu haben, diese Zeit wirklich zu schaffen. Aber ich brauche auch andere Menschen, und das sagt nichts über meine Liebe zu Dir aus.

Was hat uns im Weg gestanden, bis jetzt, unsere Liebe behindert? Wo sind die Gefahren?

Von meiner Seite war es vor allen Dinge meine Schwierigkeit, Prioritäten setzen zu können. Wenn der Streß zu groß wird, lebe ich nur noch von Moment zu Moment, womit ich zwar gut leben kann, aber was für Dich, der Du Planung brauchst, oft sehr schwer war. Es hat Druck geschaffen, und Dir und Euch ging Zeit ab. Ich wurde unpünktlich, manchmal auch entgegen meiner Natur unzuverlässig. Ich war oft gedankenabwesend, brauchte Zeit, meine Gedanken zu ordnen. Ich bin Dir gegenüber kritisch gewesen.

Ich habe im Laufe der Zeit versucht, Verpflichtungen abzubauen, bin auch stolz, wie oft ich schon «nein» sagen kann. Aber es reicht noch nicht. Ich werde weiter an mir arbeiten und Zeit einbauen, für Dich, für uns. Es tut mir leid, daß ich uns mit meinem Verhalten geschadet habe.

Wie hast Du unser gemeinsames Leben beschwert?

Du hast uns auch oft sehr viel Druck gemacht! «Das wird nie gehen.» – «Das dauert zwölf Stunden.» Und dann schaffst Du es in einer halben. Lieblingssätze sind: «Das geht nicht. Das ist schwierig.» So viele negative Voraussagen in kleinen und großen Dingen! Du machst so viele Worte, wo Du Dinge einfach tun könntest. Ich finde es ganz furchtbar, wenn Du Dich anbietest, etwas zu tun, und dann jammerst, wieviel Zeit Du vergeudet hast. Verdammt noch mal, dann sag doch lieber «nein» und laß es andere tun. Manchmal verdrehst Du die Wahrheit, so als ob Du wolltest, daß ich Schuldgefühle bekomme. Du bist so oft unzufrieden. Mit Jammern und Nörgeln, Deiner «Poor-me»-Haltung, Deiner Hilflosigkeit schaffst Du manchmal eine Atmosphäre zum Weglaufen.

Hinter alldem habe ich diese Woche wieder Deine Schönheit erleben dürfen, Deine Wärme, Deine Liebe. Du hast Dich mir gewagt zu zeigen. Wir konnten offen reden. Du hast nicht abgewehrt. Ein neuer Anfang? Ich wünsche mir, daß wir in Liebe miteinander alt werden können. ◄

Ron seinerseits:

▶ Liebe Helma,
wir hatten Beide eine schwere Zeit. Ich fühlte Deine Unzufriedenheit, sicher auch Deinen Ärger. Es schien, daß alles, was ich sagte
oder für Dich tat, falsch war. Der kleinste Kommentar von mir
führte zu einer scharfen Reaktion von Dir. Meine schlimmsten Be-
fürchtungen bezüglich unserer Beziehung schienen zehnfach mul-
tipliziert. Meine Ängste wurden wach, meine Angst, allein gelassen
zu werden, meine Angst, nicht geliebt zu sein.
Du willst, daß ich mich verändere. Du willst, daß ich perfekt bin, die
besten Züge aus 25 verschiedenen Personen in mir vereine, als Su-
permensch. Ein Ziel, daß kein Mensch auf dieser Erde jemals erreichen kann. Mit so vielen dieser Eigenschaften, die Du von mir
willst, hast Du selbst Probleme. Vielleicht soll ich der perfekte
Mann sein, damit ich Dir helfen kann zu wachsen. Eine sehr große
Aufgabe für einen Menschen.
Das Paradoxe aber ist, daß, zeige ich mal eine von Dir geforderte
Eigenschaft, Du dann ärgerlich mein vergangenes Verhalten zi-
tierst, was ich aber nicht mehr ändern kann.
Bitte, laß mich ich selbst sein!
Schlechte Zeiten gehen auch zu Ende. Was geschah? Ich fühle eine
kleine Veränderung bei Dir. Du bist nicht mehr so kritisch. Etwas
geschah auch mit mir, wie durch einen Schalter: Ich fühlte eine
Nähe, die ich nie zuvor kannte. Es gab nicht mehr richtig und falsch,
nur noch wir Beide zusammen. Nie zuvor kannte ich diese Intensität.
Den Rest meines Lebens will ich mit Dir sein. Zum erstenmal fühle
ich diesen Wunsch so stark. Ich weiß, daß ich durch Dich lerne, bevor
es zu spät ist. Aber Liebe braucht Zeit, und Du bist so beschäftigt. Ich
habe ein warmes Herz und Hunger nach Liebe.   Ron ◀

Wolfgang und Arielle finden dagegen trotz ihrer hohen Therapiebe-
reitschaft und ihrer ernsthaften Arbeit noch keinen Weg zueinander.
Vielmehr geht es immer noch darum, überhaupt einen Weg zu sich selbst
zu finden. Ihre vielen dunklen Schatten aus der Kindheit dürfen nur
langsam und behutsam gelüftet werden. So ist Wolfgangs Verstandes-
kontrolle sein dominanter Partnerstil. Der ist so eingeübt und reflexartig
eingefahren, daß er sich nur mühsam an eigene Gefühle herantastet.

Gefühle bereiten ihm panische Angst. Sollten sie bei ihm zutage treten, dann fürchtet er, zusammenzubrechen. Selbst jetzt darf er seiner über 80jährigen Mutter nicht einmal von seinen eigenen Sorgen berichten, um diese nicht traurig zu machen. Genausowenig darf er in der Folge Arielle mit seinen Gefühlen behelligen. Statt dessen versteinert er und rettet sich in den Intellekt.

Diese Unfähigkeit erklärt, warum Arielle sich von ihm so alleingelassen fühlt und schließlich Sexualität als einzige Brücke für Gefühle zunehmend verweigert. Es dauert lange, das zu erkennen, da er sich geschickt hinter einer sehr intelligenten und perfekten Sprache verbirgt. In der Therapie wird er schließlich massiv damit konfrontiert, daß er Gefühle durch ausgefeiltes Reden ersetzt. Arielle nickt dazu erleichtert, da sie genau deshalb sich ihm nicht öffnen und hingeben könne. Er reagiert kaum darauf, beherrscht sich vielmehr, hat dann aber einen bezeichnenden Traum. Er schreibt seine Gedanken und seinen Traum auf:

▶ Meine Reaktion auf die letzte Therapiesitzung:
Ich war in und nach der Sitzung betäubt. Das Thema Gefühl blokkiert mich. Ich spüre, daß Gefahren lauern, die ich nicht kenne. Am liebsten würde ich das Thema gar nicht hochkommen lassen, weil es mir angst macht. Aber da ich weiß, daß es unvernünftig wäre, *zwinge* ich mich dazu.
Traum in der Nacht zum Dienstag:
Ich liege am Boden (im Bett?), ich bin (zumindest halb-)nackt. Da greift mich eine Taube an, sie trippelt auf mich zu und pickt schmerzhaft in meinen Oberarm.
Ich packe, in einer Mischung aus Schmerz und Wut, mit einer Hand zu und versuche, ihr mit der anderen den Hals umzudrehen. Es ist schwerer, als ich dachte. Ich muß mich anstrengen, mir wird übel.
Schließlich werfe ich die Taube auf den Boden, sie ist anscheinend tot. Als ich hinschaue, um mich zu vergewissern, sehe ich, daß sich die Taube in einen Hund verwandelt hat, braun, strubbelig, einem Dackel ähnlich.
Er zittert, bewegt sich, rappelt sich schließlich auf und läuft davon. ◀

Wir erarbeiten diesen Traum folgendermaßen: Der Konfrontation in der Therapie ausgesetzt, fühlt Wolfgang sich halbnackt, am Boden, fast wehrlos. Arielle, die Taube, ist für ihn nur nach außen in der Wirkung auf andere sanft und friedfertig; in der Therapie aber immer mehr aus sich heraustretend, wird sie zur Bedrohung für seine gesamte Existenz. Gefühle, die sie will und von ihm fordert, sind gefährlich, unberechenbar und machen ihn schutzlos und nackt. Er kämpft deshalb im Traum gegen die Taube, gegen die Herausforderung an, will Arielle unbewußt unschädlich machen. Aber Gefühle lassen sich nicht töten. Sie tauchen an anderer Stelle, zu anderer Zeit aus ihrer Verdrängung auf, in anderer Form immer wieder neu. Werden sie nicht in die eigene Persönlichkeit aufgenommen und akzeptiert, gestalten sie sich immer häßlicher (wie der struppige, braune Hund), gehen wie er eigene, unberechenbare Wege.

Später schreibt er zu diesem Thema:

▶ Das Problem, das alles andere dominiert, ist mir seit Jahren bewußt. Allerdings wird das Ausmaß immer deutlicher, je länger *die* Therapie dauert. Es geht um meine Furcht, nicht wirklich gelebt zu haben.

Ich glaube, daß ich aus meinen intellektuellen und charakterlichen Gaben im Berufsleben so viel gemacht habe, daß ich nicht unzufrieden sein muß.

Ganz anders sieht es aber mit meinem emotionellen Potential aus, das ich in den Beziehungen zu Arielle, den Kindern, meinen Eltern, meiner Schwester und meinen Freunden nicht ausgeschöpft habe. Ich mache nur gelegentliche Fortschritte, und daher wächst meine Befürchtung, mein Lebensziel nicht zu erreichen, nämlich stärkere emotionale Beziehungen aufzubauen.

Was hindert mich daran? In welchen Situationen bemerke ich das Manko ganz besonders? Bewußt wird mir dies in der Beziehung zu Arielle fast täglich, weil die «inneren» emotionalen Kontakte selten sind und daher auch die davon abhängigen übrigen Komponenten der Partnerschaft fehlen. Besonders schwer fällt mir der Umgang mit Krisen bei Menschen, die mir nahestehen. Ich finde keinen Weg, damit ganz selbstverständlich umzugehen, und ergreife im Zweifel die Flucht. Ähnliches gilt für die Kehrseite der Medaille: Ich lasse andere Menschen kaum an mich heran, versuche, mit meinen Problemen allein fertig zu werden.

Die Gründe für mein Verhalten sind mir nicht klar. Mir fallen nur Stichwörter ein: Ich bin schon als Kind mit meinen Problemen allein geblieben. Ich durfte nicht – aus meinem Gefühl heraus – andere mit meinen Schwierigkeiten belasten. Später wollte ich nicht schwach erscheinen, weil ich ohnehin kein gesundes Selbstbewußtsein hatte.

Auf einen anderen Menschen eingehen heißt immer auch, sich selbst öffnen. Man kann nicht aus der starken, abgesicherten eigenen Position heraus auf die Probleme anderer eingehen. Daher glaube ich, daß ich zunächst offen werden muß, bevor ich fähig bin, mich emotional auf mein Gegenüber einzulassen. ◄

Auch in diesem Text fällt auf, daß Wolfgang sehr klug die Zusammenhänge benennen kann, was ihm aber überhaupt nicht hilft, sich als Mann wirklich einer Frau hinzugeben.

Arielle wehrt sich immer noch und immer wieder gegen seine Gefühllosigkeit und die gleichzeitige Forderung nach mehr Sexualität. Aber ganz deutlich und an erster Stelle steht für sie das Problem, daß sie immer noch das gefährdete Mädchen ist, das sich eigentlich trotzig gegen den Vater wehren müßte. Aber als Kind konnte und durfte sie sich nicht wehren gegen die Manipulation des Vaters, gegen seine Macht und gegen seine unstillbare Gier. Die einzige Chance, sich selbst zu retten, bestand darin, sich im Innersten abzukapseln, eine unüberwindbare Mauer um die kleine hilflose und verletzte Seele zu errichten, die niemand mehr einreißen können sollte. Das hat Arielle bis heute durchgehalten, auch Wolfgang gegenüber. Die Mauer aber wurde allmählich für sie selbst zum undurchdringbaren Gefängnis, die Sehnsucht ihres Herzens kaum noch spürbar. Sich aus dieser inneren Isolation zu befreien, kostet sie ungeheuer viel Kraft und Mut. Sie versucht es in einer Sitzung, die sie später protokolliert:

► Ich sage:
Ich weiß nicht, ob ich überhaupt Berührung möchte. Ich habe aber das Gefühl, ich *muß* es wollen, sonst bin ich frigide, nicht normal, nicht liebenswert, minderwertig und keine «richtige» Frau... und dieses Gefühl macht mich im Moment sehr zornig.
Ich versuche also jetzt aufzuschreiben, was Nähe und Berührung für mich bedeuten, und stelle fest, ich kann dazu nichts fühlen. In mir sträubt sich alles: «Nein, das mache ich nicht, kann ich nicht, will ich nicht.»

Ihr sagt (gemeint ist das Therapeutenpaar und Wolfgang):
Warum kommst Du denn überhaupt hierher – willst Du denn überhaupt etwas verändern?
Ich:
Ja! Ich will diese Bockigkeit loswerden. Ich komme mir vor wie ein Ziegenbock, der nur aus Hörnern und Kraft besteht und nichts anderes tut, als andere Menschen abzustoßen.

Ich habe lange grauschwarze zottelige Haare und starke Hörner. Ich stehe mit dem Kopf gesenkt, die Hörner nach vorne geneigt, die Beine fest in den Boden gedrückt in Verteidigungsstellung. Ich schnaube, ich bin aufgeregt. Ich fühle mich bedroht. Ich sage: «Bleibt dahinten. Kommt mir nicht näher»... und fühle mich dabei stark und unabhängig.

In Wirklichkeit bin ich eine leere Hülle mit zwei furchterregenden Hörnern und einer furchterregenden Gebärde. Innerlich bin ich schwach, leer und voller Bitterkeit und Selbstmitleid und Selbstgerechtigkeit. Ich kann mich selber nicht gut leiden. Keiner kann mich leiden, wenn ich so bin... aber was soll ich tun? Ich bin einfach so, das ist die ganze häßliche Wahrheit.

Um mein Leben und das Leben anderer erträglicher zu machen, habe ich mir angewöhnt, mich mit Lächeln, Schönheit, Gefälligkeit, Liebreiz zu verkleiden, denn so werde ich akzeptiert. Ich werde dann auch gestreichelt... aber das will ich nicht mehr, denn solche Streicheleien sind hohl und voller Betrug.

Und ich habe keine Lust mehr, der Eitelkeit der Männer zu schmeicheln und mich zur Verfügung zu stellen. Ich will nicht mehr Teil ihrer Selbstbespiegelungen sein. Deswegen habe ich mich zurückgezogen. Nur... wenn ich das ganze Spiel nicht mehr mitmache, dann bleibt nur noch die leere Hülle und der Bock übrig. Ich bin der Bock und sitze in der eigenen Scheiße fest. Ich weiß nicht vor und zurück. Ich weiß nicht, was ich will und nicht will... und der Kreislauf geht wieder von vorne los... ◄

Nachdem sie wie ein kleines Kind ihren Trotz ausgelebt und die Beziehung zu uns Therapeuten als ihre neuen Ersatzeltern überprüft hat, kann sie sich nun erst einmal auf die Beziehung zu uns einlassen. Da kann ihr nichts passieren. Vorsichtig geht sie von sich aus Nähe ein.

▶ Nachdem ich in der gestrigen Stunde mein ganzes Unbehagen aus der vorigen Woche vorgetragen habe und wir nun alles besprochen haben, geht es mir sehr viel besser.
Ich möchte Euch sagen, was mir gutgetan hat:
– daß Ihr mein Anliegen ernst genommen habt.
– Ich habe das Gefühl bekommen, daß Ihr stark und souverän seid und Euch nicht von mir beirren laßt. Zur Zeit brauche ich ganz dringend das Gefühl, daß Ihr standhaltet und dableibt.
– Ihr habt mir das Gefühl gegeben, daß Ihr *wohl* den Überblick behaltet und daß Ihr sehr genau überlegt, was Ihr tut. Es ist für mich ganz wichtig, das zu wissen und zu spüren, weil ich selbst allmählich den Boden verliere.
– Ihr seid «Übersetzer» für Dinge, die im Raum sind, aber für die ich noch keine Worte gefunden habe.
Ihr habt gestern von der Notwendigkeit einer «tragenden Beziehung» gesprochen, die nur dann gewährleistet ist, wenn keiner von uns aus der Therapie aussteigt. Mir wurde dadurch meine Angst greifbar, und ich fühlte mich sehr verstanden.
Nachdem ich all dieses aufgezählt habe, wird mir deutlich, daß das, was mir letzte Woche als Bedrohung erschien, heute ein Trost ist: nämlich das Gefühl, daß Ihr die Fäden in der Hand habt und mich lenkt.
Eure Achtung vor meiner Person und Eure Behutsamkeit (in rauher Verkleidung) habe ich letzte Woche übersehen.
Ansonsten spüre ich zunehmend, wie meine mich bisher stützenden Gedanken, Vorstellungen und Überzeugungen in sich zusammenbrechen. Es steigt in mir eine tiefe Angst auf; ich ahne, was auf mich zukommt, und ich brauche eine starke Person an meiner Seite.
Bis bald,   Arielle ◄

Sie sieht die Therapeuten tatsächlich ganz als Wunscheltern, die wissen, was zu tun ist, und die Verantwortung für sie übernehmen. Sie darf noch einmal Kind sein, das langsam wieder Urvertrauen schöpft.

Dann, nach soviel Absicherung und Beziehungsklärung, beginnt sie an sich zu arbeiten. Doch gelingt ihr dies mit sich und ihrer Seele und ihrer Geschichte noch nicht direkt. Zuviel Blockierung steht immer noch im Wege. Aber kreativ, wie sie ist, wählt sie einen ergreifenden Umweg, indem sie eine kleine, nackte, unscheinbare Puppe bastelt, diese mit in die Therapiestunden bringt und jedesmal wieder mitnimmt. Die Puppe ist ein Symbol für die kleine Arielle, schutzlos, verletzt und bedroht. Erst viel später arbeitet sie in der Therapie mit dieser Puppe. In der Zwischenzeit wendet sie sich kaum an Wolfgang, der uns allmählich schon leid tut. Statt dessen setzt sie sich immer wieder mit uns auseinander, in Briefen hauptsächlich. Immer wieder werden neue Umwege gewählt, alles andere scheint zu gefährlich:

▶ Liebe Puppe,
ich sehe Dich auf dem Sofa liegen. Du kommst mir ganz verlassen und vergessen vor. Du rührst mich in Deiner Verlassenheit an, aber ich habe Angst davor, Dich zu berühren. Wenn ich Dich in meiner Betroffenheit berühre, dann wird Deine Verlassenheit meine sein. Ich weiß trotzdem, daß Du zu mir gehörst. Was ich Dir antue, tue ich mir selber an, aber ich kann den Schmerz nur dann empfinden, wenn er bei Dir ist. Manchmal gibt es Momente, wo ich an mir selber verzweifeln könnte, weil ich nichts empfinden kann.
Immer häufiger habe ich meinen Bruder vor Augen, dessen Panzer von Härte und Kälte undurchdringbar zu sein scheint. Dann frage ich mich, ob es für mich noch Hoffnung gibt, mich selbst endlich mal zu «erreichen», mich zu spüren und zu erleben.
Ich habe die Hoffnung nicht aufgegeben, auch dann nicht, wenn ich mich manchmal ganz mutlos fühle. Ich will nicht erstarren, und ich kämpfe dagegen an... und eines Tages, wenn es soweit ist, wenn die warmen Sonnenstrahlen bis zu meinem Innersten durchdringen, wenn sie mich erreichen und aufweichen, dann werde ich zu Dir kommen und Dich in mir aufnehmen, und wir werden wieder eins.
Ich vergesse Dich nicht – aber ich brauche Zeit, sonst wird die Annäherung zu einem bedeutungslosen Gewaltakt.
Kannst Du noch warten, aushalten? Ich sehe, Du bist schrecklich bedürftig und absolut schutzlos. Du brauchst sehr viel Wärme; es soll einer kommen und Dich aufnehmen, zu sich nehmen, Dich wiegen und halten und liebhaben, Dich mit seiner Wärme ummanteln, so daß Du wachsen kannst. Ich weiß auch, daß ich diejenige bin, die Dich aufnehmen soll... Aber wie soll ich das tun, wenn ich selber so leer bin? Ich habe nichts zu geben.

Ich habe ein Loch in mir, das schmerzt und mich verzweifeln läßt. Es fühlt sich bodenlos an. Und ich bin gierig... aber ich bin sicher, daß alles, was ich heute kriegen kann, dieses Loch nie füllen wird. Vielleicht gehörst Du da rein – vielleicht ist das Dein Platz in mir...?

Und Dir, Michael, wollte ich auch noch etwas sagen:

Ich habe darüber nachgedacht, warum ich Deinen Vorschlag, die Puppe von einer Stunde bis zur nächsten bei Dir zu lassen, immer sehr schnell und entschieden ablehne. Das Gefühl dahinter ist, daß ich die Puppe schützen muß und dafür sorgen, daß es ihr gut geht, daß sie sich nicht verlassen und abgestellt fühlt.

Die Puppe bei Dir zu lassen bedeutet, einen Teil von mir bei Dir zu lassen, in anderen Worten: «mich Dir anzuvertrauen» und mich darauf zu verlassen, daß Du so lange für mich bzw. für die Puppe sorgst.

Und schließlich geht es auch um eine Portion Trotz!

Im Laufe dieser Gedanken ist mir mein Mißtrauen deutlich und sehr spürbar geworden. Ich möchte nun einen Schritt in die andere Richtung versuchen, d. h. in Richtung Ver-trauen – und die Puppe bei Dir übernachten lassen, um zu sehen, wie das ist. Ich muß nur vorher wissen, wie Du selbst die Idee findest, ob Du das überhaupt möchtest; wie Du die Puppe findest und was Du mit ihr in der Zeit machen wirst...

Scheiße! Jetzt kommen sofort Mißbrauchsgedanken in mir hoch...

Ich hätte die Frage anders formulieren sollen, etwa so: Ich möchte wissen, wo Du die Puppe hintun wirst, wo sie also in Deiner Wohnung sein wird, und ob Du nach ihr schauen wirst oder ob sie in der Zwischenheit unbeachtet daliegen wird?

Das ist mir wichtig, und das ist alles! ◄

Soviel Öffnung und Anvertrauen erträgt sie kaum, sie muß sofort an der Tragfähigkeit der Beziehung zu mir zweifeln, will eine Extrastunde:

► Lieber Michael, ich weiß manchmal nicht, wo dran ich bin bei Dir – war das alles, was Du zu meinem Ausbruch zu sagen hast: «Du hast es überlebt.»? Recht hast Du... und ich hatte ja auch Angst davor... und wenn ich es nicht überlebt hätte, hättest Du dann bei meiner Beerdigung dagestanden und genauso sachlich gesagt: «Sie hat es nicht überlebt.»?

Für mich war das eine Heiß-Kalt-Dusche, und ich kann solche Sachen zur Zeit nicht gut aushalten.

Seit Montag laufen für mich folgende Botschaften von Dir: Ich rufe Dich an, damit wir wenigstens am Telefon reden können. Eine halbe Minute Dauer; Du bist kurz angebunden. Die Botschaft an mich ist: Ich habe keine Zeit/Lust, jetzt mit Dir zu sprechen. Du bemühst Dich um eine Ersatzstunde – ich weiß nicht, ob es klappen wird. Mir macht die Unklarheit dieser Botschaften ganz große Probleme.

Ich habe ein Bild und eine Frage: Wie geht es an, daß Du mir, wie eine Hebamme, so intensiv bei einer schweren Geburt hilfst – und mich dann hinterher so hängen läßt.

Das macht mich jetzt ganz verzweifelt. Worauf kann ich zählen?

Vielleicht lag es an Deinem Ton; vielleicht liegt es an mir, daß ich total überempfindlich bin... und ziemlich durcheinander. Arielle Ich glaube, ich brauche nur eine ehrliche Rückmeldung von Dir...? ◄

Aus jeder Zeile dieses Briefes spricht gewaltige, existentielle Verunsicherung. Was ist richtig, was ist falsch? Welche Gefühle stimmen, und darf ich mein Mißtrauen aufgeben? Durch die Übertragung dieser ganzen Empfindungen auf die Therapeuten tritt gleichzeitig Entlastung für den eigenen Partner ein, hier also für Wolfgang. Er muß nicht mehr allein das Chaos der zerstörten Liebesmuster auffangen, auch nicht mehr allein als Sündenblock für allgegenwärtige Gefühle von Unverstandensein, Bedrohung und Ungeliebtsein herhalten. Als Wolfgang dann seinerseits beginnt, mehr an Konfrontation zuzulassen, setzt sie sich auch wieder mehr mit ihm auseinander. In der Partnertherapie darf so ein intensiver Umweg über den Therapeuten allerdings nur die Ausnahme sein, denn der Dialog soll ja hauptsächlich zwischen den Ehepartnern neues Leben finden.

Doch zeigt sich hier eine Besonderheit der Paartherapie. Es geht in der Beziehung Therapeuten und Partner um mehr als die klassischen Formen der Übertragung kindlicher Gefühle auf Ersatzelternfiguren, wie dies für die Einzeltherapie gilt. Vielmehr kommt es in der Paartherapie regelmäßig zur Triade, d. h., die Therapeuten werden auch als potentielle Partner gesehen und oft entsprechend umworben. Sie bekommen unverdient all die positiven Zuwendungen, die dem Partner entzogen werden. Mit den Therapeuten kann die eigene Liebesfähigkeit vorerst wieder einen

Adressaten finden und neu ausprobiert werden. Sehnsüchte und Wünsche nach Zärtlichkeit, Geborgenheit, sich blind in die sicheren Arme des Anderen hineinfallen lassen und spüren, geliebt und attraktiv zu sein, das alles muß aus dem verschütteten Brunnen der Gefühle wieder ausgegraben werden. Mit den Therapeuten ist das möglich, da es ja ungefährlich ist, weil die Regeln der Therapie absolut keine reale Beziehung zulassen und die Therapeuten die Verantwortung für die Einhaltung dieser Regeln tragen müssen.

Sie dürfen sich aber auch nicht neutral, distanziert und abstinent verhalten, wie es in der klassischen tiefenpsychologisch-orientierten Therapie gefordert wird. Vielmehr geht es ja gerade in der Paartherapie um den wieder entflammenden Dialog von Gefühlen, von Herzenssprache, von Attraktivität und Hingabe, Umwerben und Verführen, andererseits aber auch um Abgrenzung in der Beziehung, Zurückweisung und Eigenständigkeit von Gefühlen. Wie sollen die Partner aber lernen, mit Gefühlen umzugehen, wenn die Therapeuten selbst durch ihren Rückzug in ein professionelles, therapeutisch gesteuertes Rollenverhalten «blockiert» sind?

Erst die direkte Art von Dialogarbeit auch des Therapeutenpaares mit den Ratsuchenden schafft oft Mut, nach den früheren Enttäuschungen, Verletzungen und Krisen das Risiko neuer Liebesgefühle einzugehen. Die enttäuschten Liebenden finden so den Weg, auszuprobieren, sich vom Sturz in die Tiefe wieder zu erheben, wie kleine Kinder, die beim Laufenlernen sich die Knie blutig schlagen, manchmal sogar die Nase, und doch immer wieder aufstehen und es neu probieren, trotz aller Schmerzen. Sie würden sonst nie laufen lernen.

Dies gilt in hohem Maß auch für Anja, die zusammen mit Theo eine ganze Seminarreihe für Paare mitmachte. Die Beiden sind in eine Krise geraten, die besonders schwer und dramatisch scheint. Er hat sie in der Schwangerschaft mit einer anderen Frau betrogen. Für viele ist das unvorstellbar, besonders unmoralisch und eben typisch Mann. Allein mit dieser Verurteilung läßt sich aber das Unglück und die Krise des jungen Paares sicher nicht beheben. Vielmehr ist es für das Überleben dieser Liebe wichtig, nach einem Verstehen und Begreifen zu suchen und nach Wegen, neue Fehler dieser Art zu vermeiden. Anja selbst ist schon auf diesem Weg. Sie kämpft um ihre Liebe, im wahrsten Sinn des Wortes, wie aus ihrem folgenden *Inneren Dialog* (siehe Seite 49) deutlich wird:

▶ Ich merke, daß ich je nach Tagesverfassung verschiedene innere Dialoge führe. Es überwiegt entweder: Liebe und Schwelgen in Erinnerungen, Sehnsucht nach einem symbiotischen Urzustand oder aber Verletzung und Wut gegen Theo und die andere Frau oder meine Phantasien über mögliche Konsequenzen. Ich schreibe nacheinander dazu:

Liebe

Ich spüre ganz tief in mir sehr starke Liebe zu Dir; das wärmt mich, tut mir wohl, ist irgendwie schmerzlich, so kitschig, unerreichbar. Als ich Dich kennenlernte, glaubte ich, den Menschen getroffen zu haben, nach dem ich mein Leben lang auf der Suche war. Ich glaubte immer, irgendwo, vielleicht in Fidschi oder Honululu, gibt's einen Menschen, bei dem ich mich fallen lassen könnte, der mich ganz, ganz tief und innig liebt und dem ich auch meine Liebe geben könnte; bei dem ich alle Sehnsüchte ausleben könnte. Nach unserer ersten Woche wäre ich am liebsten gestorben – so fassungslos war ich, Dir begegnet zu sein. So sehr war mir bewußt, in diesen sieben Tagen die ganze Palette Leben – Liebe – Geborgenheit und Schmerz gespürt zu haben. So tief war mein Schmerz, weil ich mir nie zugetraut hätte, mich aus meiner längst toten, erstarrten Ehe zu lösen. Ich möchte, daß wir es schaffen, beisammenzubleiben. Ich hab' Dich so lieb, ich kämpfe um unsere Liebe. Unser Stern wird uns helfen. Der hat uns ganz bewußt unseren Sohn an dem Tag geschickt, als wir uns kennengelernt haben. Ich glaub' ganz fest daran, daß wir es schaffen.

Ich wünsche mir, daß Du mir nicht mehr weh tust. Ich glaube, es ist unrealistisch, aber ich wünsche mir, daß unsere Beziehung so vielfältig und schön ist, daß Du keine anderen Frauen brauchst.

Ich wünsch' mir von Dir Tage wie im ersten Jahr unserer Beziehung, wo wir von früh bis spät im Bett gelegen sind und nur gekuschelt, miteinander geschlafen haben.

Ich möchte unserem Sohn nicht das antun, was meine Mädchen erleben mußten.

Wut – Verletzung – Verzweiflung

Ich möchte nicht schon wieder daran denken! Ich möchte ein normales Leben führen! Und ich kann nicht anders, es überschwemmt mich von früh bis spät. Warum hat er das getan? Warum hat er mir das gerade in der Schwangerschaft angetan? Wie lange ist diese andere Beziehung schon gelaufen (ich schaue in den Kalender, bemerke mit Grausen, daß er jeden Monat dort war). Aha, sehr schön, das dauerte genauso lang wie meine Schwangerschaft. Sehr nett! Ich komm' mir so blöd vor, so naiv! Ich hab' mich immer so gefreut, wenn er heimgekommen ist! Ich hab' immer so Rücksicht genommen, wenn er K. O. war. Ich hasse mich für meine Dummheit! Ich hasse ihn so sehr, ich könnte auf ihn einschlagen! Ich hab' alles Vertrauen verloren! Ich hab' so eine grenzenlose Wut! Ich war für ihn die Hausfrau, ich war zum Kochen, Wäschewaschen, Bügeln da, und mit dieser Kuh-Frau hat er seine Wochenenden verbracht. Ich hab' so einen Haß!

Ich werde bestürzt, traurig. Mit ihr hat er das gleiche erlebt wie anfangs mit mir, als wir uns jeden Monat für ein, zwei Tage gesehen und nur gekuschelt und miteinander geschlafen haben. Also war unsere Beziehung gar nicht einmalig! Und ich Blöde hab' immer geglaubt, unsere Beziehung sei einmalig und mit niemand anderem lebbar. Ich komm' mir so dumm vor, so blöd, so naiv! Wie das kleine Mädchen, das ans Christkind glaubt!

Ich hasse ihn so sehr, daß er mit ihr Urlaub gemacht hat und wir miteinander nur öde, fade Wochen im Sommer verlebt haben. Ich hasse diesen Sommer! Ich hasse diese Schwangerschaft!

Ich hasse diese Frau! Wie toll muß sie sich gefühlt haben, daß es ihr gelungen ist, einen Mann, der knapp vor der Geburt seines Kindes ist, zu verführen! Dieses Scheiß-Weib! Ich wünsche ihr, daß ihr das auch passiert! Sie soll spüren, wie wahnsinnig weh das tut! Ich hasse sie so sehr! Was hat diese Kuh geglaubt? Daß er mich verläßt, obwohl er ein Kind bekommt? Hat er ihr nie von unserer Beziehung erzählt? Hat er ihr nie erzählt, daß wir sehr glücklich sind? War er so feig? Ich hätte nie gedacht, daß ihm das passieren kann. Ich hab' überhaupt kein Vertrauen, daß das nicht wieder passiert.

Phantasien über Konsequenzen
Ich lasse mir das nicht gefallen! Er soll gehen!
Ich schneide die Beziehung ab! Er hat mich nie wirklich geliebt, das hab' ich mir nur eingeredet. Ich glaub' ihm nichts mehr, wahrscheinlich hat er ohnehin mehrere Beziehungen gehabt. Ich glaub' nicht, daß er so stark ist, diese Beziehung vergangen sein zu lassen. Nächstes Mal wird sie die arme Leidende spielen, und er wird wieder schwach werden. Oh, ich hasse ihn!

Ich laß mir das nicht bieten! Ich gehe weg, und wenn er heimkommt, bin ich nicht da. Und ich komme die nächsten Tage nicht zurück. Er hat kein Recht, mich so zu kränken! Ich komme allein zurecht! Ich stürze mich in meinen Beruf und laß mich nicht mehr mit ihm ein. ◄

Dieses mutige Kämpfen für ihre Liebe, die Freiheit und intuitive Sicherheit, ihre ganze schreckliche Verletzung und Demütigung so herauszubrüllen und herausweinen zu dürfen, wie Anja es schließlich beim Vorlesen dieses Inneren Dialoges tat, ihre starke und leidenschaftliche Sprache erreicht Theos Herz ganz tief. Dieser Mann wird weich, nachdenklich und selbstkritisch, reift zur Partner- und Liebesfähigkeit heran, obwohl er sich zunächst von diesem vulkanartigen Ausbruch Anjas völlig in Frage gestellt sah, und das auch noch in der Öffentlichkeit der ganzen Paargruppe. Seine Antwort:

▶ Ich bin vom letzten Paarseminar erschüttert, entblößt, seelisch nackt, wütend und in mir allein weggefahren. Ein Gefühl des ungeschützten Seins: Jede(r) kann mit mir machen, was er/sie will.
Aber auch Anja kämpfte mit sich – das war auch gut so. Ich konnte ganz bei mir bleiben und wurde auch in Ruhe gelassen. Im Laufe der kommenden Woche näherten wir uns sorgfältig in langen, intensiven und ehrlichen Gesprächen, die mir vieles klar werden ließen. Auch das körperliche Nahekommen geschah vorsichtig, behutsam (besonders bei Anja) und ehrlich. Der Drang, meine vitalen Kräfte: mein sexueller Trieb, meine Lust, mein Haß und meine Liebe zu leben erkannte und erkenne ich heute auch als verletzend, kränkend meiner Partnerin gegenüber, die viel mehr, als ich dazu fähig bin, er-leben und genießen kann. Ich finde es schön, daß Du Dich bei mir zu Hause fühlst, in Deinen Phantasien, wie auch in Deiner Realität. Ich sehe Dich in unserer Partnerschaft beziehungsfähiger als mich. Ich wünsche mir für meine Zukunft, ebenso ganz ein Zuhause bei Dir zu haben. Nie in meinem Leben ist es mir passiert, daß *ich* gemeint bin, nur *ich* mit Deiner Liebe, die sich bis heute nicht verändert hat. Nicht so wie früher, wo alles nur vorübergehend war. Warum suche und sehne ich mich denn immer noch nach meiner Heimat? Ja, warum wohl – warum??
Weil ich immer wieder erstaune..., weil ich einfach nicht glauben

kann, daß ich vielleicht schon zu Hause angekommen bin – was ich immer wieder erlebe –, und das ist wunderschön. Vielleicht werde ich es noch schaffen, *mir* zu vertrauen. Ich kämpfe und hoffe dafür! «Laß uns für die Liebe kämpfen», heißt für mich: «Laß mich für unsere Liebe fähig werden!»   Theo ◄

Die Erschütterung, die Theo zum Ausdruck bringt, hat alle Paare dieser Gruppe ergriffen, genauso uns Therapeuten. Diese tiefe Erschütterung führt zu einer umfassenden und heilenden Verwandlung. Die Kostbarkeit der Liebe, ihre heilige Kraft und menschliche Größe wird sichtbar und berührt uns alle. Wir sind durch diese gemeinsame Arbeit zu Freunden geworden, bis heute.

Hier war es von Vorteil, statt der Paareinzeltherapie die Form der Paargruppentherapie zu wählen. Viele Augen, viele Ohren, viele Herzen sind dann bei einer solch schwierigen Dialogtherapie dabei, helfen mit ihren Beobachtungen und Rückmeldungen, helfen und heilen durch ihr Mitschwingen und Mitfühlen, Verstehen und Lieben. Die Paare teilen ihren Kummer und helfen einander. Viele, ansonsten unsagbare und unaussprechliche Dinge der Liebe können in der Gruppe voneinander gelernt werden – von anderen Frauen und Männern, von anderen Paaren. Und tatsächlich glaube ich, daß wir in der Liebe eher lernen als therapieren müssen: nämlich Gefühle, Sprache der Liebe, Körperdialoge, Partnersinn und Partnerzeit. Der ganze Bereich der Feinstofflichkeit, der Aura, der Ausstrahlung von Liebe kann nur unmittelbar, ohne Sprache und Worte, ohne Erklärung und Analyse vermittelt werden. Einer aus dieser Gruppe brachte es auf den Punkt:

► «Ich danke Euch für diese Briefe. Ich ahnte bisher gar nicht, daß es solche tiefen Empfindungen geben kann, und ich kann von Euch soviel lernen für meine eigene Beziehung.» ◄

Auch Ruth und Markus haben an einer Paargruppe teilgenommen. Sie sind nicht in einer Krise, sondern wollen einfach für ihre Beziehung etwas tun. Sie sind etwa drei Jahre zusammen. Ruth ist geschieden und hat zwei Kinder. Auch Markus kommt aus einer gescheiterten Beziehung. An den Beiden berührt mich die Ernsthaftigkeit, mit der sie jetzt auf ihre Liebe achten, nachdem sie die Gefahren darum erkannten.

Innerer Dialog von Ruth, an Markus gerichtet:

▶ Sonne

Du hast mich gewärmt und mir zugehört bei meiner Trauer und meiner Wut über meine vergangenen Geschichten.

Ich bin glücklich, wenn ich mit Dir Musik hören kann. Ich höre Dich gerne singen und Musik machen.

Ich bin froh, daß Du in meiner Nähe bist, wenn ich es schwer habe.

Ich freue mich, daß wir zusammen gerne Kinderbücher lesen. Du bist mir eine unendlich große Stütze im Zusammenleben mit den Kindern. Mit Dir zusammen kann ich mich als Mutter und Frau den Kindern gegenüber nochmal neu erleben. Ich bin Dir dankbar, daß Du Dich auch für sie verantwortlich fühlst.

Ich genieße es, daß Du mich schön findest.

Ich genieße meine körperliche Lust mit Dir, Deine Zärtlichkeit und Deine Kraft.

Ich sitze gerne neben Dir. Einfach so.

Schatten

Ich habe Angst vor Deinen großen Erwartungen an mich. Ich bin nicht so toll, stark, zärtlich und erotisch. In letzter Zeit war ich krank, lahm und zurückgezogen; beschäftigt mit meiner vergangenen ersten Ehe, deren Verletzungen mich plötzlich einholten.

Mich lähmt Deine Äußerung, daß Du sonst immer eine Beziehung nach drei oder vier Jahren beendet hast. Da kann ich ja nichts machen. Ich bin immer noch Ruth und keine Neue, so sehr ich mich auch anstrenge.

Traurig bin ich darüber, daß wir kein gemeinsames Kind haben und auch nicht haben werden. Unsere beiden Fehlgeburten führen mir immer wieder die Grenzen unserer Liebe vor Augen. Ich bin traurig, daß wir uns zur Zeit wenig Raum für unsere Zärtlichkeit und unsere Lust nehmen. Ich bin traurig, wenn wir nicht zueinander finden. Mein allgemeines Angerührtsein ist Dir nicht ausreichend. ◀

Dazu sein Innerer Dialog:

▶ Liebe Ruth,

viel von einer Wand war zwischen uns. Was hat sie aufgebaut? Wie habe ich sie/haben wir sie gemacht? Wir haben sie zumindest wahrgenommen und gespürt. Das finde ich auch schon viel und gut. Wir sind vorsichtig gewesen miteinander – haben uns geschont. Aber die Wand ist dadurch bisher jedenfalls nicht kleiner geworden. Ich habe ein Gefühl von Ins-Stocken-Gekommen-Sein, von irgendwie festgefahren, festgehakt.

Was hatten wir für einen Schwung! Was haben wir in Bewegung gesetzt, um zueinander kommen zu können. Ich habe gesungen und geschrieben, und mein Herz floß über – und nun ist es kälter geworden. Manchmal fühle ich mich stumm und trocken. Hinter meiner Wand bin ich einsam und allein. Ich bin traurig. Wo bist Du? – und ich höre Deine Frage: Und wo bist Du? Ich bin auch nicht klar und deutlich da. Ich weiß.

Viel Unruhe kommt von außen. Dein Exmann hat mit seinen Kapriolen den Ton angegeben. Und dann die Kinder. Deine alten Geschichten, Deine Vergangenheit – das ist mir manchmal zuviel!

Von meinen eigenen alten Bezügen fühle ich mich sehr abgeschnitten. Manchmal habe ich Heimweh nach meiner alten Heimat und den alten Freunden. Wenn ich Dir das erzähle, habe ich das Gefühl, Dich damit zu verletzen. Aber ich hab es ja noch gar nicht erzählt.

Und dann ist da immer wieder ganz heftig der Schmerz über unsere beiden Fehlgeburten. Wie lange noch? Warum? Da werd ich stumm vor Schmerz – mir schwillt die Kehle zu. Es ist fast wie ein Schock, eine Lähmung, ein Innehalten – orientierungslos. Und ich weiß, wie sehr Dich das schmerzt. Diese gemeinsame Wunde. Was ist die gemeinsame Frucht unserer Liebe?

Zur Zeit arbeiten wir uns eher durchs Leben, als daß wir uns hindurchlieben. Und wenn Du von Deinen beruflichen Perspektiven erzählst, bekomme ich Angst. Wo komme ich da noch vor? Und meine Arbeit? Ich weiß, wie sehr mich die beansprucht, wie leicht ich mich auffressen lasse. Ich weiß nicht, wie ein ausgewogenes Verhältnis zwischen Zeit für uns, Zeit für die Kinder, jeder Zeit für sich selber, Zeit für die Arbeit und Zeit für Freunde und Interessen aussehen kann. Ich habe lange keine Ruhe mehr gefunden bei Dir – und war sie auch nicht für Dich.

So standhaft und unerschütterlich bist Du gar nicht. Gut, daß Du Dir die Zeit zu Hause für Dich genommen hast, gnädig und gut mit Dir umgegangen bist. Aber da merke ich auch, wie schwer mir das fällt, Dich daniederliegend zu sehen und zu pflegen. Als wenn ich das gar nicht so gut abkönnte, daß Du schwach und krank bist.

Mit Dir hier zu sein, tut gut. An der Wand arbeiten, sie zum Thema machen, nicht ausweichen tut gut. Dich neben mir sitzen zu sehen, aneinander schreibend – das wärmt mein Herz.

Aus dem Stolpern, Stocken und Stottern wieder in Fluß kommen – aber wie? Markus ◄

Ruth und Markus beschließen später, in weiteren Paarseminaren ihre Beziehung erneut zu vertiefen. Sie spüren, daß solche Anstöße von außen für sie, wie für jedes Paar, ganz wichtig und hilfreich sind, statt sich allein zu zweit immer neu im Kreis zu drehen.

In dieser dritten Phase der Paartherapie ballt sich alles zusammen, was Partnerschaft überhaupt ausmacht, geschundene, getretene und doch immer wieder hoffnungsvolle Gefühle und Sehnsüchte, Kampf um alles und jedes, kurze Phasen der Besserung, Rückfall, Trennungswünsche, Untreue, Kinderprobleme, Verzweiflung und doch immer wieder und noch einmal ein neuer Anlauf. Und all die Fragen tauchen auf. Wäre es nicht besser, daß wir uns trennen? Gibt es noch eine Chance? Ist nicht jeder andere Partner besser als gerade dieser? Oder soll ich besser noch allein leben?

In der Paartherapie werden diese Fragen zurückgestellt, da sie jetzt noch gar nicht beantwortet werden können. Nach dem ersten Zyklus der Bestandsaufnahme über die Paargestalt, dem zweiten Zyklus der Partnerwerdung, das, was nämlich an Liebeshindernissen aus der eigenen Vergangenheit mitgebracht wurde, folgte jetzt der dritte Zyklus: die Paardynamik.

Gemeint ist damit die Tatsache, daß sich die Liebeshindernisse, die beide Partner aus ihrer Geschichte und der Umwelt mitbringen, zu einem komplizierten Beziehungsgeflecht, zu einem Netzwerk oder Knäuel von Konflikten verbinden. Das muß erst einmal entknotet, entwirrt und gelöst werden, um dann mit deutlicher Klarheit entscheiden zu können, ob die Partner füreinander gut sind und ob ihre Beziehung eine fruchtbare Entfaltung zuläßt. Dazu war es notwendig, ein Gleichgewicht der Kräfte in der Paardynamik herzustellen, die Schatten der eigenen Vergangenheit aufzulösen, um Kontakt-, Beziehungs- und Liebesfähigkeit wieder herzustellen.

Übungen

Brief an die eigenen Gefühle

In diesen Briefen soll der Versuch unternommen werden, mit sich selbst ins reine zu kommen. Bevor die Gefühle mit dem Partner geklärt werden können, müssen die eigenen verstanden, benannt, akzeptiert und ausgedrückt werden können. Natürlich geht es hier um zentrale Gefühlsbereiche wie Angst, Wut, Verzweiflung, natürlich auch um Sehnsucht, Lust und Leidenschaft. Sie beeinflussen das ganze Leben, bewirken blockierte oder temperamentvolle Lebensäußerungen, hemmen oder fördern die Liebe.

Mit sich selbst oder mit Teilen von sich in Dialog zu treten scheint vielen etwas ungewöhnlich oder gar befremdlich. Dennoch ist das kein Psycho-Unsinn. Viele Therapiemethoden verwenden diese Technik für das intensive Bemühen, ein wesentlich vertieftes Bewußtsein für die eigenen Qualitäten, die eigenen vielfältigen und oft verwirrenden Persönlichkeitszüge zu gewinnen.

Die Briefform erlaubt eine gebündelte Konzentration auf das Wesentliche. Die Partner sind gezwungen, über sich selbst nachzudenken, beispielsweise die eigene Liebesfähigkeit, die eigenen Ängste wie «von außen» zu betrachten und zu sehen, was diese anrichten, wie sie schaden oder nützen. Dadurch wird auch die fast automatisch einsetzende Streiterei mit dem Partner vermieden: nicht er macht die Vorwürfe, sondern der Betroffene sieht sich selbst an.

Damit sich nicht zuviel blinde Flecken für die eigenen Probleme einschleichen und allzuviel Gutes sich selbst in die Tasche gemogelt wird, ist Begleitung durch den Therapeuten und dessen kritische Konfrontation meist sehr notwendig.

Collage zur eigenen Identität, zur Partnerbeziehung und zur Sexualität

Jeweils auf das Thema bezogen, wird den Partnern der Auftrag gegeben, auf Karten, Pappe oder Tapete alle die Bilder oder Gegenstände, Sinnsprüche, Thesen, Photos und Abbildungen zu kleben, die die eigene innere Einstellung zu diesem Thema wiedergeben und gleichzeitig deren Vielfältigkeit, Widersprüchlichkeit oder Konfliktproblematik wie in

▶ Der teils kindliche Zeichenstil Clarissas spiegelt deutlich die verletzbare (und verletzte) Welt ihrer aufbrechenden Weiblichkeit.

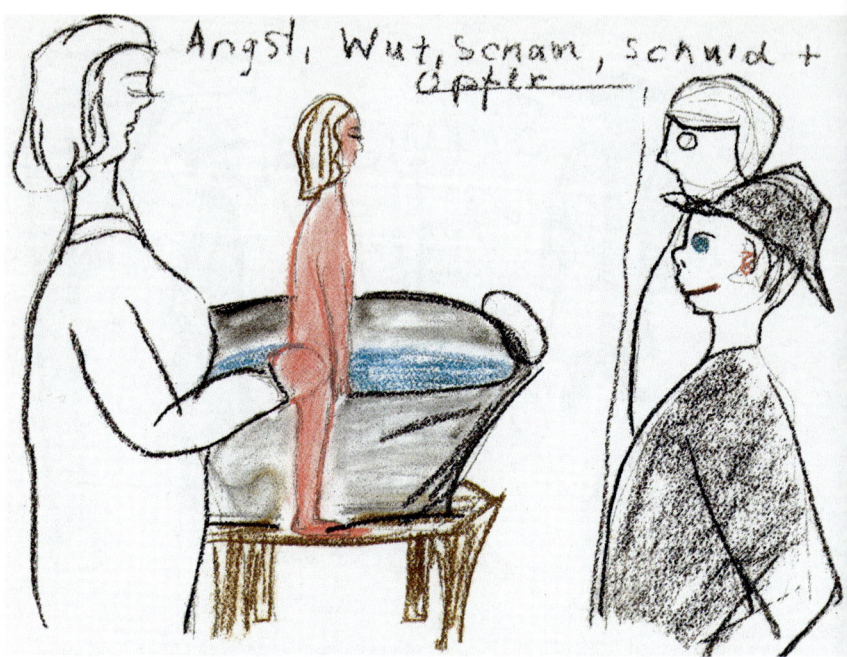

▶ Typisch für die mühsame Therapie mit sexuell Mißbrauchten: Nur undeutlich und in bruchstückhaften Szenen läßt der innere Widerstand das Erinnerungsvermögen beim Aufarbeiten zu.

Clarissas Bilder zeigen sexuelle Schutzlosigkeit und Mißbrauch, zuerst nur in Körperausschnitten, dann in deutlichen Szenen ihrer Kindheit: Als Mädchen beim Baden von der Mutter den Blicken der Männer preisgegeben, dem Knecht ausgeliefert. Aber in kindlichen Phantasien nimmt sie selbst schon blutige Rache, erhängt und kastriert den Täter mit der Axt. Das Trauma ist so bleibend, daß sie am Ende mit ihrer ‹Rosenaxt› die Blumen der Liebe zerhackt und nur langsam erkennt, daß sie sich inzwischen vom Opfer zum Täter gewandelt hat: Da sie sich immer noch hilflos fühlt, muß sie, um sich zu schützen, mit der Axt jede Liebesbeziehung zerstören. Nach und nach erst kann sie auf solche selbstzerstörerischen Triumphe verzichten.

▶ Die «Rosenaxt» von Clarissa steht symbolisch für die Weitergabe der Ahnenbotschaft. Die Eltern, selbst «Verletzte der Liebe», geben bewußt oder unbewußt ihre eigenen Verletzungen an Clarissa weiter. Sie setzt dieses «Liebesmuster» unfreiwillig fort, zerstört unbewußt den, der sie liebt. Die «Rosenaxt» steht für die Tragik sehr vieler Liebesbeziehungen: Unter entsetzlichem Leid wird das zerstört, was als das Kostbarste im Leben ersehnt wird.

► Kritisch an Bärbels Partnerbild neben aller Schönheit: Sie sieht ihre «Schattenseiten» selbst nicht.

► Kritisch an Christophs Partnerbild: Er braucht zu seiner Erlösung die fröhliche Hälfte von Bärbel, statt seine eigene Depression aufzuarbeiten.

► Yin-Yang-Partnerbild, aus den Einzelbildern zu einem gefügt.

Die Partner-Einzelbilder von Bärbel und Christoph zeigen deutlich die Unterschiede in Persönlichkeit und Partnerstil: Sie mit ihrem zarten, lichten und sehr harmonischen Bild zeigt sich voll Intuition, voll Gefühl, Herz und Wärme, die sie geradezu ungeschützt verströmt, aber auch in gleichem Maße vom Partner ersehnt. Er dagegen zeigt den Partnerstil der Kontrolle und Planung: Seine Gefühlstiefe und seine Sehnsucht nach Liebe, die sich ausdrücken in der hellen und frohen Gesichtshälfte, sind blockiert, festgehalten und wie eingemauert durch seine schwarze, verschlossene Hälfte.

Im gemeinsamen Yin-Yang-Partnerbild wird deutlich, wie sehr die beiden sich brauchten: Bärbel ihn als festen Haltepunkt im Leben für ihre sie sonst hinwegreißenden Gefühlsströme; Christoph brauchte sie dagegen, um sich mit ihrer Hilfe aus dem Gefängnis seiner eigenen Gemütsschwere zu befreien. Er lebte von ihren Gefühlen, sie von seinem Halt: geliehenes Glück. Das Grün zwischen ihnen drückt die beginnende Befreiung aus diesem starren Rollengefüge aus.

PAARSYNTHESE: Lebensraum, Eigenraum, Partnerraum

Partnerdiagramm: Maria 1

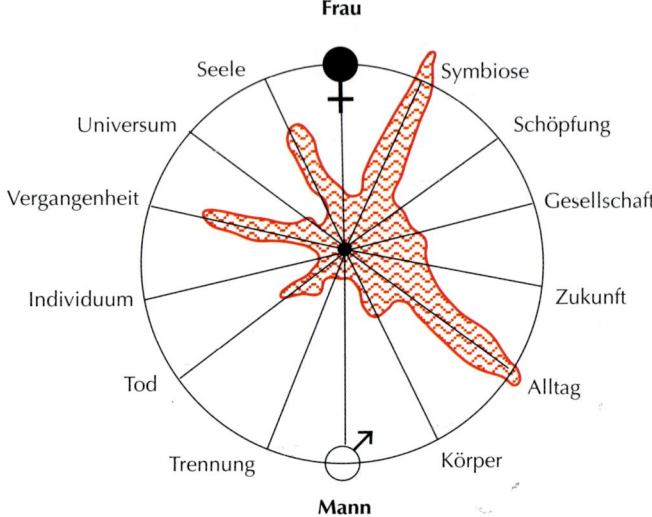

Partnerdiagramm: Karl

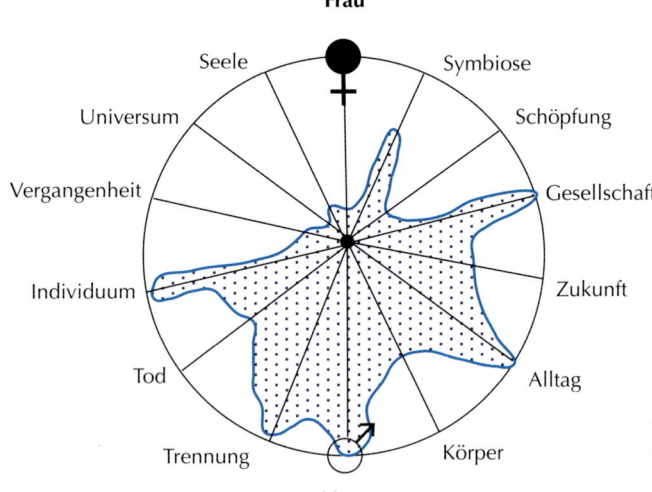

 sie

 er

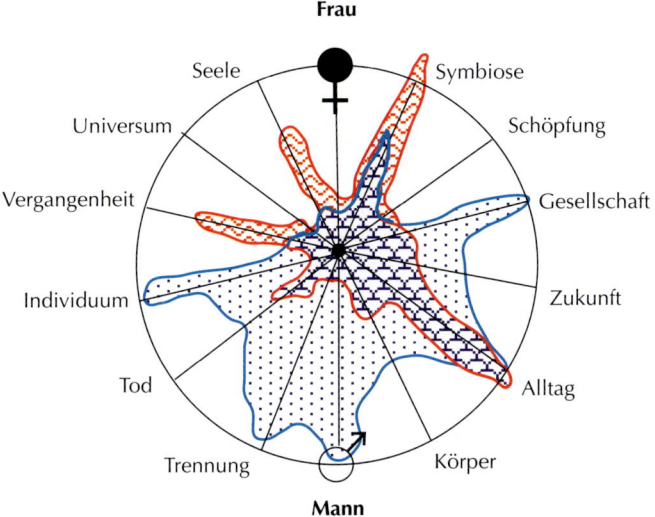

Partnerdiagramm: Maria und Karl

Methodologie der PAARSYNTHESE

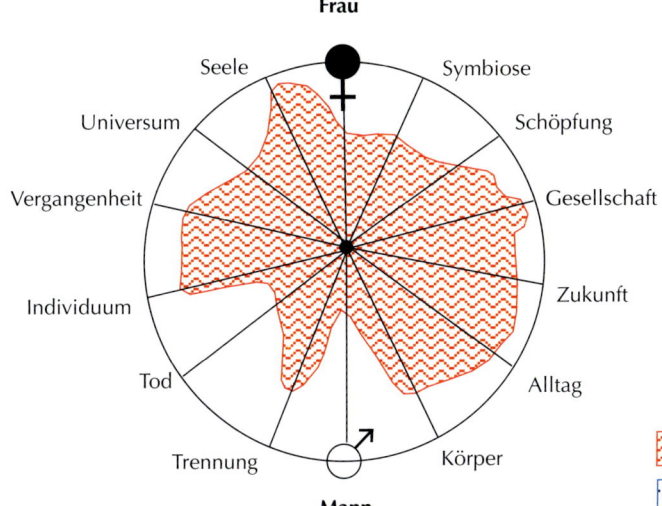

Partnerdiagramm: Maria 2

Maria und Karl

Im Partnerdiagramm Maria – 1 zeigt sie sich als Frau, die so wenig Eigenwert fühlt, daß sie kaum Lebensraum (= Kreis) noch Eigenraum (= Wellenlinien) einnimmt. Statt dessen klammert sie sich symbiotisch an Karl. Ohne weibliche Identität, ersetzt sie diese durch Überlastung im Alltag, mit den Kindern.

Karl dagegen nimmt viel Eigenraum (= Karierte Fläche) ein, aber völlig einseitig auf den «männlichen» Polen. Dadurch ohne jede Fähigkeit, sich in eine Frau einzufühlen, bekämpft und unterdrückt er Maria fast bis zu deren Zerstörung, stellt ihr den Hunde-Eimer in ihr Bett. Im gemeinsamen Partnerdiagramm überdeckt er Maria weitgehend, sie hat keinen Eigenraum zu ihrer Entfaltung.

Gegen Ende der dreijährigen Therapie ist im Partnerdiagramm Maria – 2 deutlich zu sehen, wie diese sich zu einer in sich stimmigen, stabilen und abgerundeten Persönlichkeit entwickelt hat. Sie trennt sich von Karl, der unverändert bleibt, immer noch jede Therapie, jede Kritik für sich ablehnt, schließlich verbittert und isoliert auch von seinen Kindern zurückbleibt. Er zerstört im Endeffekt sich selbst.

einem Mosaik darstellen. Am Beispiel Sexualität genauer erläutert: Ich suche möglichst viele Bilder zusammen, wie ich mich in meiner Sexualität erlebe: alle meine Sehnsüchte, meine Triebe und Begierden, meine Lüste und Bedürfnisse, aber auch meine Ängste und Blockierungen, meine Scham, sexuellen Vorlieben und Eigenarten, auch meine heimlichen Phantasien, das Verbotene, das nicht Ausgesprochene.

Die Collage soll ausdrücklich nicht nur gemalt und gezeichnet werden, sondern sich auch aus Bildern von Illustrierten, Zeitungen, Katalogen, Magazinen und ähnlichem zusammensetzen. Die Art der Bilder und deren Zusammenstellung zeigt dann sehr viel auch vom unbewußten Umgang der Partner mit dem jeweiligen Thema. So hat eine Frau eine vier Meter lange Tapetenrolle voll mit Bildern und Ausschnitten zum Thema Sexualität mitgebracht, ohne auch nur ein Stück nackte Haut zu zeigen. Sie war in einer pietistischen Familie erzogen worden. Ein Mann brachte zu diesem Thema einen Aktendeckel mit, der aufgeklappt zwei nackte Frauen, drei große amerikanische Superautomobile, zwei Generäle und ein Hochhaus zeigten; Phantasien männlicher Potenz auf dem Hintergrund eigener Minderwertigkeitsgefühle. Ein anderer Mann brachte eine Collage mit, die ausschließlich aus Playboy-Bildern bestand. Ein Anderer brachte eine Collage mit, die alles zeigte, nur kein Paar und keine Frau, wohl aber berufliche und familiäre Bereiche, Hobbies wie Segeln und Fliegen, aber von Sexualität war partout nichts zu sehen. Eine Frau brachte eine Collage mit, die fast ausschließlich aus Gebärmutter, Schwangerenbauch und Neugeborenen bestand. In der Auswertung dieser Collagen, die immer viel Zeit braucht und eine lange Anlaufphase, um überhaupt hinter die vordergründigen Bildmotive zu kommen, arbeiten die Partner und der Therapeut eng zusammen. Sie erzählen sich gegenseitig ihre Eindrücke, Beobachtungen und besonders hervorstechende Bilder, aber auch die Art der Komposition und Zusammensetzung der Bilder. Häufig steht zufällig in der Mitte der Collage ein entscheidendes Bild, manchmal winzig klein oder auch überdimensional groß, häufig sind in den Ecken die Phantasien, die Ängste, die schlechten Erfahrungen und die Sehnsüchte abgebildet. Dabei ist es sehr entscheidend, wieweit die leere Papierfläche überhaupt ausgenützt wird oder die einzelnen Flächen sich miteinander verbinden. Manche stellen alles abgehackt und jedes Bild für sich dar, manche in einer zwanghaften Ordnung Bild neben Bild, sorgsam aufgereiht, manche chaotisch durcheinander und übereinander geklebt und noch hinten drauf, und wieder andere machen eine einzige Gemäldekomposition daraus. Es ist immer bezeichnend, was überwiegend dargestellt wird, aber genauso wichtig, was an sexuellen Aspekten in diesen Collagen gänzlich fehlt. So lassen eben einige die Nacktheit völlig aus, andere wagen es nicht, die geschlechtliche Vereinigung oder Geschlechtsteile bildlich zu zeigen, andere stellen nur den Partner bzw. das andere Geschlecht dar, niemals aber sich selbst. Das kann dann heißen, daß sie sich nur anpassen, sich nur das andere Geschlecht vorstellen können, sich selbst aber kaum einbringen oder integrieren. Sie müssen sich führen lassen oder sich vollkommen verweigern. Natürlich werden, ähnlich wie bei Träumen und anderen Techniken der Psychotherapie, diese Collagen immer in den Gesamtzusammenhang der Persönlichkeit und der Beziehungsdynamik gestellt. Nur dann ergibt sich ein zuverlässiges Bild der Gesamtpersönlichkeit. Therapeutisch wirken solche Collagen dadurch, daß sie das Innere der Seele für beide Partner sichtbar machen, damit auch ohne Sprache verstehbarer. Der Ausdruck von Gefühlen wird zum bewußten Gestalten, die Partner übernehmen Verantwortung für ihr Innenleben.

In Deinen Augen

Wie durch die Lektüre dieses Buches deutlich wird, ist es in der Paartherapie und dem Umgang mit dem Partner von größter Wichtigkeit, nicht allein die Sprache zur Kommunikation zwischen den Partnern zu verwenden, sondern einen Dialog auf allen Ebenen der Begegnung zu ermöglichen. Auf der Ebene der Körper, der direkten unbewußten und bewußten Wahrnehmung, der nonverbalen Kommunikation, der Begegnung der Seelen ohne jede Berührung usw. Dadurch unterscheidet sich die Intimbeziehung von jeder anderen existierenden Art der Beziehung, dadurch unterscheidet sich auch die Liebesfähigkeit von der sonstigen Beziehungsfähigkeit: in der Intimbeziehung werden Tag und Nacht pausenlos Signale ausgetauscht, die den Partner immer in seiner Ganzheit betreffen, selbst wenn dies nicht so gemeint ist. Jeder Blick, jedes Wort, jede Berührung oder auch Nichtberührung, jedes Ausweichen voreinander, jede persönliche Stimmung wird zur Botschaft für den Partner. Dieser permanente 24-Stunden-Dialog stellt oft eine Überforderung dar, wird aber auch durch die Alltagsroutine häufig abgeblockt oder vernachlässigt. Deshalb ist es in der Paartherapie besonders wichtig, dem Partner die verschiedenen Dialogebenen bewußt zu machen, dort eine

Steigerung der Wahrnehmungsfähigkeit und auch der Ausdrucksfähigkeit zu üben, damit die Vielfalt der Gefühle und die Vielfalt der Begegnungen in ihren tausendfachen Verschiedenartigkeiten tatsächlich zur intensiven Botschaft werden können. Die Anweisung für diese Übung «In Deinen Augen» lautet folgendermaßen: «Bitte setzen Sie sich einander gegenüber in recht dichtem Abstand, ohne sich zu berühren. Schließen Sie erst einmal die Augen. Versuchen Sie, trotz der geschlossenen Augen und des Abstandes vom Partner, zu spüren, was von dessen Ausstrahlung, von dessen Energie oder Wärme oder Kälte bei Ihnen ankommt. Wie fühlt sich das an in Ihrem Körper und was löst es in Ihnen aus, daß der Partner in zehn Zentimeter Entfernung sitzt, so nah und doch ohne Berührung? Was ist Ihnen vertraut davon, was fremd, was angenehm und was störend? Bleiben Sie so etwa fünf Minuten sitzen und versuchen Sie, über alle Antennen Ihrer Wahrnehmung den Partner ganz in sich aufzunehmen, ohne ihn zu berühren. Dann lehnen Sie sich zurück und versuchen Sie nachzuspüren, was diese Konzentration auf den Partner, diese Kommunikation auf Abstand bei Ihnen bewirkt. Verändert sich dadurch etwas in Ihnen, zieht sich etwas zusammen, oder öffnen sich die Poren, schlägt das Herz schneller, oder wird Ihnen kalt? Was immer geschehen mag, versuchen Sie es wahrzunehmen. Dann, nach einigen Minuten, öffnen Sie die Augen und sehen Sie in die Augen des Partners, aber wieder, ohne diesen zu berühren. Versuchen Sie in diesen Augen zu lesen und zu erkennen. Versuchen Sie sich selbst in diesen Augen zu erkennen und in diesen Augen zu versinken. Was können Sie dort finden? Was vom Partner erscheint Ihnen verwandt, und was erscheint Ihnen fremd? Wie intensiv können Sie dabei seine Seele erkennen, und wieviel geben Sie durch Ihre Augen von sich zu erkennen? Sind Sie bereit, einen solchen Austausch der Seelen zuzulassen? Öffnen Sie mit Ihren Augen auch Ihr Innerstes, und wie gelingt es Ihnen, in das Innerste Ihres Partners zu sehen? Was für ein inneres Bild haben Sie von Ihrem Partner, und stimmt das mit dem überein, was Sie sehen? Und wenn Sie daran denken, wie Ihre Beziehung begonnen hat, wie haben Sie Ihren Partner zum ersten Mal gesehen und wahrgenommen? Versuchen Sie sich vorzustellen, daß Sie diesen Partner schon ganz lange kennen, daß sich schon lange, bevor Sie sich überhaupt getroffen haben, die Wege vorbereitet haben für diese Beziehung. Und daß diese Beziehung niemals mehr enden wird, selbst, wenn Sie sich scheiden lassen oder einer von Ihnen Beiden sterben wird – immer wird diese Beziehung existieren, in der Erinnerung der Kinder oder der Freunde oder Ihrer eigenen. Die Kraft der Liebe, die Sie einmal zwischen sich geschaffen haben, wirkt und strahlt auch auf andere aus und wird weiter existieren, auch am Ende dieser Beziehung. Sie ist nicht mehr aus der Welt zu schaffen, diese Liebe ist Geschichte geworden.

Und jetzt lehnen Sie sich wieder zurück und versuchen Sie noch einmal nachzuspüren, wie diese Gedanken Sie erreichen und verändern. Öffnen Sie dann die Augen wieder und fassen gleichzeitig dabei die Hände des Partners, spüren weiter, fühlen und tauschen wortlos die Energie zwischen Ihnen aus. Was sehen Sie jetzt in den Augen des Partners, wenn Sie gleichzeitig seine Hände spüren? Welche Botschaft senden Ihre Hände oder empfangen Sie? Fließt ein Energiekreis zwischen Ihnen? Oder ist er abgeblockt, und sind Sie voller Widerstand oder gar Angst? Wie tragen Sie Beide mit Ihren Händen diese Macht in der Liebe aus? Als Paar besitzen Sie durch diese Möglichkeit zur Liebe eine große Potenz. Wie gehen Sie damit um, wie gestalten Sie diese Beziehung und Ihre Liebe?

Danach sollen Sie nachspüren, was Sie innerlich erlebt haben. Dann können Sie es zunächst wieder aufschreiben oder versuchen, es gleich auszusprechen.»

Partnerbild
(Vorstufe zum Yin-Yang-Bild)

Jeder fertigt für sich eine Zeichnung, ein Gemälde oder ein Bild seines eigenen Erlebens von sich als Partner an. Das eigene Ich mit Stärken und Schwächen, Ängsten, Trieben und Hoffnungen, Phantasien, Alltagsbedürfnissen, mit allen Licht- und Schattenseiten soll gezeigt werden. Durch diese Selbstdarstellung sollen eigene Partnerpersönlichkeit, Vielschichtigkeit und Partnerstile, Hemmungen, Begrenzungen, Temperament und Dynamik herauskristallisiert werden. Die Arbeit im Eigenraum jedes Partners steht damit im Vordergrund.

Dazu wird den Partnern die Anweisung gegeben, von sich selbst ein Partnerbild zu malen, eben all das, was jeden als Partner kennzeichnet und charakterisiert. Natürlich ist es eine schwierige Aufgabe, alle Eigenarten, Potenzen und Defizite der ganzen personalen Einheit zeichnerisch darzustellen auf einem großen Blatt Papier. Aber wie im Partnerdiagramm ist auch hier nicht allein entscheidend, was gezeichnet wird, sondern auch und gerade, was nicht gezeichnet wird. Fehlende wichtige Teile wie Träumereien, Ängste oder Aggressionen weisen nur darauf hin, was jeder bei sich nicht sehen will, verdrängt oder verheimlicht.

Die Partner lernen dabei, sich selbst zu sehen, darzustellen und gegenüber dem Anderen etwas von der eigenen Persönlichkeit verstehbar zu machen. Das Malen seines eigenen Partnerbildes ist auch heilsame Beschäftigung mit sich selbst, einen Weg in das eigene Innere zu finden, um später den Weg zum Partner zu finden.

Rollentausch

Was in der Therapiestunde selbst oder in den Gruppen praktisch durchgeführt wird, kann auch schriftlich als Hausaufgabe nachvollzogen werden: Die Partner erhalten den Auftrag, die Plätze zu tauschen und mit dem Tausch der Plätze auch die eigene Identität mit der des Partners zu tauschen. Sie sollen ab jetzt das Gespräch über zentrale Beziehungskonflikte, die gerade bearbeitet werden, so fortsetzen, als ob sie jeweils die Identität des Anderen angenommen hätten: Wie fühlt es sich an, in der Haut des Partners zu stecken, seine Worte zu finden, seine Argumente wiederzugeben, seine Haltung, seine Gestik, seine Mimik anzunehmen und mich ganz in sein Innerstes hineinzuversetzen?

Diese Übung ist einmal ein gutes diagnostisches Mittel: Gelingt sie, entsteht eine Art Gegenidentifikation mit dem Partner, die es möglich macht, ein tieferes Verständnis füreinander zu entwickeln und sich viele Fehler verzeihen zu können. Wird dieser Rollentausch aber blockiert oder nur mit größtem Widerstand eingegangen, ist das immer auch ein klares Zeichen dafür, daß der Partner zutiefst und bis ins Innerste hinein abgelehnt wird und wenig Chancen für die Weiterentwicklung der Beziehung bestehen. Gleichzeitig ist die Übung über die Diagnostik hinaus ein intensives therapeutisches Arbeitsmittel, da sie beide Partner befähigt, in Richtung Androgynie zu lernen, sich jeweils in das Gegengeschlecht hineinzuversetzen. Partner können und dürfen nicht nur die eigenen Pole ausleben, sondern sollen auch einen bestimmten Anteil der gegengeschlechtlichen Identität in sich zulassen und weiterentwickeln. Dies ist für ein gleichberechtigtes und intensives intimes Zusammenleben absolut erforderlich, da die extreme Polarisierung der Geschlechter nur zum Grabenkrieg führen kann. Als Mann kann ich eine Frau nur wirklich befriedigen, wenn ich die weiblichen Anteile in mir selbst zulasse, akzeptiere und wenigstens in gewissem Umfang entfalte und wertschätze. Umgekehrt muß auch jede Frau in sich den männlichen Pol akzeptieren und anwenden, um die Männlichkeit ihres Partners verstehen und als Frau erwidern zu können.

Stunde der Wahrheit

Im Verlauf jeder Partnerschaft kommt es zu Heimlichkeiten. Es ist nicht therapeutisches Ziel, alles aufzudecken und die Partner zu nötigen, sich alles, aber auch alles gegenseitig zu offenbaren. Jede Seele braucht ihre Rückzugsmöglichkeiten, jedes Individuum braucht, um sich überhaupt hingeben zu können, die Chance zur Abgrenzung. Umgekehrt neigen wir dazu, aus Ängstlichkeit vor den Reaktionen des Partners ihm viele wichtige Dinge nicht mitzuteilen. Dies gilt besonders dann, wenn es um verletzende Aspekte geht. So kommt es in vielen Therapien zur Notwendigkeit, eine Stunde der Wahrheit zu üben. Diese Wahrheit gilt nicht als Waffe gegen den Partner oder als Schuldeingeständnis, sondern geschieht aus der Erkenntnis, daß Offenheit dem Partner gegenüber die einzige Chance bietet, daß dieser sich neu orientieren und eigene Verhaltensweisen überprüfen kann. Gerade bei heimlichen Seitenbeziehungen gilt dies. Nicht jedes Fremdgehen ist automatisch moralisches Verschulden oder unweigerliches Vergehen an der Beziehung und deren gleichzeitiges Ende. Vielmehr mag es dafür sehr wichtige Gründe geben. Dauert die Beziehung aber länger, sollte der Partner davon erfahren, damit er seinerseits die Chance hat, die belastende Gefährdung zu erkennen. Manchmal ist es nur nach solchen Stunden der Wahrheit möglich, die Verhaltensweisen der Partner neu aufeinander abzustimmen. Alte Vertrauensbrüche, Verletzungen oder Vorwürfe können damit aufgearbeitet werden. Das Museum der Verletzungen wird dann endgültig geschlossen und darf in neuen Streitigkeiten nicht wieder zitiert werden.

Damit ebnet sich jetzt erst, also niemals in den Anfängen der Paartherapie, der Weg zum «Verzeihen und Versöhnen» (vergleiche Seite 183), zur Wiedergutmachung und zur Neugestaltung der Beziehung. Erst das erreichte Gleichgewicht der Partner ermöglicht den Eintritt in die gegenseitige Fehler- und Konfliktanalyse, schafft das Vertrauen, sich dem Partner mit seinen Schwächen offen zeigen zu können.

4

FEHLERANALYSE

In den vorherigen Therapieschritten hatte sich das Paar um das Gleichgewicht der Kräfte und die Ablösung von falschen Beziehungsmustern bemüht. Im nächsten Schritt geht es um die entscheidende Wiederherstellung der Beziehung, die eigentliche Integrationsarbeit.

Gemeint ist damit über das Erkennen und Begreifen eigener zerstörerischer Anteile hinaus, diese dem Partner einzugestehen und ihn dafür um Verzeihung zu bitten. Nur so wird ein gegenseitiges Verstehen und Versöhnen überhaupt möglich. Jeder der Beiden sieht die eigene Schuld am Scheitern der bisherigen Beziehung und versucht, sich aus dem Irrgarten gegenseitiger Schuldzuweisung herauszulösen. Beiden wird deutlich, daß sie ihren Teil der Schuld auf sich zu nehmen haben.

Dieser Schritt, der beim einzelnen beginnt, läßt nicht nur die Beziehung wieder heilen, sondern heilt auch die eigene Seele, weil Verzeihen und Versöhnen effiziente «Psychopharmaka» und damit wirkungsvolle Instrumente menschlicher Ganzwerdung sind.

Ein allmächliches Wiederaufrichten der fünf Säulen der Partnerschaft kann erfolgen. Wie beim Dominospiel alle Steine der Reihe nach fallen, wenn der erste umgestoßen wird, so läßt sich dieser Vorgang hier auch umkehren: Ist es möglich, einen der fünf Grunddialoge zwischen den Partnern wieder herzustellen, richten sich auch die vier anderen Säulen wieder auf. Um diesen Prozeß in der Tiefe zu verankern, folgt nach dem Verzeihen und Versöhnen der Dialog mit der eigenen Seele und der des Partners. Mit neuer Würde lernen die Beiden jeweils sich selbst, aber auch dem Anderen zu begegnen. Unmittelbar daraus geht ein neuer Sinndialog des Paares hervor: in einen Austausch darüber zu treten, was Inhalte und Ziele dieser kommenden Neugestaltung des Paares und seiner Liebe sein können.

Allerdings ist dies auch der Zeitpunkt, an dem ohne Verzerrung und sinnlose Zerstörung deutlich werden kann, daß es für dieses Paar keinen gemeinsamen Sinn geben wird, Heilung nicht möglich und deshalb die

Trennung vom Partner eine ehrliche Chance für Beide ist. Dann gilt es, an dieser Stelle zunächst die *Innere Scheidung* (siehe Seite 180f) zu vollziehen. Sie ermöglicht den Betroffenen im seelischen Schonraum nach eigenen Wegen zu suchen, ohne daß vor allem die Kinder, aber auch die ganze Existenz gefährdet werden.

Ein besonderes und zentrales Merkmal der Liebesfähigkeit ist es, den Partner um Verzeihung bitten und gleichermaßen ihm verzeihen zu können. Dazu gehört, sein eigenes Herz, sein Innerstes zu offenbaren, Mut zu eigenen Gefühlen, Überlegungen und Fehlern zu haben und immer wieder die Bereitschaft zur selbstkritischen Auseinandersetzung zu finden.

Und wenn Sie als Leser nur dieses Kapitel in Ihrem eigenen Liebesleben in die Tat umzusetzen versuchen, ist schon viel gewonnen. Prüfen Sie sich selbst:

Es fängt damit an, daß Sie es schaffen, bei Streitigkeiten Ihren eigenen Trotz zu überwinden, Ihr «Beleidigtsein» aufzugeben, und den Anderen wieder in den Arm nehmen. Die Mauern aus kindlichem Trotz, die noch in vielen von uns stecken, sind der Tod jeder Liebe.

Aber es geht nicht nur darum, diese Mauern zu überwinden, es geht um weit Schwierigeres: dem Partner nämlich die eigenen Fehler einzugestehen und nicht erst zu warten, bis er den ersten Schritt tut. Selbst beim aggressiven und kämpferischen Volk der alten Römer stand das Prinzip des semper incipe = *Fange immer bei Dir selbst an* – an erster Stelle. *Willst Du siegen in der Liebe, sei tapfer und mutig, gestehe Deine tiefsten Schwächen, Fehler und Gemeinheiten ein und bitte dafür den Partner um Verzeihung.* Das sind die wahren Heldentaten. Natürlich sind hier tiefgreifende Charakter- und Persönlichkeitsfehler gemeint, nicht die alltäglichen Schwächen. Hier geht es um wirkliche Fehler, die weh tun, peinlich sind und Schamgefühle wecken, die unter Umständen angst machen und Furcht auslösen, den Partner zu verlieren, sobald ich sie eingestehe.

Diesen entscheidenden Schritt, nicht den Partner anzuklagen, sondern erst einmal die eigenen Fehler ins Zentrum der Arbeit zu stellen, zögern viele hinaus, wehren sich dagegen oder vermeiden ihn ganz. Das ist auch die kritischste Nahtstelle der Paartherapie überhaupt, denn nun beginnt sie erst richtig: Bilanz wurde gezogen, ein Scheitern der bisherigen Beziehung erkannt, Fehler aus der Vergangenheitsgeschichte der einzelnen Partner aufgearbeitet und das Beziehungsgeflecht, die Kräftedynamik des Paares, ausgeglichen. Jetzt, so meinen viele, könne die Therapie zu Ende sein. Aber die Entwirrung und Entknotung der Konfliktvernetzung muß jetzt erst in Handlung umgesetzt werden. Eine Entflechtung hat stattzufinden, die vor allem dadurch vollzogen wird, daß die eigenen Fehler erkannt, verstanden, gestanden und in ihrer Auswirkung auf den Partner begriffen werden, der dann um Verzeihung und Versöhnung gebeten wird.

Aber gerade hier erwacht der größte Widerstand. Dann gibt es besonders Streit, oft sogar mit dem Therapeuten in der Triade. Manche brechen die Therapie einfach ab, gehen fremd oder tun einfach so, als sei solch ein Schuldeingeständnis überhaupt nicht nötig. So hat eine Frau, die schon seit 25 Jahren eine heimliche Seitenbeziehung hatte, in der höchsten Ehekrise immer noch versucht, diese weiter zu verschweigen. Sie wollte nicht wahrhaben, daß gerade durch das Verschweigen dieser heimlichen Seitenbeziehung ihr Mann niemals eine reale Chance hatte, sich zu ändern, überhaupt irgend etwas zu ändern. Ein wirklicher Dialog wurde durch ihre Unfähigkeit zur Offenheit verhindert.

Die Untreue der Frau bestand nicht in der Affäre mit einem anderen Mann, sondern in ihrem fehlenden Mut zur rechtzeitigen Auseinandersetzung. Natürlich kann es keine totale Offenheit zwischen Partnern geben, das wäre grausame Überforderung. Und Seitenbeziehungen können auch rechtschaffen, gesund und notwendig sein. «Eine Affäre in Ehren», so der Buchtitel von Fallbeschreibungen einer engagierten Autorin*, zeigt nicht nur deutlich, daß es eine sexuelle Revolution auch der Frauen gegeben hat, sondern daß eine Seitenbeziehung oft heilsam und befreiend ist, manchmal auch als letzter Rettungsanker für das sonst völlig demolierte Selbstwertgefühl dient.

Aber solche Geständnisse sind hier nicht an erster Stelle gemeint. Es geht vielmehr um die Einsicht eigener *Schattenseiten* (siehe Seite 182). Weitere Übungen dazu sind *Eingeständnisse und Besinnungen* (siehe Seite 211), *Schattengeschenke* (siehe Seite 182), *Verzeihen und Versöhnen* (siehe Seite 183), *Lernen durch Dich* (siehe Seite 181) und vor allem auch der *Seelendialog* (siehe Seite 154 u.), zunächst mit seiner eigenen Seele, dann aber auch mit der des Partners.

Wie sehr gegen solch notwendige Selbstkritik dann aber häufig Widerstand geleistet wird, zeigt das Beispiel des Mannes, der zu stolz und zu

---

* Füller, Ingrid: Eine Affäre in Ehren. Reinbek, Rowohlt Verlag 1993 trotzig war, eigene Fehler zuzugeben. Statt dessen erklärte er seiner Frau in der Therapiesitzung:

► «Ich habe jetzt eine Woche lang über mich nachgedacht und bei mir nach Fehlern gesucht und dabei herausgefunden, daß Du keine gute Frau für mich bist.» ◄

Ob dieser Selbstgerechtigkeit war ich viel mehr empört als seine Frau, die tatsächlich gleich anfing, die Schuld bei sich zu suchen. Ich bekam schließlich Streit mit dem Mann, und wir brachen die Therapie ab.

Die Partner sind in ihrer Konfliktvernetzung miteinander gefangen: alle Fakten, Argumente, Ereignisse und Gründe, alles wird zu einem verwirrenden Knäuel, und mit jedem Lösungsversuch wird die Verstrickung noch größer. In der Geschichte löste Alexander der Große diesen berühmten Knoten einfach dadurch, daß er sein Schwert zog und das Knäuel in der Mitte durchschlug. In der Praxis der Partnerverknotung wird diese Aufgabe meist den Anwälten und Scheidungsrichtern zugeschoben. Die Seelenverwirrung der Partner ist in der Regel zu massiv, um diese Aufgabe allein lösen zu können.

Psychotherapie für Paare ist dabei eine überwiegend wirksame Hilfe. Das Wort «Psychotherapie», das inzwischen jeder kennt, meint in der klassischen Medizin zunächst Heilung mit seelischen Mitteln, im Gegensatz zu medikamentösen oder chirurgischen Mitteln. Wir haben es statt dessen wörtlich genommen und meinen damit tatsächlich die Heilung der Seelen selbst. Es ist mehr als naheliegend und heilsam, in der Psychotherapie mit beiden Aspekten direkt zu arbeiten. Um so verwunderlicher, ja unglaublich ist es, daß in keiner bisher bekannten Therapiemethode die Seele während der Dauer der Therapie, je nach Methode manchmal bis zu zwölf Jahren, direkt angesprochen wird.

In der PAARSYNTHESE geschieht dies ganz zentral durch die Aufforderung des Therapeuten an beide Partner, in ein Gespräch, in einen Dialog mit der eigenen Seele zu treten. Wiederum dient dazu die Vorstellung, daß die eigene Seele in einem leeren Stuhl gegenüber sitzt. Die Aufgabe lautet nun, ihr gegenüber als lebenslanger Träger und Besitzer dieser Seele auszusprechen, wie Sie in all der gemeinsamen Zeit mit ihr umgegangen sind, wie Sie diese behandelt haben und noch behandeln, welche Art von Beziehung Sie zu ihr pflegen und wie Sie diese Beziehung gestalten.

Bei den Partnern tritt oft ein ungläubiges Staunen als Reaktion auf diese Aufgabenstellung zum *Seelendialog* ein. Zwar sehen die meisten Sinn und Zusammenhang ganz intensiv, dennoch empfinden viele eine gewaltige Sperre, Widerstand, Unvermögen und Peinlichkeit.

Gegenargumente und Fragen werden geliefert. «Das geht doch gar nicht, ich bin doch selbst meine Seele» oder noch extremer, aber ganz häufig: «Seele, was soll das denn so konkret sein?» Etwa ein Fünftel der Klienten kommt in die nächste Sitzung mit dem Geständnis: «Ich habe zu Hause im Lexikon nachgeschaut, was Seele bedeutet.» «Das kann ich nicht, das habe ich nie getan», sind weitere Hindernisse bei dieser Aufgabe. Das wichtigste Gegenargument wird von den Paaren meist in die Frage gekleidet: «Warum soll ich denn mit meiner Seele sprechen, es geht hier doch um unsere Beziehung?»

Jetzt sollte der Therapeut weder nachgeben noch einlenken, sondern auf der Erfüllung der Aufgabe bestehen – im Vertrauen auf die gute Beziehung zwischen ihm und dem Paar, zumal diese Übung zu einer erstaunlichen Entdeckung führt, die auch ihre Sinnhaftigkeit erklärt. Bei genauer Betrachtung des Dialoges mit der eigenen Seele wird offensichtlich und ganz augenscheinlich, daß dieser Dialog mit dem bisher geführten Partnerdialog gleichzusetzen ist. Oft können ganze Passagen wörtlich übernommen, oft müssen nur geringe Veränderungen der Wortwahl oder der Bedeutungen hinzugefügt werden.

Die meisten gehen also mit der eigene Seele wie mit dem eigenen Partner um – oder mit dem Partner wie mit der eigenen Seele. In der Unbeholfenheit, in der Unsicherheit und Unfähigkeit, mit der eigenen Seele zu sprechen und in deren Tiefe zu sehen, wird blitzartig klar, wie ausgehungert, vernachlässigt und ausgetrocknet die Beziehung zum Partner sein muß. Und auf eindrucksvolle Art wird fühlbar, daß jeder der Partner spätestens jetzt anfangen muß, seine Lebensführung zu überprüfen, seine Beziehung neu zu gestalten – mit mehr Tiefe, mit mehr Wahrheit.

Das Beziehungsgeflecht zwischen den Partnern wird ins Schlaglicht gerückt – und so überhaupt erst auflösbar – mit der Kraft der eigenen Seele statt mit dem Schwert oder dem Scheidungsrichter.

Mit seiner eigenen Seele auf diese Weise in Verbindung zu treten, hat auch mystischen Gehalt, ähnlich dem östlicher Liebeskulturen. Dementsprechend gehen die meisten Partner trotz Zögern dann schließlich doch nachdenklich und mit tiefem Ernst an diese Aufgabe heran. So esoterisch die Arbeit auch scheint, wirkt sie doch lange und tief in den Alltag hinein. Eine Ahnung davon taucht auf, wie achtsam mit der eigenen Seele, aber auch mit dem Partner in Wirklichkeit umzugehen ist, wieviel Aufmerksamkeit, Respekt und Ehrfurcht diese Beziehung verdient und wieviel im Alltag davon verloren gegangen ist. Meist weckt diese Übung bei den Paaren die nachhaltige Bereitschaft, sich mit sich selbst und dem Partner auf neue Weise zu vereinen, mit anderen Augen das Universum der Liebe zu sehen.

Um eine noch intensivere und dauerhaftere Verankerung dieser durch den Seelendialog eintretenden Veränderungsbereitschaft zu erreichen, werden diese Zwiegespräche mit der Seele immer wieder fortgesetzt. Zusätzlich erhalten die Partner den Auftrag, sich zu Hause vor einen Spiegel zu stellen und sich selbst lange in die Augen zu schauen, um zu erfassen, was für ein Mensch da steht und wie dieser Mensch mit der Liebe zu sich selbst und zum Partner umgeht.

Weiter fortgeführt wird dieser Seelendialog dann schließlich mit der Aufforderung, nun direkt mit der Seele des Partners in Dialog zu treten – also nicht diesen selbst anzusprechen, sondern dessen Seele.

Ahnen, fühlen, spüren, in die Tiefe der eigenen und der Partnerseele tauchen, dort die Sehnsucht und Bedürftigkeit erkennen, den Schrei nach zärtlicher Geborgenheit und Mut zur lustvollen Leidenschaft hören, einsinken in den Dialog der Gefühle, den Dialog der Körper und die Dialoge der liebkosenden Sprache und der Sinne, sich einlassen auf das Wesen der Liebe...

Vielen fällt diese feinstoffliche Arbeit erst mal so schwer wie Jakob, der mehr eine Aufzählung als einen Dialog macht:

▶ Wie gehe ich mit meiner Seele um?
  – rigide, kritisch, spüre Dir nicht nach, führe keinen Dialog mit Dir;
  – vertraue Dir wenig, mehr den «Fakten»; nehme Dich nicht ernst; Du bist jetzt nicht dran, ich will Dich jetzt nicht sehen, wahrnehmen;
  – ich liefere mich Dir nicht aus, überlasse mich Dir nicht, weder in Freud noch in Leid; reagiere im wesentlichen, wenn Du Dich nicht mehr leise und zurückhaltend, sondern deutlich meldest;
  – ich beschütze Dich, lasse nicht auf Dir herumtreten, bin sensibel für Ungerechtigkeiten, setze mich für Dich ein, kämpfe, habe kein

Gespür für Dich und nehme Dich erst richtig wahr bei Angriff und Gefahr, verteidige Dich kraftvoll; das kann bei starker Gegenwehr bis zur Vernichtung des Gegners führen. ◄

Vom Therapeuten jetzt ausdrücklich dazu aufgefordert, wiederholt Jakob diesen Text Marie gegenüber, allerdings mit direkter Anrede, so daß für Seele nun Marie steht. Lesen Sie den Text – so verändert – noch einmal!

Die offensichtliche Parallele, daß in diesem zwanzigjährigen Ehestreit Marie seine Gegnerin ist, raubt den Atem. Die Erkenntnis traf Beide mit voller Wucht, besonders der Schlußsatz, nur leicht geändert:

► Ich habe kein Gespür für Dich und nehme Dich erst richtig wahr bei Angriff und Gefahr. Bei starker Gegenwehr kann das bis zu Deiner Vernichtung führen. ◄

Und tatsächlich war Marie einer schweren Depression nur knapp entgangen.

Es ist erschütternd, was in dieser Übereinstimmung von Seelen- und Partnerdialog noch alles an Konsequenzen liegt. Aber Marie und Jakob sind immerhin schon so weit, daß sie selbst erkennen, was jeder von ihnen vor sich hat an Verhaltensänderung. Deshalb führen sie auch sehr selbstbetroffen die Aufgabe *Lernen durch Dich* (siehe Seite 181) aus, die sich an den Seelendialog sinnvoll anschließt.

Diese Übung bearbeitet die Suche nach dem Sinn: Wozu hat mir das Leben ausgerechnet diesen Partner gegeben? Welche Aufgabe habe ich damit im Leben zu erfüllen? Neben dem Seelendialog ist dies ein weiterer zentraler Schritt in diesem vierten Zyklus der Paartherapie, zusammengefaßt unter dem Begriff: Sinndialog.

«Welch tieferen Sinn hat es, daß wir beide zusammen sind? Zu welchem Lern- und Entwicklungsprozeß mit Dir bin ich fähig und willig?» lauten hier die entscheidenden Fragestellungen. Zu ihrer Beantwortung gehört Mut, Selbstkritik und Demut zur notwendigen Bereitschaft, vom Anderen etwas anzunehmen, aufzunehmen und selbst in Angriff zu nehmen, statt den Partner anzugreifen.

So schreibt Marie:

▶ Was soll ich durch Jakob lernen?

Ich soll lernen, mich von Anforderungen, Schuldzuweisungen und auferlegten Pflichten zu befreien, um unabhängig und frei meinen Weg zu gehen. Ich muß dazu mutig werden und lernen, zu mir selbst, zu meinen Gefühlen und Entscheidungen zu stehen, Klarheit gewinnen und meine Angst überwinden. Ich soll lernen, mich durch mich selbst und nicht durch andere zu definieren.

Ich soll lernen, mich selbst zu achten und zu lieben, damit ich andere (Jakob) nicht mehr verachten muß. Ich soll lernen, mit mir selbst gütig, verzeihend und geduldig zu werden, damit ich so für Jakob sein kann. Ich soll lernen, meine Tochterrolle aufzugeben und die Frauen- und Mutterrolle mehr zu leben, ohne abhängig zu werden.

Wieviel Jakob mir auch gegeben hat, es reichte nicht, um mein mangelndes Selbstbewußtsein und meine Unfähigkeit zu Vertrauen und Liebe zu ändern. Ich muß lernen, Konflikte durchzustehen, Schmerzen, Traurigkeit und Angst als Begleiter zu akzeptieren auf dem Weg zum Frau-Sein.

Jakob hat viele meiner Träume vom Leben geteilt und mit mir verwirklicht, so daß ich erfahren konnte, daß sie mich nicht in ein erfülltes Leben führen. Jakob ist ein Spiegel meiner Selbst, er hat mir meine Unfähigkeit vor Augen geführt. ◀

Jakob äußert sich folgendermaßen:

▶ Was muß ich durch meinen Partner für mich noch lernen? Was ist meine Lebensaufgabe?

Meine Begrenztheit bei mir suchen, sehen, erkennen, Schuldgefühle abbauen und vor allen Dingen nicht bei anderen erzeugen; beziehungsfähig werden, Menschen als gleichwertig, gleichberechtigt spüren, weil mir die anderen Menschen wichtig sind, nicht nur ich mir selbst; meinen distanzschaffenden, aggressiven, wertenden «Diskussionsstil» in einen offenen, zuhörenkönnenden Dialog mit anderen Menschen umwandeln; mehr Selbstverantwortung für mich und für mein Leben übernehmen und mich deutlicher zeigen;

die von Marie eingeforderte Distanz als etwas «Großes» begreifen, als Entwicklungsmöglichkeit für zwei sich entfaltende Menschen;

ihre Verweigerung als etwas Ehrliches annehmen, als klares Nein
der Körpersprache;
ihre Menschlichkeit, Größe dort, wo ich sie nicht klein mache...
Scheiße ◄

Ganz sinngemäß wurde diese Aufgabe von Beiden noch nicht gelöst. Die
eigene Verletzung wirkt noch zu stark, als daß die durch den Anderen
erteilte Lehre tatsächlich demütig angenommen werden kann. Statt dessen werden gute Vorsätze aufgezählt, die bekanntlich leicht zu Rückfällen führen. Jakob versucht es aber zum Schluß seines Textes, bricht dann
allerdings ab und resigniert. Er sieht einen Riesenberg von Arbeit vor
sich, zuviel gute Vorsätze, deshalb die «Scheiße». Robert und Beate, die
mit Jakob und Marie in derselben Paargruppe sind, beziehen sich deutlicher aufeinander. Beate erstaunt und berührt mich tief mit ihrem Be-
kenntnis:

▶ Wozu hat das Leben mir diesen Partner gegeben? Was muß ich
durch ihn lernen?
Durch Robert ist mein strenges Regeldenken, mein depressives,
schwarzes Loch farbiger, lockerer geworden. Beziehungen zur Außenwelt sind durch ihn ermöglicht und einfacher geworden. Ich
merke jetzt erst, daß er oft versucht hat, mir auf der Gefühlsebene
zu begegnen, was von mir mißverstanden, nicht gewollt oder abgelehnt worden ist. Ich lerne allmählich, meine Gefühle zuzulassen,
mich nicht immer auf die sachliche Ebene zurückzuziehen und mich
rauszuwinden.
Andererseits lerne ich durch seine Unbeständigkeit, seine Flippig-
keit, sein ewiges Entziehen allmählich, mühsam, selbständig und
unabhängiger zu werden, ihn nicht als Maßstab für mein eigenes
Wertgefühl zu nehmen, zugleich aber nicht kalt und abweisend zu
sein, sondern Kontakt zuzulassen, insbesondere auf der Gefühlsebene. Mit Robert als Partner habe ich oft nur die verantwortungs-
volle Mutterrolle übernommen, obwohl ich noch ganz andere Facetten habe, die ich teilweise auch bewußt nicht gezeigt habe.
Mir ist durch Robert klar geworden, daß ich kränkbar und verletzbar bin, wenn ich mißachtet und stehengelassen werde. Ich
brauchte oder mißbrauchte ihn oft als Autorität, als Vaterfigur, war
aber enttäuscht, gekränkt, wenn er diese Rolle nicht erfüllte. Ich

werde lernen müssen, ein eigenständiger, kraftvoller Partner zu sein, ob mit ihm oder ohne ihn. Vieles hatte nur mit meiner eigenen Unfähigkeit zu tun. Robert hat mir viel von seinem Glanz abgegeben, allmählich lerne ich selber zu glänzen. Robert ist nie nachtragend und immer verzeihend gewesen – ich werde lernen müssen, die positiven Eigenschaften des Partners nicht als selbstverständlich hinzunehmen, sondern mich ihnen zu öffnen, mich dankbar zu zeigen und mitzuteilen, daß sie mir wohltun. ◄

Und so äußert sich Robert:

► Ich habe Beate gefunden, um meinen damaligen Irrungen und Wirrungen ein Ende zu bereiten und auch, um etwas gegen die Mutterbindung zu tun und die jahrelange Einsamkeit und Isolierung zu überwinden.

Schon am Anfang fürchtete ich, Beate könnte sich ebenfalls als Mutter entpuppen, unbewußt muß ich sie in diese Rolle gedrängt haben. Denn für sie war undenkbar, einmal Kinder zu bekommen. Ich war tief niedergeschlagen darüber, was ich nie zugab, da ich es als Zumutung und Übergriff auf ihre Entscheidungsfreiheit empfand. Doch zunächst befanden wir uns in der Paarbildung, im Stadium der Hoffnung, uns vom Einfluß unserer Eltern zu lösen. Dieser Zustand dauerte nur kurz.

Ich forderte zunehmend Lob und Anerkennung und erging mich in Selbstzweifeln, nur um ihre Anerkennung zu provozieren, die in der Regel kühl verweigert wurde. Ob meine Unsicherheit bei ihr auch Selbstzweifel erzeugte? Oder vielmehr übergroße Muttergefühle – ich glaube es.

So jedenfalls hatte ich den *Gegner* statt des Partners, die tägliche Kampfarena statt Vertrauen.

Meine Exzesse der Einsamkeit und hilfloser Verzweiflung hatten nur ein Gutes: Ich übte mich im Gebrauch von Bohrmaschine und Handwerkszeug, aber damit gingen Pflicht und Treue vor Liebe und Laszivität.

Meine ehelichen Zudringlichkeiten, wenn sie denn zögernd erhört wurden, gerieten mir teils zur Pflichterfüllung, teils waren sie von ängstlicher Gewißheit durchsetzt, «es nicht umsonst getan zu haben», denn die Rache war fürchterlich, und die anschließende Passion dauerte viele Wochen. Vielleicht spürte Beate, daß ich mir meine «Entspannungsdosis» bei ihr holte, ohne daß sie etwas dafür bekam.

Inzwischen ist es andersherum: Sie versucht durch lautes Schreien und Übertönen auf etwas billige Weise Liebe einzufordern.

Inzwischen habe ich mir angewöhnt, meine Liebesgefühle von meinen Haßgefühlen zu trennen. So erkenne ich, daß mein Haß sich mehr auf meinen perfiden Drang bezieht, Beate zum Schreien zu treiben. Ich ärgere mich, daß sie meine Antworten im Streit wörtlich nimmt und nicht den Appell an Liebe, der dahinter steckt, sieht – wie ich es bei ihr auch sehe.

Resignation und Trauer erfüllen mich angesichts so vieler Zerstörungen, die ich angerichtet habe. Ich bin jetzt in der Lage, Dinge leise zu sagen, die ich empfinde, ohne Rücksicht auf die meist noch wütende Reaktion. Das tut mir zwar noch sehr weh, aber irgendwie schaffe ich es häufiger, mir zu sagen, daß sie noch nicht zuhören kann in ihrem Mißtrauen. Für mich besteht das Neue darin, daß ich mich in Beate bisher negativ gespiegelt habe. ◄

Robert verliert sich oft in seinen Reden, die dazu dienen, dem Problem auszuweichen und darüber hinwegzureden. So hält er sich auch nicht an das Thema: Was habe ich durch den Partner zu lernen? – sondern verfällt in Anklagen, Selbstmitleid, findet dann wieder zurück, um sich erneut zu verlieren. Und die aufgeschriebenen Texte hat er oft bis zur nächsten Sitzung vergessen. Gedächtnis, Konzentration und Planung haben stark unter der extremen Belastung seiner völlig gestörten Mutterbeziehung gelitten. Obwohl seine Texte oft durch reuige Selbsteinsicht anrühren, ist er noch vom wirklichen Verzeihen und Versöhnen weit entfernt. Aber beim Schreiben gelingt es ihm immer besser, das Wesentliche zu sehen und hellsichtig das Nötige zu erkennen. Er wirkt in seiner Sprache charmant und gewinnend, wenngleich die daraus zu erwartenden Verhaltensänderungen nur zögernd einsetzen, statt dessen immer wieder die alten Konfliktmuster hochkommen. Aber er erreicht Beate besonders im folgenden *Dialog mit seiner Seele* (siehe Seite 154 u.):

► Ängste treiben mich, daß meine Arglosigkeit und Naivität von vertrauten Personen mißbraucht werden könnten, die mich für ihre Ziele gefügig und nutzbar machen. Je größer meine Vertrautheit zu diesen Personen (Mutter, Ehefrau), je größer die Nähe, desto unheimlicher und größer das Mißtrauen. Sicher hat meine Mutter einen großen Teil von mir für ihre egoistischen Zwecke genutzt, ohne mich über ihre Ziele aufzuklären. Dies hat mir eine blühende Phantasie beschert, mir alle Möglichkeit, auszumalen.

Sicher war ich mir zu allen Zeiten in meiner Fähigkeit zu körperlichen Zärtlichkeiten. Meine Sehnsucht nach Zärtlichkeit fand ich später gespiegelt von ebenso sehnsüchtigen Mädchen. Da alles sich meist sehr stumm abspielte, war ich peinlich berührt, wenn es um die Formulierung der eben erlebten Gefühlstiefe ging, und ich hatte Not, ein ehrliches Gefühl auszusprechen, obwohl ich es empfand. Ich hatte aber Sorge, mir dadurch Blöße zu geben, Distanz zu erzeugen und den schönen Zauber zu zerstören.

Oft dachte ich auch, daß meine Gefühle nicht für die Anderen seien, sondern nur für mich. Ich lernte durch die Hingabe der Mädchen, mich zu fühlen, auf deren Kosten.

Ich verließ meine Freundinnen meist kurzentschlossen und ebenso stumm, ohne nach ihren Gefühlen zu fragen. Ich habe sie trotz meines Wissens um die Qual des Verlassenwerdens aus Angst vor Liebe und Nähe schnell und abrupt liquidiert. Das machte mich einsam, da ich merkte, daß wohl mit meinem Charakter etwas nicht stimmen konnte. Ich habe meine wahren Gefühle als so abstoßend und kalt empfunden, daß ich sie nicht aussprechen konnte. Manchmal glaube ich, daß ich nicht in der Lage bin, Vertrauen zu schenken, sondern nur zu mißbrauchen und auszunutzen, nur nicht bei meinen Kindern.

Daneben führte ich den Kampf mit meiner Mutter weiter und wußte doch, daß ich dabei nicht erwachsen werden konnte, eben weil sie nicht aufgab, mich mit meinen Empfindlichkeiten zu erpressen.

So war die Situation, als ich Beate kennenlernte.

Ich hatte die Hoffnung, in ihr jemanden zu finden, der ähnlich bedürftig und sehnsüchtig war wie ich, der getröstet werden mußte. Ich wollte mich auf einer niederen Ebene mit ihr treffen und die Hoffnung hegen, mich wegen meiner Schwächen an sie anlehnen zu dürfen. Jedoch nicht wie ein Kind, sondern um eine partnerschaftliche Zukunft zu entwickeln. Später hörte ich von ihr häufig empört, sie sei keine Frau zum Anlehnen.

Angenehm empfand ich ihre spontane Zuwendung, ihre Fähigkeit zum Zuhören. Sie würde es vielleicht nicht so tragisch nehmen, wenn sie einmal erfahren mußte, mit wem sie es zu tun hatte. Ich schämte mich einerseits für meinen abgefeimten Charakter, andererseits hatte ich vor, längere Jahre mit ihr zuzubringen und das Wagnis einzugehen, daß sie mich schließlich ganz kennen müßte. Was dann eintreten würde, wagte ich mir nicht auszudenken.

Ich zerstörte nach und nach ihr selbstverständlich empfundenes Vertrauen. Dazu kam, daß ich nie ganz sicher war, daß sie bei mir bleiben wollte. Nie hatte ich das Gefühl, am Tage geliebt zu werden, nur in tiefer Nacht. Dieses Selbstverständliche war dann irgendwann aufgebraucht. Ich forderte monoton und stur weiter Vertrauensbeweise und zerstörte dadurch immer mehr. Ich hatte viele Jahre das Gefühl, trotz zunehmender Beklemmung und Bewegungslosigkeit einfach nichts ändern zu können.

Doch eine Trennung, die so gut wie abgemacht war zwischen uns, brachte ich nicht endgültig fertig. Es war noch nicht alles, was mir auf der Seele brannte, gesagt worden. Es war nicht die entscheidende Verletzung oder der Todesstoß, sondern daß ich nicht schon wieder in der gleichen Sang- und Klanglosigkeit das Schiff verlassen konnte.

Die Gelegenheit ergab sich, als meine Frau endlich einen, auch noch viel jüngeren, Liebhaber anschleppte. Ich atmete auf, als ich merkte, daß ich richtig eifersüchtig werden konnte, daß sozusagen endlich gleiche Chancen bestanden. Endlich gab sie sich auch mal eine moralische Blöße.

Die dann aufgenommene Therapie brachte den durch riesige Gesteinsmengen verschütteten Fluß an die Oberfläche und versetzte mich in die Lage, Zug um Zug von meinen Peinlichkeiten preiszugeben, wie es auch jetzt weiter passiert.

Ich weiß inzwischen, daß auch bei meiner Partnerin eine große Angst besteht, sich einzulassen. Aus ihrer Geschichte ergibt sich das genauso wie bei mir. Uns beiden ist gemeinsam, daß wir immer anhalten und auf den Gleichschritt des Partners warten. Manchmal kommt er.

Beate möchte ich um Verzeihung bitten, daß ich nicht den Dialog mit ihr gesucht habe, bevor alles zu verworren war, und aus Scham vor mir selbst lieber das Wichtige übergangen habe. Ich verzeihe ihr die Angst vor Nähe zu mir, weil ich begreife, welche großen Steine ihr im Wege liegen und welcher Art ihre Auswege sind. Ähnlich wie bei mir führen sie in den Selbstbetrug.

Meiner Mutter verzeihe ich ihre Plumpheit, mit der sie immer wieder versucht, Einfluß zu gewinnen, da sie auf mich fixiert ist und sich auf keinen ebenbürtigen Partner einlassen kann. Es beleidigt mich noch immer, mit welchen billigen Mitteln sie versucht, mich weiter abhängig zu halten.

Die Zukunft muß sein, daß ich wieder den Mut finde, einen kleinen Schritt in Richtung Wahrheit zu tun. ◄

Auch dieser Seelendialog ist nicht genau das, was eigentlich damit erreicht werden soll: Robert hat die Gelegenheit genutzt, einen großen Bogen zu schlagen und alles anzuführen, was zu seiner Paargeschichte gehört. Er weicht dadurch der konsequenten Auseinandersetzung mit sich selbst aus, gibt aber andererseits zu erkennen, wie klar er doch seine eigenen Anteile sehen kann. Er hat noch nicht den entscheidenden Zugang zu seiner Seele gefunden und kann diese noch nicht als Zentrum seiner Identität ansprechen. Diese fehlende Beziehung zu seiner Seele kennzeichnet auch den Mangel an Beziehung zu Beate. Dennoch ist zu ahnen, daß Beide ihren Weg finden werden, zunächst zu sich selbst, dann zum Andern, trotz aller Rückschläge.

Weit mutloser, unentschlossener klingt dagegen Brigitte, die ahnt, daß ihre Ehe mit Jürgen zu Ende geht:

► Meine liebe Seele!
Es ist für mich sehr ungewohnt, an Dich als eigenes Wesen zu denken und Dich direkt anzusprechen. Du gehörst ja so selbstverständlich zu mir, daß ich Dich meistens gar nicht beachtet habe.
Wenn mein Körper krank ist, kümmere ich mich um ihn. Wenn mein Herz rast und ich keine Luft mehr kriege, setze ich mich still hin und versuche, wieder ruhig zu werden. Aber Du mußtest viel Schmerz aushalten, Hoffnung und wieder Enttäuschung. Ich ließ Dich damit allein und wollte und konnte nicht sehen, wie schlecht es Dir dabei ging. Als Du dieses Auf und Ab nicht mehr mitmachen wolltest, habe ich Dich auf Eis gelegt, zum Teil als Schutzmaßnahme vor weiteren Verletzungen, zum anderen Teil wohl auch, weil ich nicht auf Dich Rücksicht nehmen wollte.

Aber ohne Seele fühle ich mich eben doch nur als halber Mensch. Ich war ja oft innerlich wie erstarrt, und doch brachen bei mir immer wieder Gefühle durch. Aber auf Dich zu hören bedeutete Schwäche und erfahrungsgemäß weitere Verwundungen. Und wenn Du dann offen dagelegen hast und wurdest nicht liebevoll genug behandelt, habe ich Dich wieder in den Eiskeller gebracht, in Sicherheit.

Ja, Du hast Narben davongetragen, manche sind längst verheilt, manche tun heute noch weh und brechen immer auf. Es ist sicher schwierig, Dich wieder heraufzuholen. Auf der einen Seite will ich Dich weiter schützen und merke, wo Deine Schmerzgrenze erreicht ist. Andererseits brauche ich Dich für die Einheit aus Körper, Geist und Seele und weiß, daß wir jetzt das Risiko eingehen müssen, um irgendwann wieder lebendig und glücklich sein zu können. ◄

Wie Brigitte ihre Seele auf Eis gelegt hat, so hat sie die Beziehung zu Jürgen auf Eis gelegt: erstarrt, ängstlich, unbeweglich. Liebe, Leidenschaft, Lust und Ekstase konnten sich so nicht entfalten. Auch sie hatte ihn als Angstpartner gewählt: jemanden, der genauso hilflos und unsicher war wie sie selbst und ihr deshalb nicht gefährlich werden konnte.

Jürgen macht parallel dazu in seinem Seelendialog deutlich, wie wenig innere Berührung er mit sich selbst hat. So findet er auch in der Therapie nicht den Weg, an sich zu arbeiten. Insgeheim sieht er die ganze Schuld doch noch bei Brigitte. Die Schuldübertragung, die Projektion auf sie, die Delegation der Sündenbockrolle an sie, die endlose Manipulation zu ihrem Versagen als Partnerin und sein Verharren in trotziger Reaktanz sind die größten Partnersünden, die entscheidenden Fehler in der Paarbeziehung. Hier haken sich die Partner ineinander fest, verknoten sich zur Konfliktvernetzung, die Dialogebenen von Körper, Gefühl, Sprache und Sinnfindung werden zum Schlachtfeld.

Jürgen übernahm schon als Kind diesen Mechanismus von der schuldzuweisenden Mutter und wandte ihn reflexartig auf Brigitte an. Das Trauma seiner Kindheit hat sich in seine Seele eingebrannt, wie in Notwehr gibt er seine eigenen Verletzungen an den Partner weiter. In seinem Seelendialog wird dieses Festhalten am alten Muster deutlich daran, daß er als erstes und wichtigstes seine Seele vor Verletzungen meint beschützen zu müssen. Er sieht sich nie und niemals als Täter, nein, immer nur als Opfer. Jürgen schreibt:

▶ Ich versuche, Dich einzusperren, um Dich zu beschützen, damit Du nicht verletzt wirst. Dein Zuhause ist ein Käfig. Ist das aber kein Vorwand? Bist Du mir nicht geheuer? Verstandesgemäß nicht kalkulierbar? Schütze ich mich vor Dir durch den Käfig? Dabei bist Du ein Teil von mir, und Du fehlst mir.
Also, laß ich Dich raus aus dem Käfig, mal sehen, was passiert. Vielleicht sind wir ja zusammen stärker als halb eingesperrt und halb ausgesperrt.

Später findet er dann Mut, die Ehe zu verlassen, deren tieferen Sinn er nie erkennen konnte und die für ihn nur ein Gefängnis war. Er hatte sich Brigitte in seiner eigenen existentiellen Verunsicherung als unfreiwillige Gefängniswärterin gewählt: Ihre Verhaltensmuster aus Kritik und Unzufriedenheit waren ihm von seinem Zuhause vertraut. Wirkliche Liebe lag dieser Partnerwahl nicht zugrunde. So ist der ehrliche Abschied noch die ehrlichste Chance für Beide, ein eigenes und erfülltes Leben aufzubauen. Freilich blieb bei Brigitte der Schmerz, so viele Jahre um diesen Mann vielleicht sinnlos gekämpft zu haben. Hätte sie früher gehen, in der Therapie schneller eine Entscheidung gefunden werden müssen? Freilich blieb auch der noch viel größere Schmerz der drei Kinder. Aber jetzt haben auch sie die Chance, ihre Eltern gesunden zu sehen.

Clarissa wird sich auch von ihrem Mann trennen. Aber sie wird es tun, weil sie mit der Bewältigung ihrer Vergangenheit so gefordert ist, daß sie momentan für Liebe keinen Raum mehr hat. Es bleibt zu hoffen, daß sie später den Weg zu Wismar zurückfindet. Die folgenden Texte dieser Beiden sprechen eine erschütternde Sprache, zeigen, wie sehr sie ringen.

▶ Clarissa:
Ja, ich will zu mir stehen und nicht mehr vor mir davonlaufen. Ich habe Angst, meine Sexualität zu leben. Wie sollte ich auch? Ich weiß ja gar nicht, wie das geht.
Ich weiß noch, wie es angefangen hat vor 26 Jahren. Ich hatte große Angst, wenn ich mit Wismar schlafen würde, schwanger zu werden – und so war es auch fast. Zwar nicht beim ersten Mal, aber bereits nach dem zweiten und dritten Mal blieben meine Tage aus und ich dachte, ich sei schwanger. Wir haben uns dann entschlossen zu heiraten, obwohl sich später herausstellte, daß ich gar nicht schwanger war. Nur meine Lust, glaubte ich, müßte legitimiert werden.

Ja, ich gebe schon von jeher viel darauf, was Leute von meiner Lust halten. Ja, ich habe Angst davor, daß jemand mich für geil halten könnte, und ich muß das jetzt alles aufschreiben, weil ich in der Therapiesitzung sonst wieder die Hälfte vergessen könnte. Ja, ich möchte meine Lust zerstören. Sie ist ja auch fast weg, weil sie mir lästig ist. Vielleicht ist es inzwischen sogar so, daß ich lieber sterben möchte als sie zu leben.

Ich fühle mich jetzt so bockig, trotzig. Ich möchte so gerne Hilfe annehmen können, weil ich weiß, wie gut sie mir tut. Mein Trotz ist meine Axt, damit hacke ich mir selbst alles ab! Das trotzige Kind war oder ist das schreckliche, traurige, wütende und eifersüchtige Kind.

Ich will das schreckliche Kind nicht mehr sein, ich will die Axt nicht mehr sein. Ich muß sie auskotzen. ◄

Jetzt erkennt sie selbst, daß sie mit ihrer *Rosenaxt* (siehe Tafelteil) sich selbst zerstört, ihre Liebe zerhackt und nicht ewig Rache nehmen kann für das ihr zugefügte Unrecht. Sie wollte alle Männer entmannen durch Spott, durch Ironie, durch heimliche Triumphe und Provokation, um so ihre Vergangenheit zu bewältigen. Das Opfer wird so zum Täter, ähnlich wie Jürgen Brigitte gegenüber. «Ich will die Axt nicht mehr sein» ist der Anfang ihres Erwachens aus dem Alptraum der Kindheit, der Anfang ihres Erwachsenwerdens.

Wismar dagegen spürt seine Liebe jetzt so deutlich wie vielleicht nie zuvor. Wenn er Clarissa wirklich liebt, muß er auf sie warten, bis sie erkennen kann, daß nicht er es ist, der sie unter Druck setzt, sondern daß ihre eigene unheilvolle Geschichte immer noch auf ihr lastet. Er schreibt:

► Ich habe Sehnsucht.
Ich habe Sehnsucht nach Deinen erstaunten Augen von früher.
Jetzt sind Deine Augen traurig, traurig sehen sie mich an, und meine Sehnsucht wird noch größer, aber ich weiß auch, ich habe Dir sehr weh getan.
Ich habe Sehnsucht nach Deinem Lachen, Du konntest so glücklich lachen, jetzt ist Dein Lachen fort, ich habe es Dir genommen, mir bleibt nur die Sehnsucht.
Ich habe Sehnsucht nach Deinen zärtlichen Blicken, die ich gespürt habe, auch wenn ich nicht hingeschaut habe. Ich habe Sehnsucht

nach Deiner Stimme, die froh und optimistisch klang. Jetzt höre ich die Töne nur als Worte, als Worte ohne Kraft. Mein Schweigen hat Deine Worte tonlos gemacht, mir bleibt nur die Sehnsucht.

Ich wollte mir immer ein Haus am Meer bauen, da wo es am einsamsten ist. Ich glaubte, da hätte ich Ruhe und Geborgenheit. Ruhe hätte ich bestimmt nicht erfahren, Unruhe ja, denn in diesem Meerhaus wäre ich alleine gewesen mit einer eingesperrten Clarissa.

Und Geborgenheit? Geborgenheit bekommt man von einem Menschen, von dem man geliebt wird. Geborgenheit kann man nicht mit Steinen und Beton erzwingen.

Ich habe Sehnsucht nach Geliebtwerden und nach Geborgenheit, ich habe Sehnsucht nach Dir. Liebe Clarissa, Sehnsucht danach, was ich bis vor einer Woche noch nicht begriffen hatte – ja, es gibt Sehnsucht, denn ohne Sehnsucht wäre die Liebe eine Einbahnstraße – also Egoismus. Clarissa – ich liebe Dich.   Wismar ◄

Am Anfang der Paartherapie, in der Paargestalt, schrieb Wismar ganz anders:

► Es tut mir leid, aber mir fällt nichts Positiveres zur Sehnsucht ein als das: Die Sehnsucht ist die Courths-Mahler der Gefühle. ◄

Nun, da seine Not am größten ist, da er Clarissa zu verlieren droht, findet er doch zurück zu seinen Gefühlen. Ich bewundere ihn sehr. Er überwindet tapfer sein Mißtrauen und kann wie ein echter Held, ohne Maske und Fassade, auf seine eigenen Fehler blicken. In seinem Tagebuch schreibt er:

► Was muß denn noch passieren, damit ich die Umarmung dessen, der mir hilft, der mich mit seiner Liebe umarmt, erwidern kann?

Meine Normen stimmen nicht mehr. Ich habe meine ganzen DIN-Vorschriften weggeworfen.

Ich möchte mal wieder mit Clarissa lachen – wann wird es aber sein?

Bin ich denn ein Masochist? Ich zahle Geld dafür, daß ich erkenne, wie idiotisch ich mich verhalte.

Ich komme mir vor, als wäre ich auf einer Reise ins All, ohne Umkehr, ich hoffe, daß es einer merkt und mir hilft.

3. 11.: Clarissa gab mir Liebe, und ich ging damit um, als wenn ich mit dem Bauherrn über Nachträge verhandelte.
4. 11.: Sehnsucht – ich spüre Sehnsucht, es schmerzt – ich weine.
5. 11.: Ich spüre meine Liebe zu Clarissa immer mehr. Meinen Optimismus aber immer weniger. Ich bin unsagbar traurig. ◄

Bei aller Trauer und allen Kämpfen, die in diesen Texten immer wieder durchscheinen, ist doch auch die große Kraft der Liebe immer deutlicher zu spüren. Unendlich tragisch daran, daß seine tiefe Wandlung und ihre schmerzhafte Einsicht zu spät kommen.

Wolfgang dagegen zeigt auch an dieser Stelle der Arbeit ganz deutlich, daß hinter seiner Formulierungskunst wenig Berührung mit sich und seiner Seele besteht. Ebensowenig Berührung ist mit Arielle möglich. Diese Gesetzmäßigkeit des Seelendialoges, den Kontakt zur eigenen Seele dem Kontakt zum Partner gleichzusetzen, ist neben Triade und Paarpsychologie eine der zentralen Entdeckungen der PAARSYNTHESE. Wie die Texte zeigen, ist therapeutische Begleitung und Hilfe dazu mindestens anfangs notwendig. Das Aufnehmen des Dialoges mit seiner Seele als wirkliches Gegenüber, das Suchen nach der stimmigen Sprache, das erforderliche Einlassen auf die ungeahnte, oft gefürchtete Tiefe der eigenen Seele und vor allem die Anwendung und Übersetzung dieser Zwiesprache auf den Partner bedürfen geduldiger und fürsorglicher Begleitung ebenso wie wohlwollender Korrekturen und verständiger Modifikationen durch einen liebevollen Therapeuten. Das Verstehen und Empfinden um diesen Seelendialog wird den Partnern auf diese Weise in mehreren Sitzungen nahegebracht. Wolfgang schreibt seinen Seelendialog. Es gelingt ihm erst nach einer Weile, seine Seele direkt anzusprechen:

► Zwiegespräch mit meiner Seele:
Wieso denn Zwiegespräch? Wer ist es, der mit meiner Seele spricht? Ist es mein Kopf, mein äußeres Ich? Ist es die harte Schale, die sich um den verletzlichen Kern gelegt hat? Oder eine Mischung von allem? Oder ist dies alles eins? Ich spüre, daß ich nicht nur eine Scheu habe, anderen meine Seele zu offenbaren, sondern auch, sie für mich selbst spürbar zu machen. Was hält mich zurück? Die Befürchtung, schwache oder unangenehme oder gar hassenswerte Seiten meines Ich zu entdecken? Oder die Angst, daß meine Seele nicht den Ansprüchen an die Tiefe genügt?

Meine Seele traut sich nicht ins Licht. Aber nicht, weil sie glaubt, minderwertig zu sein; sie ist nur der Härte des Lebens da draußen nicht gewachsen. Sie ist furchtsam und voller Gefühle, die sich nur beherrschen lassen, wenn der feste Kern nicht aufplatzt.

Die Gefühle sind kindlich, naiv, ohne Arg. Sie sind aber nicht wirklich schwach, hinter ihnen steckt eine mächtige Kraft, die auf ihren Ausbruch wartet. Meine Seele will ernst genommen werden, zu allererst von mir. Sie fühlt sich vernachlässigt, zurückgesetzt, verleugnet.

Sie fragt: Warum hast Du Angst vor mir? Warum hörst Du mich nicht? Warum läßt Du mich nicht mit anderen Seelen sprechen? Wenn ich nach oben steige und mich zeigen will, drückst Du mich rasch herunter.

Ich weiß, daß ich Dich unbedingt verbergen möchte. Dabei habe ich Dich noch nicht einmal genau angeschaut. Ich spüre nur, daß Du mich *schwächen* könntest, mich *verletzbar* machst. Aber ich weiß nicht, warum.

Wie würde ich mich verhalten, wenn Du mich *beherrschtest*? Würde ich vor Gefühl überströmen, das ich nicht mehr kontrollieren könnte? Wäre ich begierig darauf, mich anderen Seelen zu nähern, mich ihnen zu zeigen, sie zu berühren?

Ich glaube, ich brauche Einsamkeit und Stille, um vorsichtig nach Antworten zu suchen, in mich hinein zu horchen, zu spüren, was aus meinem Inneren antwortet. ◄

Wolfgang sieht vor allem Gefahren durch seine Seele auf sich zukommen, daß sie ihn schwächt und zum Überlaufen bringen könnte, ihn verletzbar macht und ihn beherrscht. Und genau das wirft er Arielle vor, und das genau fürchtet er von ihr. Die eigene unbekannte Seele ist gefährlich, und so ist es Arielle, denn sie zerrt an ihm und fordert, ihr doch seine Seele zu öffnen. Die Liebe braucht zu ihrer Entfaltung nicht nur den Körper, das Herz und den Verstand, sondern auch die Seele, den ganzen Menschen.

Arielle hat dieselbe Angst wie Wolfgang. Statt ihren Seelendialog zu schreiben, hat sie an ihre Puppe geschrieben. Allerdings: In den Stunden danach hat sie sehr mit dieser Ersatzseele gearbeitet und war davon ganz mitgenommen. Später überläßt sie mir die Puppe tatsächlich, vertraut sie mir an, sie in meiner Wohnung für eine Woche zu behalten. Doch wieder ist sie schnell beunruhigt und aufgestört von ihren eigenen mutigen Schritten. Deshalb schreibt sie am nächsten Tag schon an den Therapeuten:

▶ Lieber Michael,
es ist drei Uhr nachts, und ich kann nicht schlafen – mir geht, seit der Stunde gestern, zuviel durch den Kopf. Ich denke viel an meine Puppe. Sie fehlt mir. Ich bitte Dich, sie zu halten und ihr zu sagen, daß ich sie nicht verlassen habe... ◀

In der Zwischenzeit mußte ich allerdings zum Seminar verreisen und ihre Puppe für vier Tage allein in meiner Wohnung lassen. Als Arielle das erfuhr, folgte ein weiterer, sehr erschütterter und fast zorniger Brief:

▶ Lieber Michael,
ich bin wie letzte Woche auch heute Nacht mit diffusen Bauchschmerzen und folgenden Gedanken um meine Puppe aufgewacht:
Ich habe mir vorgestellt, wie meine Puppe in dieser Zeit bei Dir alleine war, und mir tat das sehr leid und auch weh. Ich bin wütend auf Dich geworden, daß Du mir nichts von dieser Reise gesagt bzw. mir zur Wahl gestellt hast, ob ich die Puppe in der Woche trotzdem bei Dir lasse oder eine andere, geeignetere dafür suche.
Ich habe gedacht: typisch Männer und versackte dann in totaler Enttäuschung... auch darüber, daß Du mir meine Puppe nicht persönlich zurückgegeben hast.
Wenn ich dieses schreibe, wird mir übel, und ich werde gleichzeitig sehr unsicher: Ist das zuviel verlangt? Erwarte ich zuviel, muß ich das schlucken...?
Du bist selbstsüchtig, nimm Dich nicht so wichtig, ist doch lächerlich... doch nur eine Puppe, kannst Du Michael nicht zumuten, Du forderst zuviel; vielleicht mag er sie nicht, Du bist eine Zumutung...
Zum Schluß war ich ganz verwirrt – auch jetzt noch –, ob das bloß ein «Puppenspiel» ist; dann kann ich aus dem Spiel heraustreten, und mich (be-)trifft alles nicht mehr? Oder ist das Spiel kein Spiel, sondern echt; dann bin ich abwechselnd tief traurig und sehr wütend?   Bis bald, Arielle ◀

Ja, ich muß gerade auch als Therapeut eingestehen, daß ich Arielle rechtzeitig über meine Abwesenheit hätte informieren müssen. Ich habe einen Fehler gemacht. Ich war verwirrt vom plötzlichen Angebot, die Puppe bei mir zu behalten, und konnte nicht so schnell die Konsequenzen überblikken. Ich habe ohne Gefühl gehandelt. Ich habe Arielle um Verzeihung zu bitten.

In diesem Zyklus der Therapie, in dem der *Seelendialog* (siehe Seite 154 u.) und das *Lernen durch Dich* (siehe Seite 181) im Vordergrund stehen, geht es ganz wesentlich darum, alte Fehlerzusammenhänge zu verstehen und neue Sinnzusammenhänge zu erkennen. Manchmal allerdings hatten die jetzt als Fehler erkannten alten Verhaltensweisen durchaus Berechtigung und positiven Sinn, waren damals also gar keine Fehler. Erst durch die Veränderungen des Paares im Lauf der Jahre in der Reihenfolge der Partnerzyklen treten neue Inhalte und neue Formen der Liebe in den Vordergrund, die andere, veränderte oder neue Verhaltensweisen von den Partnern abfordern. Die Liebe bleibt niemals beim alten. Deshalb kommt in diesem Abschnitt eine zentrale Aufgabe der Paartherapie hinzu, die an Seelendialog und Lernen durch Dich unmittelbar anschließt: die gemeinsame Sinnfindung. Die Partner treten in einen Dialog über den tieferen Sinn ihres Zusammenlebens ein. Junge Paare haben oft ganz selbstverständlich und intuitiv das Gefühl, füreinander bestimmt zu sein. Diese Sinnhaftigkeit geht älteren Paaren im Alltag, in der Routine und Gewöhnung, vielfach verloren. Außerdem verlagern sich im Lauf der Partnerzyklen die Zentren der Liebe: Junge Paare lieben ganz und überwiegend mit dem Bauch; in der Aufbauphase zentriert sich dieses Empfinden mehr im Herzen; in der Lebensmitte müssen wir ergründen und wissen, warum wir jemanden lieben, also mit dem Kopf verstehen, und im Altern schließlich lieben wir überwiegend mit der Seele. Die Ebenen der fünf Grunddialoge erfüllen sich im Lebenszyklus des Paares.

So gilt es an dieser Stelle, sich neu zu entscheiden, ob es Sinn macht, die alte Beziehung fortzuführen und umzugestalten oder Abschied zu nehmen vom Partner, die Trennung oder Scheidung herbeizuführen. Es kann auch darum gehen, eine andere Form für die jetzige Partnerbeziehung zu finden oder eine neue Einstellung für eine künftige Liebe.

Im folgenden Text von Hans geht es dagegen um den Abschied, das Ende der Beziehung. Für Hans ist es trotz der Trennung von seiner Frau wichtig, diese im Nachhinein um Verzeihung zu bitten für das, was er ihr in der Zeit ihrer gemeinsamen Ehe angetan hat:

► Liebe Renate,

mit diesem Brief bitte ich Dich um Verzeihung für die Auswirkungen meiner Schattenseiten auf unsere Beziehung, die dann letztlich auch zur Zerrüttung unserer Ehe beigetragen haben.

Vorhin in der Therapiestunde habe ich Bilder aus unserer gemeinsamen Zeit erlebt, Situationen, in denen ich Dich am Schreibtisch sitzen sehe und diese Stimmung genoß. Wie schön fand ich Dich dabei, auch wenn Du in Deinem Zimmer warst und Deine klassische Musik oder alte Rockmusik hörtest. Es hat mich immer in meinem Herzen unwahrscheinlich glücklich gemacht, aber ich war selten in der Lage, Dir das zu sagen oder zu zeigen, daß mir das gefällt. Ich bin immer davon ausgegangen, daß es auch für Dich klar ist, daß es für mich schön ist. Es gab vieles an Dir, was ich bestaunte, bewunderte, aber auch beneidete, weil ich mich neben Dir oft klein fühlte, im Inneren Deinen Erfolg genoß, aber oft real nicht unterstützen konnte.

Für diese Schwäche bitte ich Dich um Verzeihung. Ich bin dabei, mich zu entwickeln.

Mit Deinem Axthieb in mein Herz hast Du meine Verkrustungen durchschlagen. Ich merke, wie ich wachgeschlagen bin und um meine Entwicklung ringe, die ich aus Trägheit und lähmender Angst – ich weiß erst jetzt, daß ich ein mißhandeltes Kind war – so lange nicht machte. Die Angst, Dich an mein Herz endgültig heranzulassen, habe ich Dir in die Schuhe geschoben, behauptet, daß Du mich nicht an Dein Herz gelassen hast. Ich bitte Dich, mir das zu verzeihen. Dir zu dienen habe ich bei meiner Mutter gelernt. Ich erkenne, daß Dir das nicht reicht. Mit dem Fremdgehen wollte ich nicht Dich, sondern meine Mutter bestrafen, und es war auch Ausdruck meiner eigenen Unfähigkeit, den Dialog mit Dir zu führen aus Angst, von Dir eine Verletzung abzubekommen. Für all das bitte ich Dich um Verzeihung, vor allem dafür, daß ich Schiß hatte, Dir meine Ängste zu zeigen und zu beschreiben. Ich hatte seit meinem ersten Fremdgehen eine panische Angst, daß Du dasselbe tun würdest, und diese Angst hat mich unwahrscheinlich blockiert und gelähmt, müde, schwach und krank gemacht.

Krankheit war früher für mich ein Mittel, Zuwendung zu bekommen und mich auch vor schwierigen, unlösbaren Aufgaben in der Schule zu drücken.

Es war furchtbar gemein von mir, Dir zu sagen, daß ich mir das, was Du mir nicht gibst, woanders hole. Auch wenn ich Dich damit eigentlich aus der Reserve locken wollte, muß es Dich doch ganz tief verletzt haben. Ich bitte Dich, mir das zu verzeihen.

Ich bitte Dich, mir meine psychische Starrheit zu verzeihen, die Dich oft schwer gekränkt haben muß.

Auch bitte ich Dich, mir zu verzeihen, daß ich nicht der Märchenprinz war, der Dich aus Deinem Verlies von Perfektion und Aktivität holen und Dir das geben konnte, was Du eigentlich gebraucht hättest, nämlich Aufmerksamkeit, Liebe, Zuwendung, Zärtlichkeit. Verzeih mir, daß ich das erst jetzt erkenne. Hans. ◄

Ganz am Anfang ihrer Beziehung stehen dagegen Jonas und Dagmar. Sie leben zusammen und wollen bald heiraten. Klug geworden aus den Schäden früherer Beziehungen arbeiten sie vorbeugend und frühzeitig am Aufbau ihrer Liebe.

► Liebe Dagmar,
ich bitte Dich, mir meine Depression zu verzeihen.

Es fällt mir schwer, mir ein selbstverständliches Recht, so wie ich bin, zuzugestehen. Ich belaste Dich mit meiner Sucht nach Rückversicherung und Liebesbeweisen und kann Zurückweisung, Angst und Trauer anderer nicht aushalten.

Wenn ich ganz allein bin, befallen mich Leere und Depression, weil ich mich selbst dann schlecht spüre. Ich bitte Dich um Verzeihung für meinen mangelnden Lebensmut. Ich bin ein streitsüchtiger Angsthase, der um die falschen Sachen kämpft, und Dir den Kampf um die wichtigen Sachen, an denen unsere Liebe wachsen wird, oft vorenthält. Verzeihe mir, daß ich, statt meiner eigenen Kraft zu trauen, mich Deiner Zustimmung versichern muß. Und meine Depression, mein Verkriechen unter der Last des Lebens verhindert, daß ich mich ganz dem Leben anvertrauen mag. Wenn ich Dich heirate und ganz mit Dir verbinde, gebe ich das Recht auf, mich dem Leben zu verweigern und mein Leben zu beenden. Das fällt mir am schwersten zu sagen, das bitte ich Dich am meisten mir zu verzeihen. Dein Jonas ◄

▶ Lieber Jonas,
ich bitte Dich um Verzeihung dafür, daß ich Dir die Schuld gebe,
wenn sich bei mir im Kopf etwas verwirrt hat. Daß ich dann sofort
das Gefühl habe, daß es unverzeihlich ist, daß Du mich davor nicht
bewahrt hast. Und daß ich Dich dann dafür strafen will, durch
Kälte, Schweigen, Oberlehrerinnengehabe. Durch Vorführen, wie
unsensibel, nahezu bösartig Du bist, weil Du nicht bedacht hast,
daß Du mich damit irritieren, verletzen oder verwirren könntest.
Die Arbeit, die ich leisten müßte, verlange ich von Dir, nämlich das
Einrasten zu verhindern oder durch Nachdenken aufzulösen oder
zumindest eine Erklärung von Dir zu hören, die wieder die Bewegung ermöglichen würde.
Ich bitte Dich um Verzeihung für meine innere Wut, die Dich immer wieder trifft in Form von Nörgeln, Mißmut, Unzufriedenheit
oder «Du kannst es mir doch nicht recht machen».
Und auch, daß ich mich oft so wenig selber mag, mit meinem Körper vor allem, und darüber oft greine. Und so darauf angewiesen
bin, von Dir zu hören, wie liebenswert ich bin. Ich weiß, daß ich mit
meiner grauen Stimmung alles mit Ekel überziehen kann.
Und ich möchte Dich dafür um Verzeihung und Geduld bitten, daß
es noch lange dauert, bis ich solche Macken mildern oder abschwä-
chen kann – falls überhaupt –, hoffentlich doch!   Dagmar ◀

Markus und Ruth sind sehr offen und bemüht, ihre neue Beziehung anders als ihre vorhergehenden zu gestalten, frühere Fehler und eigene
Anteile rechtzeitig zu erkennen. In dieser Übung: Ich bitte Dich um *Verzeihung* (siehe Seite 183) ist daher besonders der Sinn enthalten, durch
die Liebe des Partners überhaupt die Kraft zu finden, an den eigenen
Fehlern und Schwächen zu arbeiten. Bei den Beiden ist gar nicht zu zweifeln, daß sie sich aufrichtig lieben, trotzdem erfahren sie die eigenen Begrenzungen als bedrohlich. Sich dem Andern mit dieser Bedrohung anzuvertrauen, ermöglicht erst, gemeinsam daranzugehen, die blockierten
Kräfte der Liebe zu befreien, das Leben gemeinsam aufzubauen:

▶ Für Markus:
Ich bitte Dich, mir zu verzeihen,
daß ich Angst vor Nähe habe,
daß ich immer wieder zögere, mich anzuvertrauen,

daß ich aus Angst, ich könnte etwas falsch machen, mich in
   meiner Lebendigkeit und Vitalität bremse,
daß ich bewertend und kontrollierend bin, statt offen und
   akzeptierend,
daß ich vor Überforderung und Unsicherheit zu einem Stein
   erstarre.   Ruth ◄

► Liebe Ruth!
Ich bitte Dich um Verzeihung für meine manchmal übergroße
Angst, die verhindert, daß ich ganz und gar für mich eintrete. Dann
erwarte ich von Dir, daß Du etwas tust, was eigentlich nur ich allein
tun kann.
Ich bitte Dich um Verzeihung, daß ich dann manchmal von meiner
Linie wegbiege in dem Versuch, mich an Deine Linie anzupassen.
Dann bin ich ja gar nicht mehr da. Dann setze ich mich auf Dich
drauf, weil ich meinen eigenen Füßen nicht traue. Als ob es leichter
wäre, mich von Dir durchs Leben tragen zu lassen.
Um Verzeihung bitten muß ich Dich auch um die damit verbun-
dene Unehrlichkeit. Vor lauter Zustimmung und Anpassung ris-
kiere ich manchmal den Verlust meines eigenen Gesichtes. Und
erst, wenn's schon viel zu lang zuviel ist, explodiere ich.
Ich bitte Dich auch um Verzeihung für meinen Anteil Grobschläch-
tigkeit und Rücksichtslosigkeit. Es ist, als könnte ich meine Kräfte
manchmal nicht richtig dosieren. Da lasse ich Dir kaum eine
Chance, mit mir in Berührung zu kommen. Gar nicht da oder schon
weg!
Es fällt mir leichter, das Leben als unterträgliche Last und Schwere
zu empfinden.
Leichtigkeit, Initiative, Flexibilität, Lust am Wagnis und am Neuen
bleiben auf der Strecke. Um diesen Anteil von Lust an der Starre
bitte ich Dich um Verzeihung.   Markus ◄

Richard hat eine schwierige Ehe und eine schwere Zeit hinter sich. Jetzt
ist er mit Sarah verheiratet. Er hatte aber an sich und seinem Lebensstil
nichts verändert, hat vielmehr seine alten Probleme einfach mit in die
neue Ehe gebracht. Dieser Fehler kommt relativ häufig vor. Die Hoffnung, daß beim nächsten Partner alles ganz anders und viel besser wird,
trügt. Dieses Mal aber wechselt Richard nicht erneut die Partnerin, son-

dern stellt sich mit ihr zusammen der Krise. Ganz langsam wagt er es, sich selbst zu hinterfragen, sich auf die eigenen Probleme einzulassen, statt sie bei der Partnerin zu suchen. Als er es schließlich schafft, sich ganz zu öffnen und sich mit den eigenen Schattenseiten zu offenbaren, tut er dies mit dem radikalen Mut des Verzweifelten, der tief anrührt und den Glauben an die Liebe neu weckt:

▶ Liebe Sarah,
warum ist es bloß so schwer, meine Gedanken aufs Papier zu bringen? Es ist viel einfacher, sie bloß auszusprechen, da sind sie bequem zu verpacken und so zu verdrehen, daß sie eigentlich nicht mehr zu verstehen sind. Ein geschriebener Satz dagegen steht klar und unverwischbar – bis in alle Ewigkeit. Geschriebenes ist nachprüfbar, kontrollierbar, meßbar und unverrückbar. Das macht es gefährlich. Es bindet mich und verpflichtet mich, Stellung zu beziehen, mich zu äußern, mich zu erkennen zu geben. Jedenfalls sitze ich mit diesen Gefühlen vor so einer Aufgabe. «Fehleranalyse» ist angesagt: Was habe ich falsch gemacht, wofür muß oder kann oder will ich Dich um Verzeihung bitten?
Oh ja, spontan fällt mir da mein riesiges Gebiet «Eifersucht» ein. Eifersucht, von dem nervenzerfetzenden und herzzerreißenden Warten, wenn ich Dich mit anderen Männern zusammenwüßte, bis zur viel subtileren Form der Angst, Dich an Deine Selbständigkeit und Unabhängigkeit zu verlieren. Dafür, was ich Dir aus diesem Gefühl, aus dieser Angst heraus angetan habe, dafür will ich Dich um Verzeihung bitten. Denn da habe ich Dich angegriffen und Dich unterwandert, manchmal offen voller Wut oder Angst, öfter aber versteckt und verborgen hinter Diskussionen oder Argumenten, die Dich blockieren sollten, Deinen Weg zu gehen. Aus Angst, Du wirst zu selbständig, zu unabhängig von mir, aus Angst, Dich zu verlieren, habe ich versucht, Dich zu beeinflussen, habe Dich gebremst, habe Deine Kreativität, Deine Spontanität, Deine Lebensfreude und Lust als unüberlegt, als kindisch oder falsch und dumm abgetan, anstatt Dir Mut zu machen, mich hinter Dich zu stellen und eben diese Eigenschaften anzuerkennen und zu genießen.
Ja, dafür bitte ich Dich wirklich um Verzeihung.
Und dann meine Rache und Strafe, wenn Du Dich durchgesetzt

hast. Wenn Du Dich doch mit jemand anderem getroffen hast, wenn Du dann doch verreist bist, wieder ein Seminar gemacht hast, doch Freude und Lust am Leben genossen hast – ohne mich, nicht durch mich und nicht für mich, dann habe ich mich eingemauert und war für Dich tagelang nicht da. Oh ja, ich hab Dich spüren lassen, daß ich mich verletzt fühlte, im Stich gelassen glaubte. Ich fühlte mich zerstört und habe nicht begriffen, welchen Schaden ich anrichte, welch tiefe Risse und Brüche ich in unsere Beziehung brachte, was ich Dir damit antue.

Auch dafür bitte ich Dich um Verzeihung.

Und dann habe ich mich und mein Verhalten Dir gegenüber geändert. Ich begann eine alte Überlebensstrategie von mir: Rückzug von Dir. Nach meinem katastrophalen Auszug aus meiner alten Familie hast Du mich sehr offen und verletzbar erlebt. Aber im Laufe der Zeit hat meine alte Methode wieder gegriffen: Ich machte mich unnahbar, unangreifbar und unverletzbar.

Ich bin mir heute sicher, daß diese Rückkehr in alte Verhaltensmuster einen großen Teil unserer Probleme ausmachen, indem ich Dich von vielem ausschloß, was in mir vorging oder mich betroffen gemacht hat. Ich war unfähig, mich anders zu verhalten. Ich bitte Dich für meinen Anteil an dieser Entwicklung um Verzeihung.

Und im Bett? Ich denke, daß ich zu Deiner Lust- und Interessenlosigkeit einen guten Teil beigetragen habe. Allein, daß ich meinen Anteil daran lange nicht wahrhaben wollte und eigentlich immer dachte, das ist Deine Sache, Dein Problem – denn ich hab ja Lust –, allein dafür muß ich schon um Verzeihung bitten. Aber darüber hinaus denke ich heute, daß ein großer Teil unseres «Sexualproblems» mein Abgleiten ins mechanische, technische und oberflächliche Lustempfinden und meine vielleicht zwanghafte Orgasmussucht ist.

Es ist dadurch langweilig im Bett geworden. Meine Sucht nach sexueller Nähe ist ein Ersatz für verlorengegangene Nähe im gemeinsamen Leben.

Ich glaube, daß unsere Entwicklung in den letzten Wochen dies unterstreicht. Ich empfinde Sexualität nicht mehr als das wichtigste Element in unserer Beziehung. Ich fühle mich nicht mehr so abhängig von Lust und Orgasmus. Dafür fühle ich mich Dir im Zusammenleben viel näher. Wenn dies auch sicher eine positive Entwicklung ist, so bleibt doch mein Anteil an unserer Geschichte. Bitte verzeih mir. Richard ◄

Richard macht an seinem Beispiel die bitteren Konsequenzen deutlich, die eintreten, wenn ein Partner seine Eigenproblematik unbearbeitet in die Beziehung miteinbringt. Unbewußt überträgt er seine eigene Depression auf Sarah und bremst so genau das ab, wofür er sie eigentlich liebt, nämlich deren Kreativität, Lebensfreude und Lust. Statt dessen manipuliert er sie hin bis zu ihrer sexuellen Verweigerung. Die aber stachelt seine zerstörerische Eifersucht erst recht an, so daß er Sarah um so mehr zu beeinflussen sucht. Der Teufelskreis hat sich für ihn geschlossen. Die Beziehung wird zusehends blockiert, Sarah verfällt ihrerseits in Depression, denn sie hatte in ihrer Kindheit nie gelernt, sich aggressiv zu wehren und abgrenzen zu dürfen. Ihre eigene belastete Identität zerbricht unter Richards bisheriger Problemabwälzung. Beide erstarren, und ihre Liebe stirbt.

Die therapeutische Erfahrung zeigt, daß viele von uns auf diese Weise das zerstören, was sie suchen: die Gemeinsamkeit der Herzen im Gleichklang der Gefühle.

Richard und Sarah haben noch rechtzeitig begonnen, diese Gefahr abzuwenden und nach Hilfe zu suchen. Aber diese Neugestaltung, darauf muß ganz entschieden hingewiesen werden, kann nicht beim Verzeihen und Versöhnen stehen bleiben. Vielmehr müssen die gewonnenen Einsichten und Verhaltensänderungen in der Paardynamik verankert und verfestigt werden. Sie müssen breites Fundament gewinnen, so daß weitere Dialogsäulen wiederaufgerichtet werden können. Die Paartherapie tritt jetzt in die letzte gravierende Phase.

So wird dieser bewegende Text von Richard zum ergreifenden Dokument der Liebe und ein Wegweiser dafür, welche Neuanfänge zwischen Frau und Mann offen werden, wenn nur einer von beiden diesen Weg des Verzeihens und Versöhnens einschlägt. Er hat jetzt wirklich mit dem Mut der Verzweiflung um seine Liebe gekämpft! Er hat die Reise des Helden vollbracht. Jetzt gilt es, darauf aufzubauen, die Beziehung zu sich selbst und zur Partnerin neu zu gestalten.

Übungen

Innere Scheidung

Bevor es zur endgültigen Trennung kommt, gilt es, alle anderen Ressourcen auszuschöpfen und die potentiellen Kräfte des Paares zur Versöhnung in aller Tiefe auszuloten.

Die «Innere Scheidung» gestattet den Betroffenen eine seelische Vorbereitung auf das mögliche Loslassen, eine Orientierung in Richtung Ablösung, Alleinsein und Emanzipation vom Partner. Wird sie konsequent durchgeführt und die totale innere Ablösung vom Partner erreicht, tritt oft Paradoxes ein. Die Partner finden häufig wieder zusammen und können ein «neues Verhältnis» miteinander aufbauen.

Zum notwendigen Inhalt dieser Art von Trennungsarbeit gehören fünf Schritte, die nur mit dem Therapeuten aufzuarbeiten sind:

1. Ende aller Kritik am Anderen,
2. Bitte um Verzeihung eigener Fehler,
3. Was habe ich vom Anderen gelernt?
4. Dank für die gemeinsame Zeit,
5. Zukunftsperspektiven.

Zur Aufarbeitung gehört, dem Partner die eigenen entscheidenden Fehler Punkt für Punkt zu benennen, im Wissen darum, ihn gerade damit am meisten verletzt zu haben. Formelhafte Beteuerungen reichen hierbei nicht aus, vielmehr muß Kontakt und Dialog auch für den Therapeuten spürbar werden.

Gelingt diese Abschiedsarbeit, setzt als Folge oft innere Entlastung, Befreiung von Schuldgefühlen und Achtung vor dem Anderen ein. Das «selbstverständliche» Recht am Anderen erlischt, Forderungen werden zurückgeschraubt, es entsteht ein Klima wie bei der ersten Begegnung mit diesem Menschen. Frei von Besitzansprüchen wird der Andere in seiner unverstellten Ausstrahlung gesehen, wahrgenommen als eigenständiges und zu respektierendes Wesen.

Häufig wird eine reale Scheidung dadurch überflüssig. Trauerarbeit um den Verlust des Anderen kann sich ohne den Druck sozialer Umschichtung in innere Autonomie verwandeln, die zur Grundlage neuer Achtung und Liebe wird.

Eine deutliche Gefahr begleitet diesen Arbeitsprozeß. Wird er nur zum Schein mitgespielt, mit dem Hintergedanken, dadurch die Beziehung retten und den Anderen erneut binden zu können, geht alles schief. Dann ist erst recht nichts mehr zu retten. Es kann außerdem beim einen oder anderen sich die Erkenntnis und Erfahrung anbahnen, nur unter Druck und Zwang in dieser Beziehung geblieben zu sein. Durch die Überwindung der Trennungsangst in der Inneren Scheidung wird dann die Sicht frei auf die Unmöglichkeiten, die Behinderungen und Unverträglichkeiten, die Fremdheit mit dem Partner. Dann aber kann Trennung und Scheidung bewußt und verantwortungsvoll durchlebt werden, unabdingbare Voraussetzung für die Entwicklung selbständiger und reifer Persönlichkeiten.

Lernen durch Dich

Hier lautet die zentrale Fragestellung an jeden der Partner: «Wozu hat das Leben Dir diesen Partner gegeben? Warum hast Du ausgerechnet ihn gewählt, welch tiefere Bedeutung steht dahinter? Das Leben stellt Dir mit diesem Partner eine besondere Aufgabe, kannst Du sie für Dich erkennen? Worin liegt der Sinn dieser Partnerschaft?»

Diese Übung setzt ein vertieftes und selbstkritisches Bewußtsein voraus. Zum Zeitpunkt der schlimmsten Auseinandersetzungen und der aggressiven Abwehr wird keiner der Partner sich bereit finden, sich auf solche tiefen verbindenen Elemente einzulassen. Dabei ist weniger gemeint, daß ich den Partner als Vorbild oder gar als Ideal sehe, sondern was ich in der Beziehung zum Partner als besonders konflikterzeugend an mir selbst erkenne. Durch die Eigenarten des Partners werden meine eigenen Fehler erst prägnant hervorgehoben. Die Charakter- oder Wesenszüge von mir, die besonders zur Krise beitragen, werden erst in einer Intimbeziehung sichtbar. Freundschaften und Beziehungen zu Kollegen oder Mitarbeitern können nicht zur Entlastung herangezogen werden, da dort die Ausweich- und Abgrenzmöglichkeiten erheblich größer sind.

In der Liebe ist einerseits möglich, das «Optimum aus dem Partner heraus-zu-lieben», andererseits wird aber durch die enge Intimität jede Schattenseite der Partner besonders grell beleuchtet. So betrachtet, hilft mir der Partner, meine entgegengesetzten Pole zu erkennen und die ganze Bandbreite meiner Wesenszüge von positiv bis negativ sichtbar zu machen.

Schattengeschenke

Dies ist eine sehr zentrale Übung in der Paartherapie. Natürlich wissen wir instinktiv, daß wir alle Fehler in unseren Wesenszügen haben, die das enge Zusammenleben mit dem Partner konfliktreich gestalten. Aber es ist immer leichter, die Fehler beim Anderen zu erkennen als bei sich selbst. Deshalb neigen wir auch dazu, im Streitfall dem Partner seine Fehler heftig vorzuwerfen, ohne unsere eigenen ebenso kritisch unter die Lupe zu nehmen. Der Partner ist seinerseits aus der Intimität heraus in besonderer Weise befähigt, die Fehler des Anderen zu erkennen, zu benennen und ihm zu helfen, an diesen Fehlern zu arbeiten.

Nun wissen wir, wie wir als Eltern in der Lage sind, liebevoll mit den Fehlern unserer Kinder umzugehen. In der Regel werden wir sie nur ausnahmsweise dafür bestrafen, sondern vielmehr mit liebevoller Geduld und immer neuer Ermutigung Sorge tragen, daß die Kinder aus ihren Fehlern herauswachsen. Genau das soll hier auch im Umgang mit dem Partner gemacht werden. Es geht also darum, dem Partner seine Fehler auf eine Weise nahezubringen, daß dieser sie gefahrlos, ohne Demütigung, Niederlage oder Trotz ansehen und dabei auf mein Verständnis und Wohlwollen zählen kann. Es gilt, eine schriftliche Form zu finden, dem Partner seine Fehler liebevoll nahezubringen, deshalb ein Geschenk daraus zu machen und ihm dieses Geschenk sowohl mit Worten als auch mit Taten zu überreichen. Tatsächlich wird hier in den Partnern jeweils auch der mütterliche oder väterliche Anteil angesprochen, d. h., der gütige, verstehende, hilfreiche und geduldige Wesensanteil soll hier zum Tragen kommen.

Schattenseiten

Diese Übung kann parallel zu den Schattengeschenken angeboten werden und dient in jedem Fall als Vorbereitung auf einen weiteren späteren Schritt, nämlich Verzeihung und Versöhnung. Hierbei geht es um das *semper incipe*, fange immer bei Dir selbst an. Es genügt nicht, freimütig die eigenen Fehler einzugestehen, sondern die Übung besteht darin, daß diese im einzelnen konkret benannt und ihre Auswirkungen auf den Partner aufgeschrieben werden. Dabei sind nicht leichte und oberflächliche, alltägliche Verhaltensweisen aufzuzeigen, sondern tiefgreifende Charaktereigenschaften, die dem Partner das Leben schwer machen.

Verzeihen und Versöhnen

Dies ist eine der zentralen Übungen der Paartherapie. Hier geht es darum, die bisherigen therapeutischen Prozesse in einen Gesamtzusammenhang zu stellen und einen großen Schritt in der Entwicklung mit dem Partner zu tun: Es ist der Versuch, die eigenen tiefsten Fehler, Altlasten und dunkelsten Schattenseiten ohne Scham und falsches Zögern, ohne Strategie und Manipulation, ohne Widerstand und Verdrängung, unter Überwindung des eigenen Trotzes und eigenen Stolzes, dem Partner zu offenbaren und zu gestehen. Meist ist dies nur unter Begleitung des Therapeuten möglich, da die Sicht auf eigene blinde Flecken unendlich schwer ist. Schon in der Bibel steht, daß es leichter ist, den Splitter im Auge des Anderen zu erkennen als den Balken im eigenen Auge. Aber genau um den geht es hier, und das bedeutet, sich selbst und eigene Anteile zu erkennen und dem Partner einzugestehen, selbst zu begreifen, auf welche Weise dem Anderen dadurch Schmerz, Leid und Verzweiflung zugefügt wurde und wird. Im allerschwierigsten Schritt der ganzen Therapie kommt es darauf an, den Partner für diese eingestandenen Fehler um Verzeihung zu bitten. Dabei darf diese Bitte um Verzeihung nicht in dem Bewußtsein vorgetragen werden, daß der Partner darauf eingehen muß. Dieser soll nämlich selbst mit aller Klarheit und Ehrlichkeit reagieren. Er muß entweder aussprechen: «Ja, ich verzeihe Dir aus ganzem Herzen, in aller Tiefe und mit vollem Bewußtsein und will Dir diese Fehler, die Du benennst, tatsächlich nicht mehr in Zukunft vorhalten.» Oder er muß, so hart es dann auch sein mag, antworten: «Nein, zum jetzigen Zeitpunkt bin ich noch zu verletzt, zu betroffen von diesen Fehlern, ich kann Dir jetzt noch nicht verzeihen. Ich will es bei mir abwägen und überprüfen und werde Dir das dann mitteilen.»

In dieser Übung ist natürlich offen, ob derjenige, der Verzeihung gewähren soll, überhaupt bereit ist, dem Partner auf Dauer eine Chance einzuräumen. Denn die Beziehung kann sich nur weiterentwickeln, wenn Vertrauensbrüche und Konflikte der Vergangenheit durchgearbeitet und verarbeitet, also auch verziehen werden. Werden «Altlasten» dagegen permanent mitgeschleppt, häufen sich darauf immer noch mehr Lasten an, und die Konflikte müssen eskalieren.

5

PAARGESTALTUNG

In dieser letzten Phase der Paartherapie stehen das Zusammenspiel der Partner und das ihrer Bindungskräfte im Vordergrund. Die Verbindung von Bauch, Herz, Kopf und Seele bei jedem der Beiden und ihre Fähigkeit, sich selbst stimmig in diese Beziehung einzubringen, ist ein Teil der bisherigen Arbeit gewesen, kurz, die Integration der eigenen Persönlichkeit. Das Gleichgewicht der Kräfte herzustellen war der zweite Teil; der dritte bestand darin, die tieferen Sinnzusammenhänge der Beziehung und des Paares zu erfassen. Jetzt ist der Zeitpunkt gekommen, die Synthese der Partner zu entfalten.

Im wesentlichen ist darunter die Verschmelzung zu einer Zweiheit zu verstehen, ohne daß daraus symbiotische Einheit wird. Die «Paarung» erzeugt über das Zusammenleben zweier Einzelindividuen hinaus gegenseitige Befruchtung. Das Paar wird zum Zentrum der Schöpfung. Es gestaltet sich immer wieder neu, lernt jetzt, diesen steten Wandel als aufbauenden Prozeß weiterzuführen, ohne in Konkurrenz oder gegenseitige Zerstörung zu treten. Neu gewonnene Impulse, Einsichten, Gefühlstiefen, Wahrnehmungs- und Verhaltensänderungen dienen jetzt dazu, die eigene *Herzenssprache* (siehe Seite 211 f) zu üben und dem Partner anzuvertrauen, sich gegenseitig zu Weiterentwicklung und Aufbau zu «stimulieren» und zu «provozieren».

Im Alltag des Paares bedeutet dies oft auch Umgestaltung der familiären Situation, der ehelichen Routine und der eingefahrenen beruflichen Gleise. Für Frauen mag es darum gehen, zurück in den Beruf zu finden, Männer müssen neue Zeiteinteilungen für Liebe und Leben finden. Lebensziele werden zu zweit entwickelt.

Therapeutische Begleitung in dieser Schlußphase zeigt sich immer noch als notwendig, um sicher zu erwartende Rückfälle aufzufangen, kreative Anstöße zu ermöglichen und der Neugestaltung der Paardynamik Nachdruck zu verleihen. Das Erlernen der Liebesfähigkeit wandelt sich zur Gestaltung der Liebe.

Diese Neugestaltung einer Beziehung baut auf einer neuen Geschlechterordnung auf. Viele alte Normen und Traditionen der Liebe gelten nicht mehr. Mann und Frau sind sich nach dieser intensiven therapeutischen Arbeit ihrer Wechselwirkung aufeinander bewußt und kennen die Psychologie der Liebe und der Paardynamik.

Barbara beschreibt dies in einem Gedicht an ihren Partner:

> ▶ Meine Liebe
> Ich bin wie das Meer
> mit Gezeiten
> vom Mond beeinflußt.
>
> Ich überschwemme den Strand,
> zuweilen das Land,
> auch die Häuser der Menschen.
>
> Ich weiche bis an den Horizont,
> zurück bleibt trockener, rissiger Schlamm.
>
> Wie ein Spiegel bin ich,
> glatt und durchschaubar bis auf den Grund.
>
> Doch dunkel, drohend und voller Gefahr,
> wenn Sturm aufzieht
> und die Sonne mich verläßt.
>
> In meinen Wellen kannst Du tanzen
> und Deine Füße kühlen.
> Wenn ich fort bin,
> komme ich wieder –
> bin ich Dir nah,
> muß ich wieder gehn.
>
> Erwarte mich. ◀

Diese Zeilen in der Abschlußphase der Paartherapie zeigen bildhaft viele der psychologischen Gesetze von Liebe, die die Partner erarbeiten müssen. Deutlich wird das Grundgesetz der Liebe: Die Polarität der Kräfte, der Zwiespalt der Gefühle und der stetige Wandel von Inhalten und Formen bilden den Motor, halten die Beziehung in Gang. Dieses Gesetz von Polarität, Ambivalenz und Zyklus bestimmt Lauf und Dynamik der Liebe.

Noch zur Zeit unserer Väter versuchten vor allem Staat und Kirche, diese archaische Sprengkraft aller gesellschaftlichen Ordnung, die in einem solchen Grundprinzip der Liebe verankert ist, durch moralische und gesetzliche Festlegung auf nur eine Ausrichtung dieser Liebeskräfte festzuzurren: nämlich auf Harmonie, Treue, Hingabe, Anpassung, Unterordnung der Frau unter den Mann. Die lebenslange Dauer der Beziehung und die sexuelle Gleichschaltung der Menschen wurde formal zum Kriterium einer guten Beziehung gemacht, die Qualität der Beziehung und ihre Veränderungsmöglichkeiten wurden damit vernachlässigt, sogar unterdrückt. Für die Sicherheit in der Beziehung wurde der Tod der Gefühle und der Leidenschaft eingetauscht, der Tod der Sinnlichkeit und der sich erneuernden sexuellen Lust, der Tod der Liebe. Liebe aber ist «ein Kind der Freiheit», sagt dagegen schon eine alte arabische Weisheit.

Aufgrund dieser unvereinbaren Gegensätze zwischen Psychologie und Moral der Liebe müssen die Männerreligionen und Gesetze des Abendlandes heute noch fremde, androgyne Kulturen – die viel mehr von der Liebe verstanden, aber auch völlig andere Freiheiten der Liebe kannten – wie auch neue Erkenntnisse der modernen Humanwissenschaften extrem ablehnen, bekämpfen und zerstören. Die Gefahr, daß die freie Liebe die ganze Gesellschaftsordnung in Frage stellen könnte, ist zu groß. Daher konnte die Kirche gar nicht umhin, die von Freud entdeckten tiefenpsychologischen Erkenntnisse über die Triebtheorie lange zu bekämpfen, zumal diese dem sinnlichen Leben eine ungleich größere Bedeutung zuschrieben, als die Kirche jemals zulassen wollte.

Diese Haltung hatte verheerende Folgen. Ganze Generationen wurden dadurch krank, Millionen von Frauen erlebten eine demütigende Unterwerfung und erzwungene Stagnation, Millionen von Kindern mußten in haßerfüllten Ehen aufwachsen, was sie zu seelischen Krüppeln, zu Neurotikern und Analphabeten der Liebe machte. Das größte Übel allerdings besteht darin, daß wir alle in dieser moralisch statt liebevoll geprägten Kultur Liebe und Erotik gar nicht richtig lernen können.

Die Aufgabe, die Liebe zu erlernen, stellt sich dann um so drastischer. Mühsam und zumeist unter Schmerzen erarbeiten wir uns Grundbedingungen für Liebe. Es fällt uns schwer und ist doch unabdingbar.

So müssen wir uns darin üben, Gegensätze in uns und in der Beziehung zum Partner zu vereinen. Dieser Lernprozeß von Nachgebenkönnen und sich dann wieder Durchsetzen, von Nein- und Jasagen in der

Liebe, vom Sprechenlassen der freien Gefühle statt der Logik, vom sich Hingeben und wieder Abgrenzen, vom sich Anpassen und sich doch Selbstverwirklichen ist schwierig, aber notwendig. Ebensolchen Stellenwert hat liebevolles Streiten ohne Schuldzuweisung oder das Ausleben sexueller Phantasien mit dem Partner ohne moralische Blockierung.

Die Frage nach dem Sinn des Zusammenlebens zwischen den Partnern beginnt und endet in uns und nicht in Gott. Alle Formen der Liebe sind göttlich, deshalb moralisch gleichwertig und gleichermaßen vom Grundgesetz zu schützen.

In der PAARSYNTHESE kommt es also darauf an, daß die Partner lernen, Gegensätze, Widersprüche und Zwiespältigkeiten in sich selbst zu einer stimmigen Einheit zu integrieren, dann aber auch Verschiedenheiten, Gegensätze und Differenzen mit dem Partner zur Synthese zu bringen. Es geht darum, miteinander statt gegeneinander die Probleme zu lösen und kreatives Potential zu entfalten. Die fünf Grunddialoge des Paares, Körper, Gefühl, Sprache, Sinnfindung und Zeit müssen ins Gleichgewicht kommen. Der integrative Partnerstil muß gefunden werden und mit seiner Hilfe Anpassung, Durchsetzung, Intuition und Kontrolle gleichermaßen eingeübt werden. Der Weg der Partnerzyklen von der Hingabe über Aufbau, Lebensmitte und Altern bis zur Zweisamkeit muß gegangen und schließlich im Partnerdiagramm in ein Gleichgewicht von Eigen-, Partner- und Lebensraum geführt werden.

Natürlich ist das Theorie. In der Praxis kann alles nicht gleichzeitig erfüllt werden, sondern nur im Lauf eines ganzen Lebens und immer nur zu Teilen, so wie sich die Liebe eines Paares nur im Lauf seines Lebens mit ihren Licht- und Schattenseiten erfüllen kann. Die Realität der Liebe benötigt ein ganzes Leben lang, um alle ihre Tiefen und Untiefen auszuloten.

Diese Chance brauche ich selbst, diese braucht auch mein Partner. Und so stellt sich jetzt, gegen Schluß der Paartherapie, erst richtig und eindeutig die Frage: Entscheide ich mich neu für diesen Partner, für meine alte Beziehung? Gebe ich meinem Partner eine neue Chance? Bin ich überhaupt bereit, ihm zu verzeihen und ihn mit neuen Augen zu sehen? Sehe ich, daß auch er sich im Lauf der Jahre geändert hat und noch ändern kann? Daß auch ich diese Zeit von ihm brauche?

Es kann eigentlich nur darum gehen, einen alten Partner nicht sofort gegen einen neuen auszutauschen, weil der alte nicht mehr richtig funktioniert. Das Geheimnis der Paartherapie besteht wohl darin, daß die alten Partner sich mit immer neuen Augen sehen lernen und immer neue Seiten von sich zeigen, neue Wege suchen, statt die Beziehung zu zerbrechen.

Die folgenden Texte zeigen, wie schwer dieses Ziel zu erreichen ist, aber auch welche Glücksgefühle möglich sind beim Beschreiten dieses Weges. Im Rückblick lohnt sich für die allermeisten die Zeit der Paartherapie, selbst wenn am Ende die Trennung steht. Die Partner lernen zweifellos, die Liebe neu zu sehen, zu verstehen und selbst dafür einzutreten. Kaum einen läßt diese Arbeit mehr los, keiner vergißt sie.

Herkömmliche Einzeltherapie dagegen hat in der Vergangenheit zu wesentlich höheren Trennungsraten geführt. Die durch die Therapie ausgelöste oder in Gang gesetzte Entwicklung nur eines Partners allein läßt den anderen zurück, führt von diesem weg, nimmt einen anderen Weg und gerät dadurch häufig zur Trennungsarbeit. Die Wirkung der Therapie richtet sich dann gegen das Paar. Wie sehr Paartherapie die ganze Lebensplanung, aber auch die Veränderung des Umfeldes, der beruflichen Umwelt und vor allem auch das eigene Lebensgefühl miteinschließt, zeigen die Zeilen von Bernd, dem Manager, der zu Beginn seiner Therapie mit Hilke vorsorglich alle Gefühle eliminieren wollte.

> ▶ Universum: Energie und Grenzenlosigkeit
> mache mich fühlend.
> Schaffe in mir Kraft und Wärme
> der Vulkane.
> Spanne den Bogen der Evolution
> über mich.
> Unordnung gegen Ordnung
> Wagemut gegen Gleichgültigkeit
> Lebendigkeit gegen Fäulnis
> Liebe gegen Egoismus
> Zärtlichkeit gegen Unwahrhaftigkeit
> Universum: Grenzenlosigkeit und Energie.
> Das will ich! ◀

In dem Maße, in dem Bernd wieder zu seinen eigenen Kräften gefunden hat, konnte auch Hilke ihren notwendigen Weg zur Selbstentfaltung gehen und so aus der Überanpassung ihm gegenüber heraustreten. Gleichberechtigung und Synthese von Kraft und Zärtlichkeit waren gefunden.

Jakob, der auch mit Marie zusammenbleiben wird, faßt seine wichtigsten Erkenntnisse der Therapie so zusammen:

▶ Was habe ich für mich erkannt?
Ich bin nicht bereit, die Augen aufzumachen, hinzusehen, mich zu konfrontieren. Verantwortung zu übernehmen. Handle selbst dann gegen meine Gefühle, wenn ich weiß, daß es so nicht richtig ist. Muß mich selbst mehr und mehr ernst nehmen und mich zeigen.
Verlust der Geborgenheit bei Marie zwingt mich, endlich Verantwortung für mich zu übernehmen, macht mich aber auch einsamer.
Habe meine Gefühle zu sehr der Logik untergeordnet. Habe als der *Erleidende*, der Bessere geglaubt, nicht schuldig zu sein, und dadurch den anderen schuldig gemacht.
Habe meine Tendenz erkannt, den Feind außen zu bekämpfen und nicht in mir selbst. Glaubte, daß ich anderen Menschen Gefühle machen kann.
War ichlos, durchsichtig, äußerlich attraktiv und langweilig, eine Fassade ohne Hintergrund; ein Mann ohne Eigenschaften, mit Logik scheinbar, aber die Wirklichkeit verzerrend. ◀

Dieser zusammenfassende Text von Jakob ist erstaunlich und erfreulich in seiner Offenheit, Ehrlichkeit und in seinem Bemühen, sein Verhalten auch wirklich zu ändern. Es wird allerdings noch einiger Arbeit des Paares bedürfen. Das ist spürbar in seiner Sprache: Sie unterscheidet sich auch jetzt noch von der fast aller anderer, auch wenn einige der Männer am Anfang ähnlich geschrieben haben: abgehackt, ‹sachlich›, mit wenig Zugang zu Gefühlen. Der fehlende Sprachfluß und die abgehackte Sprachmelodie machen äußerlich sichtbar, daß innerlich noch ähnliche Brüche, Blockierungen und Hindernisse zu überwinden sind.

Dieses Überwinden heißt ja in der Regel, sich selbst überwinden, die eigene Mauer aus Trotz zu übersteigen. Pia tut dies auf ihre Weise, wie aus dem folgenden Brief an den Therapeuten deutlich wird:

▶ Lieber Michael,
oft habe ich in letzter Zeit an Dich gedacht: mit Zorn und Ärger, mit Freude und innerer Verbundenheit (wenn ich gespürt habe, daß ich doch Wesentliches für mein Leben annehmen kann). Grund genug,

finde ich, Dir mitzuteilen, wie es mit Ewald und mir weitergegangen ist nach dem mißglückten Seminar. Es kam alles noch viel schlimmer, als wir zu Hause waren, und Ewald und ich kamen in eine echte, bedrohliche Krise miteinander. Diese dauerte mehr als vier Wochen – erschreckend lange, und alle, alle alten und uralten Überlebensstrategien waren in voller Lebensgröße da, und es war ein Elend für uns und die Kinder, was sich da abspielte. Alle Therapie, alles Wissen, alle Arbeit an uns – für die Katz –, so war mein Gefühl.

Dann wurde ich ziemlich krank, fieberte vier Tage hoch, konnte keine Kinder versorgen, mich kaum rühren, und Ewald blieb zu Hause, mußte einspringen – und es fiel ihm schwer. Was ich tief innerlich begriffen habe, ist, daß ich nicht mehr kämpfen mag ums Recht, um meinen Standpunkt – ich hatte Angst, durch meine Verletztheit, meinen Stolz, mich innerlich so weit von Ewald zu entfernen, daß ich ihn innerlich verliere. Mir wurde plötzlich bewußt, wie leer das Haus, der Alltag ist, wenn ich keinen inneren Kontakt mehr zu Ewald habe. Und wie wertvoll die Liebe ist. Ich habe an Deine Worte gedacht, daß Liebe keinen Stolz kennt, und habe mich aufgemacht, neue Wege zu gehen, bin über meine Grenzen zu Ewald gegangen und habe Einlaß gefunden in seine Mauer.

Was ich Dir damit sagen will, ist, daß doch nicht alles für die Katz ist – natürlich nicht – und daß ich meine uralten Überlebensstrategien verändern konnte und kann. Dafür danke ich und noch vieles mehr, was ich schwer in Worte fassen kann. Ich fühle mich Dir tief verbunden.   Pia ◄

Robert hat es dagegen ganz schwer, sich zu überwinden. Auch wenn seine früheren Texte immer wieder Fortschritte zeigen, mit Beate und den Kindern neue und gute Formen der Begegnung öfter möglich sind, so bleibt das Gesamtergebnis eher kritisch. Zwar wird das Paar zusammenbleiben, findet auch Stunden von Vertrautsein und gegenseitiger Anteilnahme, auch Stütze füreinander, doch das Eis, auf dem die Beiden sich bewegen, bleibt gefährlich dünn. Roberts Verletzungen aus seiner Kindheit konnten nicht aufgearbeitet werden. Trotz aller Selbsteinsicht bleibt er einer, der immer weiterkämpfen muß. Er schreibt von sich:

▶ Wie soll ich meine Aggressionen wahrnehmen, wo liegen meine
Aggressionsmechanismen, die verletzen?
Ich weiß, woher es kommt! Jeder hat, wie ich, im Elternhaus
Schlimmes erlebt, und, wie ich glaube, Schlimmeres als ich! Bei mir
ist die Traumatisierung vergleichsweise gering. Trotzdem führt sie
zu Zynik und mißtrauischer Einschätzung der Umwelt!
Was bin ich doch für ein schwacher Charakter: Ich suche immer den
Weg des geringsten Widerstandes. Beate macht mir den Vorwurf
des Durchmogelns. Nirgends habe ich Engagement und Flagge gezeigt. Im Grunde leben Beate und ich ein Leben in der Groteske:
Für andere und nach außen eine augenzwinkernde Haßliebe – sozusagen das gewöhnliche Zerwürfnis. Aber – wenn alle Gäste gegangen sind, geht das Eheleben erst richtig los – mit den übelsten Ver-
wünschungen und Unterstellungen. Sicher: eine gehörige Portion
Haß besitze ich. Ich hasse, wie sie die Kinder auf ihre Seite zu ziehen sucht, wie sie versucht, mich auszuschalten und mundtot zu
machen und ihre Frauenüberlegenheit zu finden. Aber ich spüre
keine Verzweiflung bei ihr, sondern nur ihren Haß, den sie schon
immer hatte. Wie sie versuchte, Liebe zu erzwingen, meine Zuneigung zu nötigen! Aber ich lande wieder beim Klagen!
Das Problem der Eifersucht erfuhr ich erst im Zusammensein mit
Beate. Sie merkte wohl, daß ich nicht treu sein konnte, da ich dieses
Erdrücktwerden durch die Liebe nicht aushalten würde.
Soweit nun die Sicht des Opfers. – Viel habe ich nicht gelernt von
meiner Mutter, nur daß ich zu allem erst mal das Gegenteil denken
muß. Meine Orientierung in der Umwelt oblag mir allein, immer
gegen die Mutter. Das erklärt mein Mißtrauen und meine Provoka-
tionen und meine Empfindlichkeit vor Enttäuschungen.   Robert ◀

Auch wenn dies trotz der glänzenden Eigenanalyse kein glänzender Ausgang für eine Paartherapie zu sein scheint, haben die Beiden mich im
Herzen sehr berührt. Sie haben nicht aufgegeben, gehen immer weiter.
Vielleicht werden sie nie eine «ideale Ehe» führen. Aber sie sind Freunde
geworden, auch Freunde für mich. Wäre eine Trennung besser gewesen?
Ich wage nicht, diese Frage zu beantworten. Kollegen werden darauf erwidern: «Das ist auch nicht die Aufgabe des Therapeuten; diese Entscheidung muß das Paar selber finden!»

Theoretisch stimmt das auch, in der Wirklichkeit aber stellt sich die Frage «Ist es gut, lohnt es sich, daß dieses Paar zusammenbleibt? Haben die Beiden noch eine reelle Chance?» tausendmal im Verlauf vieler Paartherapien. Und ob ich will oder nicht, in meinem Hinterkopf bilden sich Ideen und Vorstellungen, irgendeine Intuition, diese Frage zumindest für mich selbst oder in der Diskussion über dieses Paar mit meiner Partnertherapeutin doch zu beantworten. Außerdem wird in all diesen Therapien mein eigenes Herz so angerührt vom Schicksal der Paare und ihrer Kinder, daß ich mich auch innerlich beteiligt fühle, mich engagiere für ein Fortbestehen dieser Beziehung oder für eine sinnvolle Trennung.

Aber: Gerade, weil diese professionelle therapeutische Arbeit doch so sehr auch das persönliche Miterleben des Therapeuten trifft, oft auch seine eigenen Herzensangelegenheiten berührt, ist Supervision für den Paartherapeuten (die professionelle Kontrolle seiner Arbeit) unerläßlich. Und auch in diesem Gremium wird die Frage nach der Sinnhaftigkeit einer Fortführung bestimmter Paarbeziehungen immer wieder gestellt. Mit letzter Gewißheit und objektiver Sicht ist sie jedoch nicht zu beantworten. Religiöse und philosophische Antworten würden manchmal eher bei einer Entscheidungsfindung helfen können. Die fallen aber sicher oft anders aus als psychologische Antworten. Eigentlich müßten sich zwar Religion und Psychologie ergänzen und zusammengehören, so wie in der Antike Religion und Sexualität eine glückliche Einheit darstellten, aber die Vertreter unserer Religionen haben das menschliche Prinzip häufig aus den Augen verloren. So unterscheiden sich heute die Psychologie der Liebe und die Theologie der Liebe ganz wesentlich.

Beim nächsten Paar bringt eine Erfolgsmeldung wieder Optimismus für die Sinnhaftigkeit der Paartherapie. Ines und Heinz:

▶ . . . Ich weiß nicht, wo ich anfangen soll. So viel hat sich durch das Seminar offenbart, Verkrustetes ist aufgebrochen. . . Wir können schon ernten: Nach über drei Jahren haben wir uns auf eine wunderschöne Art, gar nicht beabsichtigt, fast wie selbstverständlich, wiedergefunden, gleich nach der Rückkehr vom Seminar, Samstagmorgen, als unser Sohn zur Schule gefahren war!
Es klingt jetzt wirklich geschwollen, aber wir sahen uns beide schon unterwegs, während der Autofahrt mit neuen Augen! Und wir haben auch beide das Gefühl, auf einem neuen Weg zu sein. . . ◀

Kerstin, die ähnlich wie Ines sich jahrelang schwach und hilfsbedürftig fühlte, die von ihrem Mann Roland scheinbar ständig Unterstützung forderte und ihn gleichzeitig dafür ablehnte, vielleicht sogar haßte, schreibt an die Gruppe:

▶ Liebe Kämpfenden für die Liebe, liebe Freunde...
...meine Gefühle heute lassen sich am besten mit Dankbarkeit, Verbundenheit und Neugier beschreiben. Durch Euch hat sich eine große Verwandlung – noch längst nicht abgeschlossen – in Rolands und meiner Beziehung ereignet. Offenheit und überhaupt Bewegung ist möglich geworden. Veränderungen, die mich oft auch noch bedrohen, mich wieder auf alte Verhaltensmuster zurückgreifen lassen, die aber, Gott sei Dank, von Roland jetzt auf neue Weise beantwortet werden. Ich kann ihn nicht mehr so unter Druck setzen, er hat die Angst vor mir verloren. Jetzt muß ich vieles selbst tun, was ich meinte, nicht ohne «Papa» oder «Mama» tun zu können. Da erfahre ich mich nach anfänglichem Aufbäumen meist kompetent und bewältigend – nicht mehr von Rolands Hilfe abhängig. Ich habe viel Kraft in mir.
Der nicht mehr helfende Roland ist für mich mordsmäßig attraktiv geworden, erinnert mich an unsere anfängliche Begegnungszeit. Ich spüre wieder eine starke sexuelle Anziehung von ihm auf mich ausgehen. Überhaupt fühle ich mich viel erotischer und irgendwie ständig sexuell durchdrungen.
Aber noch einmal zum für mich so anziehend werdenden Roland zurück. Er ist für mich ein ganz selbständiges Gegenüber geworden, was seltsam losgelöst von mir ist. Ich muß ihn mir manchmal richtig verwundert begucken. Gleichzeitig wächst aber auch eine dunkle Kraft in mir. Ich werde schrecklich eifersüchtig, habe die tollsten Phantasien. Da passiert dann etwas ganz Paradoxes, ich will Roland dann wieder bekämpfen, zurückholen, einsperren..., andererseits erregen mich die Phantasien auch wunderbar lustvoll. Das ist noch nicht gelöst, ist vielleicht positiv ausgedrückt «im Übergang». Einen attraktiven Mann zu haben ist ja auch nichts Schlechtes – oder?
In aller Verbundenheit,   Kerstin ◀

Roland beschreibt seinen Weg mit Kerstin so:

▶ Voll Freude ist mein Herz, wenn ich an Dich denke, meine Liebe! Was hat sich alles getan: in den letzten Jahren, den letzten Monaten, den letzten Wochen, Tagen. Wie sind wir als Paar gewachsen! Ich kann es kaum glauben... wir, gemeinsame Verantwortung, keine Konkurrenz, ich konnte von Dir lernen, Du konntest von mir lernen, wir konnten gemeinsam geben. Oder heute morgen, als ich Dich nackt sah und Dir sagte, daß ich Dich und Deinen Körper gerne streicheln würde – und Du sagtest: ja. Einen schweren, langen Kampf für unsere Liebe haben wir hinter uns und können jetzt die Früchte langsam, vorsichtig und zart genießen.

Ich habe unsere Liebe behindert, weil ich lange ein braver, lieber Junge war, der nicht gelernt hatte, das zu tun, was er wollte. Angepaßt, um zu gefallen – auch Dir alles recht zu machen. Genau dieses Gift habe ich jahrelang in unsere Liebe eingeträufelt. Indem ich Dir Verantwortung und Arbeit abnahm, habe ich Dich klein gemacht – und mich so gut: der beste Koch, der gute Vater und die bessere Mutter, der bessere Einkäufer – zum Kotzen!

Wie habe ich mich auf Deine Schwächen gestürzt. Um zu zeigen, wie gut und toll ich bin. Ich brauche das Gift nicht mehr, ich bin! Ich freue mich auf viele Jahre des Entdeckens, des Weitergebens, des Lebens und Liebens, mit Dir lachen. Venceremos   Roland ◀

Und als weitere Erläuterung schreibt Roland dazu:

▶ ... meine Schatten, von denen ich bisher wenig wußte, werden lebendig: Gier, Lust, Leichtigkeit, Depression, Geilheit, Trauer, Ergriffenheit. Irgendwie fühle ich mich lebendiger und etwas ehrlicher.

Was aus Kerstin und mir wird, weiß ich nicht. Zumindest spüre ich deutlich, daß ich nicht für ihr Glück und Unglück verantwortlich bin. Daß sie nicht für mein Glück und Unglück verantwortlich ist. Unsere innere Trennung vollzieht sich, und ich spüre, daß ich für sie wieder attraktiver werde.

Durch das Seminar, das gemeinsame Erleben und die Rückmeldungen anderer haben sich bei mir Wachstumsschübe ausgelöst. Ich entdecke mich mehr, lasse vieles bei mir an Gefühlen und Handeln zu, spüre viel Spannung und Lebendigkeit. ◀

Hier wird die Kraft der Liebe und ihre Kraft zur Veränderung deutlich. Roland drückt allerdings auch aus, was oft nur schwer als Wahrheit zu ertragen ist: «Unsere innere Trennung vollzieht sich, und ich spüre, daß ich für sie wieder attraktiver werde.»

Erst durch inneren Abstand, durch Abgrenzung und Abschied von vertrauten Mustern und gewohnten Ritualen mit dem Partner wird es möglich, die Beziehung neu zu gestalten. Für Roland meint das, Abschied zu nehmen von seinem bisherigen Ehrgeiz, von seinem Zwang, durch endlose Leistung zu beweisen, in allem der Beste und der Größte zu sein. Seine Gier nach Anerkennung drohte ihm genau das zu nehmen, was er bisher unentwegt suchte: Anerkennung und Geliebtwerden.

Auch Roland wird immer wieder Rückfälle haben. So tiefgreifend die Einsichten und die «Wachstumsschübe» auch gehen mögen, wie er voller Stolz verkündet, so müssen die ein halbes Leben lang zur Überwindung seiner Existenzängste antrainierten Partnerstile immer wieder neu überprüft, in Frage gestellt werden, um dem Rückfall vorzubeugen.

Eines aber drückt er sehr prägnant aus: Wir brauchen auch den Pol der Trennung, der Distanz und der Abgrenzung, um lieben, uns hingeben und in Hingabe verschmelzen zu können.

In ähnlichem Sinne bahnt sich auch ganz langsam bei Arielle und Wolfgang eine positive Entwicklung an, die hart und mit großen Ängsten Beider und genauso vom Therapeuten erkämpft wird: Angst vor immer neuen Rückfällen, Angst vor Stehenbleiben oder Zusammenbrechen oder, wie Wolfgang es ausdrückte, daß die Gefühle ihn hinwegschwemmen und zerfließen lassen. Eher probeweise lernen sie, einige Schritte auf den Anderen zuzugehen. Sie sollen dies im Therapiezimmer praktisch tun: Beide werden blaß, sie verkrampfen sich, Beider Atem stockt, obwohl sie später von heftigem Herzklopfen berichten. Endlich, fast taumelnd, kann sich Arielle in Wolfgangs Arme fallen lassen, ihm vertrauen, daß er sie sicher auffangen wird. Beide beginnen zu weinen, einander zu halten und sich zu entspannen. Arielle faßt ihre Erfahrung zusammen:

▶ Ich will mich Dir nähern...
Ich will Dir gegenüber offen sein.
Ich will mich Dir zeigen (schön und häßlich):
Ich will meine Gefühle in Worte bringen.
Ich will meine Gefühle zeigen (weinen, umarmen, streicheln).

Ich will Dich bei mir einlassen:
Ich will hinschauen, Dich anschauen, nicht weggucken.
Ich will hinfühlen (bei mir und bei Dir).
Ich will hinhören, zuhören und nicht gleich abwehren.
Ich will Deine Worte einlassen bei mir.
Ich will Dir eine Chance geben (im besten Sinne).
Ich will Liebesgaben und Liebe annehmen.
Ich will meine Angst anschauen...
Ich will Dir gegenüber offen sein usw...
Ich will mich von Dir abgrenzen.
Ich will Dir «nein» sagen, wenn es für mich so richtig ist...
Und es aushalten, daß ich Dir dann nicht gefalle...
Und, daß Du wütend auf mich bist.
Ich will Dir meine Wut zeigen, wenn sie da ist.
Langsam,
langsam! ◄

Und einige Wochen später schreibt sie:

► ...ich habe das Gefühl einer tiefen inneren Umwälzung und «Erschütterung» in mir.
Es ist, wie wenn ein ohnehin wackeliges Gebäude nun endgültig anfängt wegzubröckeln und in sich zusammenzufallen. Das Gefühl ist angstmachend und gleichzeitig unendlich befreiend..., alles, was mich in vielen, vielen Jahren festgehalten hat, lahmgelegt hat, was ich nie gewagt habe zu sagen, nun auszukotzen.
Ich schwankte währenddessen zwischen unheimlicher Angst und totaler Erleichterung. Angstmachend war die Vorstellung, was wohl passieren würde, wenn alles gesagt worden ist – hält Wolfgang es aus, oder bricht er zusammen? Zieht er sich nun gänzlich von mir zurück? Ich fühle noch mal meine eigene Sprachlosigkeit der letzten Jahre. All diese erstickten Worte sind auf einmal wieder da; auch der ganze schmerzende innere Druck, den sie in dieser Zeit erzeugt haben. Mir war – und ist noch – zum Würgen.
Ich war wütend auf Wolfgang. Gleichzeitig kamen ganz mütterliche Gefühle ihm gegenüber in mir hoch. Es war in mir das Bedürfnis, ihn zu streicheln und ihm zu sagen: Es wird alles wieder gut. Ich habe Dich doch lieb. Gleichzeitig kam eine ganz entschiedene

Stimme in mir hoch: Nein, bemuttern will ich Dich jetzt nicht.
Dann werde ich nämlich ausgesaugt, und alles bleibt beim alten. Ich
will das nicht mehr. Das große «Baby» meiner Familie war mein
Vater... Heute ist mir klar, daß ich dieses immer gemeint habe,
wenn ich während mancher Therapiestunde zu Wolfgang gesagt
habe: «Ich will nicht Deine Mutter sein.»
Nun sind viele unangenehme Dinge ausgesprochen. Eine Lähmung
läßt nach. Ich fange an zu fühlen. Die neue Bewegung bringt aber
auch viel Unsicherheit für mich. Ich atme auf, weiß aber nicht, wohin mit der vielen Luft. Ich habe noch keine Wörter. Der Boden
wackelt, und der weitere Weg ist noch nicht in Sicht. Ich habe wenig
Halt in mir und suche ihn solange bei Dir... In meiner Vorstellung
lege ich meinen Kopf bei Dir ab, und Du trägst eine lange Zeit das
Gewicht, das mir zur Zeit wie Blei erscheint.   Arielle ◄

Wolfgang und Arielle sind mir sehr ans Herz gewachsen. So gelähmt sie
durch ihre Angst auch sein mögen, sind sie doch tapfer und halten fest an
ihrem Ziel, sich aus dem gemeinsamen Gefängnis ihrer Altlasten aus der
Kindheit und der daraus folgenden gegenseitigen Blockierung zu befreien. Sie werden die Mauer der Unberührbarkeit durchbrechen und ihr
Herz einander öffnen.
   Auch Anja, die von Theo während ihrer Schwangerschaft betrogen
worden und deshalb in eine große Krise mit ihm geraten war, verzeiht
und söhnt sich aus. Sie sieht jetzt auch ihr eigenes Mitwirken an dieser
Krise, nämlich ihre eigene weibliche Unsicherheit. So schreibt sie nach
einem weiteren Seminar:

► Theo und ich haben auf der Heimfahrt viel miteinander gesprochen
   und haben entdeckt, was uns früher nie bewußt war. Erschütternd
   war für mich, daß ich Theo immer gesagt habe, daß ich von Beziehungen zu anderen Frauen nichts wissen will, aber nie klar definiert
   habe, wo meine Grenzen liegen. Ich hatte Angst, ihn einzuengen
   und womöglich zu verlieren, war aber zutiefst verunsichert und sah
   in jeder anderen Frau eine potentielle Gefahr.
   Aber auch im Umgang mit anderen Männern war ich verunsichert,
   weil ich auch Theos Grenzen nicht wußte und mich oft unsicher
   verhielt, um ihn nicht zu kränken. Eigentlich wollte Theo immer,
   daß ich sage, wo Schluß ist, und ich wollte es auch.

Ich merke jetzt meine neue Fähigkeit, auch in meinen Gruppen durch Grenzensetzen ganz anders und viel tiefer arbeiten zu können. Ich verlasse mich viel mehr auf mein Spüren.

Auch mit meinen Töchtern (fünfzehn und siebzehn) spreche ich viel über Abgrenzung, und ich finde es super, wie die beiden sich offensichtlich abgrenzen gelernt haben – bei einer Mutter, die damit solche Schwierigkeiten hat!

Ich bin überzeugt, daß diese Paartherapie im sechsten Jahr unserer Beziehung für uns die große Chance ist. Ohne sie kommen wir nur schwer aus den eingefahrenen Gleisen heraus. Anja ◄

Ich sagte schon, daß wir Freunde geworden sind und heute noch, viele Jahre danach, gemeinsam für die Liebe arbeiten. Wir suchen nach immer neuen Formen und Möglichkeiten, die Psychotherapie mit Paaren in ihren ständig wechselnden Anforderungen zu einer kreativen PAARSYN-THESE zu führen. Dabei konzentrieren wir uns nicht allein auf Psychotherapie und die schwere Aufarbeitung kindlicher Störungen der Liebesfähigkeit, sondern immer mehr auf das Lernen von Liebe.

So bemühen wir uns in dieser letzten Phase der Paartherapie, in der Neugestaltung der Paarbeziehung, bereits intensiv darum, alle kreativen Potentiale auszuschöpfen. Das Glück der Liebe wird zum Thema, nicht mehr ihre Schattenseiten von Verzweiflung, «Herzversagen» und Unglück. Statt nächtlicher Tränen und durchstrittener Tage suchen wir jetzt die Spuren vom Fest der Sinne und gehen die Pfade der wiedergewonnenen Zuneigung, der gegenseitigen Lusterfüllung und der gemeinsamen Ekstase.

So stehen am Ende der therapeutischen Arbeit mit der Liebe andere Übungen, z. B. das Schreiben von Gedichten über die Liebe. Diese zeigen das Herzflimmern, die Tiefen der Seele, sie konzentrieren und bündeln Gefühle, Sprache, Sehnsucht und Traum zu einer rhythmischen Einheit. Die Kraft der Liebe, die darin spiegelt, ist heilsam und heilend. Die Liebesworte beim Niederschreiben zu spüren, ihrem Klang nachzulauschen, sich ganz auf die inneren Bilder der Liebe einzulassen und dem Fluß der Gefühle in sich zu folgen, heilt das Selbst und läßt das Ich gesunden. Auch im meditierenden, langsamen Lesen dieser Zeilen liegt eine solche Wirkung. Die Taoisten pflegen deshalb auch das schöne Schreiben solcher Worte. Diese Verse dann dem Partner zu widmen und zu schenken läßt heilende Partnerschaft wachsen.

Ich bitte Sie als Leser, sich Zeit zu nehmen, um die folgenden Gedichte, die alle im Lauf einer Paartherapie entstanden sind, in sich aufzunehmen und auf sich einwirken lassen zu können. Es sind nicht Dichter, die diese Verse geschrieben haben, sondern Menschen wie wir, die gelitten haben, an ihren eigenen Fehlern und an den Fehlern des Partners, gelitten an einer Liebesbeziehung, die keine Chance zur Entfaltung mehr hatte. Erst diese Not und die Bereitschaft, sich der Auseinandersetzung mit dem Partner zu stellen, führte sie schließlich dahin, die Kostbarkeit ihrer gemeinsamen Liebe zu ergründen.

▶ Sehnsucht
Berühre mich doch ganz mit Deiner Seele,
wenn Deine Lebendigkeit meine Tiefe erfüllt,
daß ich in meiner Unvollkommenheit
Deine Liebe in mir bewahren kann.   *Barbara* ◀

▶ Ich liege bei Dir und spüre:
die Welt ist in Ordnung.
Wie bin ich jung, wenn Du sagst:
«Ich finde Dich schön.»   *Maria* ◀

▶ Meine Sehnsucht nach Liebe
ist Sehnsucht nach Hingabe
von mir zu Dir und von Dir zu mir,
ist Sehnsucht nach Wärme
für mich von Dir und für Dich von mir
ist Sehnsucht nach Geborgenheit
von mir in Dir und von Dir in mir
ist Sehnsucht nach Anerkennung
für mich durch Dich und für Dich durch mich
ist Sehnsucht nach Trost
von mir für Dich und von Dir für mich
ist Sehnsucht nach Stärke
in Dir durch mich und in mir durch Dich
ist Sehnsucht nach Vertrauen.
Ich sehne mich nach allem, was war
und nicht mehr ist.
Ich hab mich Dir entzogen und sehne

mich nach Rückkehr, spürst Du mich?
nimmst Du mich noch an?   *Richard* ◄

► VERDAMMT NOCHMAL!
ICH
Lasse mir nicht von Euch sagen,
wie, wann ich lieben darf.
ODER DOCH,
Aber dann liebe ich nicht mehr.
Wie jetzt.   *Sarah* ◄

► Liebe
Ich bin eine schwimmende Insel –
das Meer ist erdkugelweit
und grundlos tief in der Zeit.
Ich bin eine schwimmende Insel
voll wilder uralter Bäume,
voll wehender, wellender Wiesen,
voll dunkelglut-rankender Rosen.
Fürchte Dich nicht!
Meine Ufer sind kahl und zerborsten,
sind dornig, versumpft und verfault.
Es gibt einen Weg.
Ich mute ihn zu
mir – Dir.
Ich öffne meine Schenkel,
sanft flutet die Brandung herein,
der Sand ist feinsilbern und weich.
Zwei Körper spielen im Wasser,
zwei Seelen tanzen im Wind,
zwei Zungen schlürfen die Frucht aus,
der rote Saft rinnt und rinnt.
Er ist klebrig und süß,
er ist klar und bitter.
Er macht trunken und selig.
Er macht nüchtern und heil.
                        Evamarie ◄

▶ Über meine Liebe
Mit den Augen sehen, schauen, gaffen, staunen, blitzen.
Mit den Ohren hören, lauschen, horchen, spitzeln.
Mit der Zunge lecken, schlecken, schmecken, spucken.
Mit dem Mund sprechen, lachen, küssen, schmollen, zucken.
Mit der Kehle singen, schreien, schnurren, knurren.
Mit den Händen nehmen, geben, tragen, wehren, schlagen.
Mit dem Herzen spüren, fühlen, ahnen, beben.
Mit dem Bauch nähren, heizen, füllen, scheißen.
Mit dem Schoß wiegen, heben, schwellen, gebären.
Mit den Beinen laufen, tanzen, gehen, stampfen.
Mit den Füßen stehen, erden, kommen, treten.
Alles voll Atem. Alles voll Leben. Alles für die Liebe.   *Agnes* ◀

Noch intensiver ist die Wirkung von Heikus, einer japanischen Gedicht-
form, die ihrer wenigen Worte wegen besonders nachklingen:

Wer, der Dich nicht kennt, glaubte mir,
wenn ich vom leuchtenden Grau des Alltags erzähle?

Das Lachen Deiner Lippen zerreißt
alle meine Netze der Sicherheit.

Ein Sonnenstrahl
Er streicht wie Deine Hand
über mein Gesicht.

Wenn Du tanzt
schwingt die Welt
im Rhythmus Deiner Hüften.

Mit jedem Tag, an dem
ich nicht bei Dir sein kann,
liebe ich Dich mehr.
Werde ich das noch so fühlen,
wenn wir uns wieder ganz nah sind?

Es geht zum Ende der Therapie besonders darum, die Beziehung neu zu gestalten. Dieser Prozeß des Gestaltens hat zentrale Bedeutung in der PAARSYNTHESE. Es geht um die Bewußtmachung, daß jeder von uns Autor und Schöpfer von Inhalten und Formen der Liebe ist. Die Partner erkennen, daß sie mit ihren eigenen Händen, Mündern, Augen und Ohren, mit dem eigenen Herzen und der eigenen Seele das Gesicht des Partners, die Schönheit seines Körpers und das Glänzen seiner Augen formen und dessen Herz und Seele mitgestalten. Praktisch und fühlbar erfahren sie dieses Gestalten der Liebe durch die Umsetzung in der *Arbeit mit Ton*. Ein Klumpen Ton soll zum Symbol der eigenen Liebe geformt werden.

Dazu schreibt Hans-Gert:

▶ Liebe Dodo,
ich versuche gerade, in Worte zu fassen, was meine Seele über die Hände in Ton geformt hat.

Es gibt mein innerstes Bild darüber wieder, wie ich zukünftig unsere Liebe mitgestalten möchte.

Meine Hände formten zuerst ein flaches Brunnenbecken. Nichts von dem, was ich in dieses Brunnenbecken eingießen werde, soll unbeachtet verrinnen. Dann überlegte und spürte ich mit den Händen, was im Brunnen selbst noch entstehen könnte. Ich wollte etwas Lebendiges, Verspieltes und Tänzerisches schaffen. Mein erstes Bild waren zwei tanzende Figuren, die sich an einer Hand festhalten.

Nach einigem Ausprobieren schuf ich zwei Rohre, die ich gebogen, über Kreuz in das Becken einsetzte. Die Enden der Bogen wiesen wie vier große Düsen nach oben. Ein Springbrunnen wurde geboren.

Nun zu unserer Liebe:
Ich stelle mir vor, immer wieder etwas von dem in das Brunnenbecken zu gießen, was ich an Gedanken und Gefühlen so oft in mir verschließe. Ich tue dies aus Angst, mißverstanden zu werden.

Ich merke, daß ich mich zu oft verschließe, weil ich unserer Liebe noch nicht so traue.

Darum möchte ich mich mehr öffnen und meine unter Verschluß gehaltenen Wünsche, Gedanken und Gefühle der heilenden und wandelnden Kraft unserer Liebe anvertrauen. Dazu gieße ich symbolisch etwas von dem in mir Verschlossenen in den Brunnen, wo es behutsam aufgefangen, gewandelt und in lebendig, tänzerischer Form an unsere Umwelt und an uns selbst als Paar zurückgegeben wird.

Ich liebe Dich!! Hans-Gert ◄

Bei Harald und Elke hat sich dieser Prozeß der Neuanfänge und Neugestaltung über eine Reihe von mehreren Seminaren hingezogen, im Verlauf von fast zwei Jahren. Einsichten, Bekenntnisse, Verstehen und Versöhnen werden sichtbar:

► Lieber Harald,
ich hatte einen Traum: Mein elterliches Geschäft ist gänzlich beraubt und unreparabel zerstört. Ich begreife, daß mein Selbstbild völlig zusammengefallen ist.

Schon in meiner Kindheit habe ich, um Schläge und seelische Schmerzen erträglich zu machen, eine menschen- und besonders männerfeindliche Arroganz aufgebaut. Es war ein fester Entschluß: Und wenn Ihr mich zerfetzt, ich strafe Euch durch Verachtung. Zu allem könnt Ihr mich zwingen, aber meine Liebe bekommt Ihr nicht. Ich habe ein eisernes Schloß genommen und die Tür zu meinem Herzen verschlossen. So ist die Zeit vergangen, und ich habe um meine Herzkammer ein Haus gebaut. Eines Tages bist Du gekommen und hast an mein Haus geklopft. Ich ließ Dich ein. Es wurde warm im Haus, hell und lebendig.

Aber ich hatte große Angst, daß Du die verschlossene Kammer entdecken würdest. Ja, ich war sehr geschäftig: habe an dem Haus gehämmert, geklopft, gehobelt, geputzt und geschrubbt, aber je mehr ich mich anstrengte, desto kälter wurde es in dem Haus, und erst spät, sehr spät habe ich gemerkt, wie Du vergeblich am Schloß zur Kammer der Liebe gerüttelt hast und wie Du verschwunden bist aus dem Haus und Dich in Dein eigenes verschlossen hast.

So bin ich schuldig geworden an Deiner Liebe, Du hast bei mir nicht lernen können, Dein Herz zu öffnen, weil ich den Schlüssel zu meinem verloren hatte.

Das Schloß war schon längst rostig, die Schrauben hatten ihren

Halt im trockenen, spröden Holz verloren und die Wände der Kammer haben tiefe Risse erhalten. So geschah es, daß eines Tages im Herbst ein gewaltiger Sturm um mein Haus tobte. Er zerschlug Türen und Fenster, machte auch vor der Kammer nicht Halt, pfiff durch das Schloß und durch die Ritzen in den Wänden, bis die Kammer in sich zusammenfiel.

Es dauerte nicht lange, bis das Brausen des Sturmes verhallte, und es blieb nichts weiter übrig als ein Herz, mein Herz. Es schlug erst sehr schnell, dann langsam etwas ruhiger. Es hat keinen Schutz mehr, es ist schutzlos und zerbrechlich wie das Herz eines Kindes. Es ist nicht gut und nicht schlecht, es ist, es klopft.

Bitte, entschuldige, daß ich es so lange verschlossen habe. Ich habe einfach nicht gesehen, daß ein Herz in Ketten soviel Schaden anrichten kann. Es ist mir einfach passiert.

Bitte, laß mir Zeit, laß mir Zeit zu wachsen. Elke ◄

► Liebe Elke,
es fällt mir nicht leicht, im Nachsinnen so klar und einfach die Fehler zu entdecken, die ich in unsere Partnerschaft eingebracht habe.

Es fing unbewußt damit an, daß ich in einer Phase der Traurigkeit steckte, als ich Dich kennenlernte. Da warst Du so hell und strahlend, daß ich meine Traurigkeit schnell vergessen konnte. Ich habe Dich bei aller Verliebtheit auch benutzt, diese unangenehmen Gefühle zu vergessen. Diese Zeit der Verliebtheit war wunderschön.

Ich weiß die Gründe nicht mehr, weswegen Du Dich am Anfang zweimal von mir getrennt hast. Ich empfand das als persönlichen Verlust; Du gingst von mir weg, das war schmachvoll für mich. Ich hatte die Phantasie, unsere Bekannten könnten mich für einen Trottel halten.

Ich hatte auch schlimme Angst, wieder allein gelassen zu sein. Diese Einsamkeit vor mir zu sehen war mir unerträglich. Mein Fehler war, Dir das alles nicht gesagt zu haben, weil ich mich nicht traute, weil ich mir nur vorstellen konnte, daß Du mich wegen meiner Schwächen auslachen würdest. Ich habe Dir nur selten alles über meine Gefühle gesagt, die uns beide betreffen. Immer habe ich Angst gehabt, wenn Du meine Unsicherheit, Zaghaftigkeit und

Ängstlichkeit in Auseinandersetzungen erkennen würdest, dann würdest Du mich verlassen.

Wut von Dir auf mich konnte ich nicht aushalten, ich habe mich verkrochen. Diese Angst vor Auseinandersetzungen, mich zu blamieren, lächerlich zu sein, damit habe ich Dir das Leben mit mir schwergemacht.

Innerlich habe ich oft den Wunsch verspürt, mich mit Dir gut streiten zu können. Daß wir das nicht können, dafür habe ich heimlich Dir die Verantwortung gegeben. Ich habe versucht, mich überlegen zu geben, zu zeigen, daß bei mir im Grunde alles in Ordnung sei.

Mit dieser Lüge ist es jetzt vorbei!

Ich sehe jetzt, daß ich mit meiner Ängstlichkeit unsere Partnerschaft in eine Sackgasse treibe. Meine Angst war groß, ich habe die Hilfe dieses Seminars gebraucht, um Dir das sagen zu können. Ich möchte Dir noch sagen, daß ich oft den Beruf vorschiebe, um keine Auseinandersetzung mit Dir zu haben. Du kennst den Satz von mir: «Ich habe den ganzen Tag über Probleme anderer Leute geredet und zugehört, nun will ich Feierabend haben.» Ich habe das des öfteren auch als Vorwand benutzt.   Harald ◄

Und gut ein Jahr später:

► Liebe Elke,
ich habe jetzt meine Tonarbeit «Nest» vor mir stehen, und sie gefällt mir.

Meine Art, mit Dir zu kämpfen, Druck zu machen, sind für mich der Beginn eines Neuaufbaus der Beziehung zu Dir. Unmerklich ist Neues entstanden. Wenn ich mit Dir rede über die Kinder, über uns, über Alltagsprobleme, ist eine neue Stimmung da. Seit einigen Wochen wandelt sich etwas in mir zu Dir. Ich freue mich darüber, und ich spüre den Wunsch, noch viel zu entdecken.

Wir haben viel emotionale Kraft und Zeit in die Kinder investiert. Ich bin glücklich, daß wir das geschafft haben und an einem Strang gezogen haben. Ich möchte mich aber auch wieder mehr mit uns beschäftigen, Spaß mit Dir haben, nach Griechenland fahren und spontane Einfälle verwirklichen. Ich bin stolz darauf, zwanzig Jahre mit Dir zusammenzusein, und möchte weiter daran arbeiten.

Wie ich unsere Beziehung gestaltet habe und sie gestalten will, kann ich nur schwer in Ton ausdrücken. Ich habe mich deshalb ganz intensiv mit meinen Händen beschäftigt, sie innerlich stark und kräftig gemacht und dann den Ton berührt. Der Ton ist kalt und steif, er fühlt sich sandig an und bildet beim Kneten immer wieder Risse. Ich gebe ihm die ganze Kraft und Wärme meiner Hände und spüre, wie er geschmeidiger wird. Er ist mir noch zu trocken, deshalb benetze ich ihn immer wieder mit warmem Wasser. Er wird glatter, weicher und wärmer. Immer wieder drücke ich die Kraft und Wärme meiner Hände hinein. Ich schließe dabei die Augen, der Ton ist mir liebgeworden.

Ich will eine Schale formen. Ich möchte sie rund und kräftig machen, so wie ein Nest. Der Ton ist voll mit der Kraft meiner Hände und läßt sich leicht bearbeiten. So habe ich dann dieses Nest Streifen für Streifen gefertigt. Im Nest liegen die Symbole unserer Beziehung. Sie liegen durcheinander, das Stück Holz, das Moos und die kleinen, kurzen Pflanzen, die sich etwas stachelig anfühlen. Ich will sie dazu benutzen, diese Tonschale damit von innen auszukleiden. Auch wenn der Ton selbst wieder kalt wird, ich habe ihm

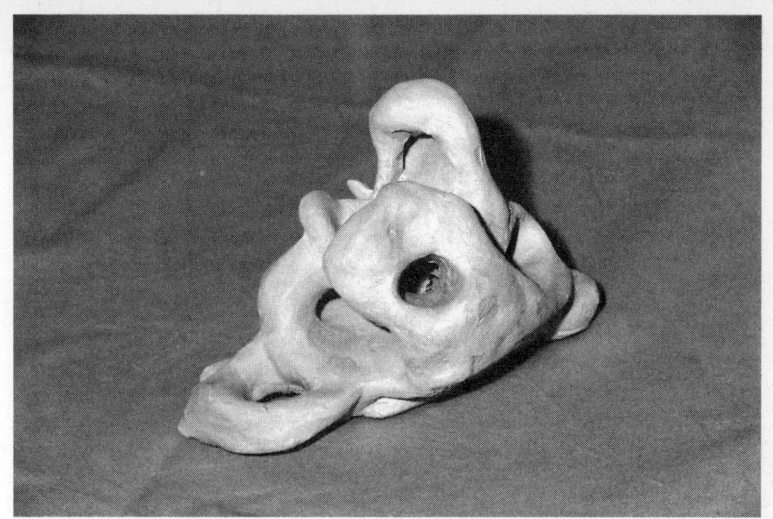

meine Kraft gegeben, und er wird sie behalten, gegen die Kühle werden uns dann die Pflanzen schützen.

Ich werde darauf achten, den Druck nicht mehr weiterzugeben, den ich von meinem Vater erhalten habe.   Harald ◄

► Lieber Harald,
ich habe mich aufgemacht, das Land der Liebe zu suchen. Auf meiner Wanderung kam ich durch viele Länder, aber das Land der Liebe fand ich nicht. Der weite Weg und der schwere Rucksack hatten mich müde gemacht. Ich setzte mich auf einen Stein, warf mein Gepäck zur Seite und träumte vor mich hin. Da kam ein Alter des Weges daher. Er ging direkt auf mich zu, legte einen Klumpen Ton vor mich hin und sagte: «Forme Dir Dein Land der Liebe», und verschwand so schnell, wie er gekommen war.

Ich sann eine Zeit vor mich hin, dann tasteten meine Hände wie von selbst den Klumpen ab. Er war kalt, feucht und sehr hart. Von einer Quelle holte ich mir frisches Wasser, tauchte meine Hände hinein und begann den Ton zu formen. Es dauerte eine ganze Zeit, bis der Ton weicher wurde, und meine Hände mußten viel Wärme abge-

207

ben, um ihn geschmeidig zu machen. Doch je mehr Wärme sie abgaben, desto wärmer wurden sie. In den weichen, warmen Klumpen bohrten sich meine Finger hinein. Es entstanden zwei Teile, die sich auf einem gemeinsamen Boden trafen. Sie begannen zu tanzen und sich zu biegen. Dabei entstanden Höhlen und Gänge, es schien, als könnten sie den Boden verlassen und wollten fliegen, doch in Wirklichkeit hatten sie ein breitgeschwungenes, festes Fundament. Lange glätteten meine Finger die Kanten und füllten die Risse, dann war diese Skulptur entstanden: ein bißchen verspielt, sehr bewegt geschwungen, risikofreudig, geheimnisvoll und auf festem Boden stehend.   Elke ◄

Zwei Monate später schreibt Elke ergänzend:

► Lieber Harald,
nach dem letzten Seminar gewann ich eine klare Vorstellung darüber, warum wir gerade, Du und ich, uns finden wollten und mußten und warum wir genau den Weg gegangen sind, der hinter uns liegt. Unsere Begegnung ist wichtig gewesen, damit jeder von uns sich vom lähmenden Ballast unserer Vergangenheit befreien und überflüssiges Gepäck ablegen konnte. Bei Dir denke ich an die Verhärtungen, die Du durch Deinen Vater erlitten hast und unter denen ich bei Dir gelitten habe. Bei mir denke ich an die wahnwitzige Vorstellung, daß ich all meine sinnlichem Empfindungen und Impulse nur stark genug zurückdrängen müßte, dann endlich wäre ich liebenswürdig. Damit habe ich unsere Liebe zerstört, und Du hast darunter gelitten.
Meine Gefühle irrten herum, und ich wußte nicht mehr, ob es an der Zeit ist, unsere Beziehung zu beenden oder einen neuen Beginn zu wagen. – Miteinander reden machte alles nur noch schlimmer – so schwiegen wir eine Zeitlang.
Da ist *meine Skulptur* – meine Hände haben meinen Wunsch, meinen Eros zum Leben zu bringen, sehr deutlich ausgedrückt. Da ist *Dein Nest*: Dein Wunsch nach einer schützenden, kuscheligen Behausung. Sehr elementar gestaltet. Zuerst schien es mir fremd. Doch je länger es auf Deinem Schreibtisch steht, desto lieber habe ich es gewonnen. Auch ich möchte in meinem Lebensplan ein sicheres Nest haben.

Ich fühlte in den letzten Wochen, daß in unserem Alltag manchmal eine neue Farbe aufschimmert, und ich wünsche mir, daß wir gemeinsam noch viele neue Farben entdecken. Angst habe ich vor meinem Grau und vor Deiner Müdigkeit. Beides macht mich sehr wütend. Auf mich und auf Dich, daß wir unsere Liebe so vernachlässigt haben. Ich habe meine Freuden an körperlicher Liebe mit Dir nicht entwickeln können, und ich bin sauer, daß ich mich auch noch als Schuldige gefühlt habe. Ich will deshalb noch genauer an meiner falschen «Opferbereitschaft» arbeiten.

Für uns beide wünsche ich mir ein gründliches Ausmisten, so daß ein Neuanfang wirklich möglich wird. Elke ◄

Bei Elke und Harald war mitzuverfolgen, wie Beide Schicht um Schicht ihre Altlasten abtrugen und sich von ihrer eigenen Vergangenheit emanzipierten. Tatsächlich hatte sie lange Zeit alle Schuld auf sich genommen, er fühlte sich als der Stärkere und – Gesündere. Diese Art von Delegation führt auf Dauer immer zum Scheitern einer Beziehung. Die Beiden konnten sich durch ihr gemeinsames Kämpfen um ihre Liebe retten. Sie liefen Gefahr, im Streit gegeneinander alles zu verlieren, denn einen einzelnen Gewinner gibt es nicht beim Zerbrechen einer so langjährigen Ehe. Nur zusammen konnten sie gewinnen. Sie waren mutig und ehrlich und haben gesiegt.

Am Ende dieses Kapitels soll Wismars Brief stehen. Diesen Mann habe ich in der Therapiezeit ins Herz geschlossen, ihn, der als gestandener Mann vom Bau soviel seiner Herzensliebe darzustellen vermag. Er schreibt an sich selbst, denn er hat Clarissa verloren. Es gelang zumindest bis jetzt nicht, die unselige Verkettung von Altlasten und Schicksalsschlägen durch die Therapie aufzufangen. Allerdings erkennt Clarissa durch ihre anschließend aufgenommene Einzeltherapie immer deutlicher, wie sehr sie mit ihrer *Rosenaxt* (siehe Tafelteil) an Wismar und anderen unheilvolle Rache übte für das ihr in ihrer Kindheit zugefügte Unrecht. Sie findet immer mehr zu sich selbst und eines Tages, so hoffe ich, den Weg zurück zu Wismar. Sein Abschiedsbrief kann für jeden von uns eine tiefgreifende Mahnung sein:

► An Wismar,
dieser Brief ist an mich selbst gerichtet und soll für mich eine Mahnung sein, denn erst heute abend habe ich begriffen, daß ich die Alte

Zeit immer noch nicht verlassen hatte. Die Intoleranz, die spießige Überheblichkeit, die eigene selbstgerechte, verlogene Moral, all dieses hatte ich die ganzen Jahre meiner Ehe als Ballast mit mir herumgeschleppt. Ich war nur äußerlich dieser von mir milde verachteten und trotzdem mit großzügigem Wohlwollen beurteilten Welt entronnen.

Plötzlich, wie aus heiterem Himmel, muß ich erkennen, ich war die ganzen Jahre über einer von ihnen. Ich hätte nie im Traum daran gedacht, und wenn einer – und dies ist für mich besonders schmerzlich, Clarissa war «eine» – behauptete, welche Doppelbödigkeit dahintersteckte, dann habe ich diesen Behauptungen mit den Mitteln der Alten Zeit zu begegnen gewußt. Ich habe die Wahrheit lächerlich gemacht.

Es ist schon erstaunlich, wie klar mir dies heute bewußt geworden ist. Sicher, der Reifeprozeß dauerte die letzten Tage und Wochen, schmerzliche Wochen. Mir ist aber plötzlich ein riesiger Druck genommen worden.

Ich bin mir plötzlich ganz sicher, daß ich mit der «Alten Zeit» viel, viel Kummer angerichtet habe. Es tut mir sehr leid. Ich hoffe von ganzem Herzen, daß ich die Gelegenheit haben werde, soviel Liebe und Vertrauen zurückzugeben, damit die Wunden heilen können. Ich war ein Narr, ich glaubte, Clarissa wäre manchmal kleinkariert und sie hätte kein Vertrauen zu mir. Erst durch mein Verhalten, durch meine Arroganz und Überheblichkeit habe ich selbst zuerst ihr das Vertrauen abgesprochen, im gleichen Atemzug aber das abgesprochene Vertrauen gefordert.

Ich werde diese Zeilen auswendig lernen, damit sich diese Borniertheit bei mir nicht wiederholt. Ich werde diese Zeilen auch deswegen auswendig lernen, damit ich nicht vergesse, wieviel unsagbarer Schmerz, wieviel unendliche Traurigkeit und wieviel Sehnsucht von Herz zu Herz geht. All dieses wäre für ein zweites Mal zuviel.

Ich will mich aber auch daran erinnern, wieviel Leid ich Clarissa mit meinem Verhalten gebracht habe.

Clarissa, ich bitte Dich um Verzeihung.

Ich liebe Dich. Wismar ◄

Übungen

Einsichten und Bekenntnisse

Es ist sicherlich wichtig, das jeder der beiden Partner auch Geheimnisse für sich hat. Totale Offenheit gegenüber dem Partner bedeutet Überforderung. Jede Seele braucht ihre Schlupfwinkel. Dennoch ist es von Zeit zu Zeit wichtig, mögliche Erkenntnisse, Erfahrungen, Hindernisse oder auch Belastungen in der Beziehung von sich aus dem Partner gegenüber einzugestehen. Es geht also nicht um konkrete Fehler oder negative eigene Seiten wie in der Übung Schattenseiten oder Verzeihen und Versöhnen, sondern um Vorkommnisse, Eigenheiten oder persönliche Belange, die in der inneren Auswirkung den Partner mitberühren.

Das können konkret auch Tagebucheintragungen sein, wichtige Gespräche mit Freunden oder Erfahrungen mit Kollegen und berufliche Ergebnisse, die in irgendeiner Weise das Erkennen neuer Zusammenhänge, das Neugestalten und Neuorientieren in der eigenen Beziehung vertiefen, fördern oder in Frage stellen. Auch hier ist es sinnvoll, diese Einsichten schriftlich festzuhalten und dem Partner bei Gelegenheit zu «schenken», damit sie nicht im Alltagsstreß untergehen.

Herzenssprache

Die Anweisung zu dieser Übung lautet etwa so: «Bitte, schließen Sie kurz die Augen, und versuchen Sie, in Ihr eigenes Herz hineinzufühlen, mit Ihrem Empfinden und Wahrnehmen ganz auf den Grund Ihres Herzens zu gehen. In unserer Gesellschaft sind wir nur wenig gewohnt, mit dem Herzen zu sprechen oder das Herz direkt zum Partner und anderen sprechen zu lassen. Wir sind vielmehr gewohnt, unsere Gefühle zu kontrollieren und zu überprüfen und in eine eher gefühlsarme oder -distanzierte Sprache zu kleiden. Außerdem verlernen wir durch die Routine des Alltags allmählich, dem Partner gegenüber unser Herz zu öffnen. So schwindet die Gefühlssprache immer mehr aus der Beziehung, immer weniger werden die Schwingungen von Herz zu Herz weitergegeben. Was einmal, zu Anfang jeder Liebe, das Wichtigste und Schönste war, wird mit jedem Jahr Ehe weniger geübt: der Dialog der Herzen. Deshalb bitte ich Sie, sich jetzt ganz auf diese Gefühle einzulassen, zu spüren, was sich in der Tiefe Ihres Herzens an Zärtlichkeit, an Sehnsucht, an Liebe, vielleicht aber auch an Verletzung, an Kummer und Zorn aufgespeichert hat. Versuchen Sie jetzt, Worte dafür zu finden, ohne lange darüber nachzudenken, ohne viel zu prüfen oder aus Angst vor Konsequenzen zu schweigen, sondern finden Sie den Mut, Ihrem Herzen Luft zu machen. Finden Sie den Mut, sich wieder in Ihre Gefühle einzuüben, das Klopfen Ihres Herzens ernst zu nehmen und seine Botschaft dem Partner kundzutun. Um diese Aufgabe konkret zu gestalten, bitte ich Sie, daß Sie sich jetzt eine halbe Stunde Zeit nehmen, sich einen angenehmen und ruhigen Platz suchen und das, was Sie spüren und empfinden, zunächst aufschreiben, daraus einen Brief Ihres Herzens an den Partner zu formulieren.

Im weiteren Verlauf der Arbeit werden die Partner dann aufgefordert, diese Briefe einander vorzulesen. Es macht immer sehr tiefen Sinn, solche Besinnungsaufgaben vorher schriftlich formulieren zu lassen. Das trägt wesentlich zu einer Konzentration und Bündelung der Empfindungen bei, die Gefühle werden prägnanter, und die Partner sind gezwungen, sich intensiv mit dem eigenen Innenleben auseinanderzusetzen, können nicht mehr ausweichen, sondern müssen sich entscheiden und den Mut finden, Stellung zu ihren eigenen Gefühlen zu beziehen.

Yin-Yang-Partnerbild

Aufbauend auf die Übung *Partnerbild* (siehe Seite 148 f), in der Beide sich möglichst mit allen Zügen ihrer Persönlichkeit dargestellt haben, folgt jetzt der zweite, der eigentliche Schritt des Paares zur Synthese: Die Partner erhalten jetzt gegen Ende der Therapie die Aufgabe, ihre beiden Partnerbilder auf ein gemeinsames Papier in die Grundformen des Yin-Yang-Mandalas einzufügen. Dazu können die Einzelbilder zerschnitten und stückweise mit eingearbeitet werden; Elemente dürfen hinzukommen, ergänzt oder weggenommen werden. Das Paar zeichnet die Mandala-Form auf das Papier vor und beginnt dann mit der Gestaltung des gemeinsamen Bildes.

Die Auswertung dieses Partnerbildes durch den Therapeuten beginnt schon bei der ersten Bewegung der Beiden am noch leeren Blatt. Wie sie das Projekt angehen und sich darüber verständigen, wer die Initiative ergreift und die Strukturen setzt, wie sie sich einigen über Größe und Grenzführungen, das alles zeigt die neuen Umgangsformen miteinander,

aber auch weitere mögliche Schwierigkeiten. Viele Möglichkeiten der Auswertung zeigen sich für das Paar und den Therapeuten:
– Schnell wird sichtbar, wie der einzelne die Arbeit angeht: zögernd, vorsichtig, ängstlich, intuitiv, planend oder einfach vom ganzen Blatt besitzergreifend. Alle Partnerstile spiegeln sich dabei: die Art der Strichführung, die Wahl der Farben, die Geschwindigkeit des Malens, vor allem auch die Raumausfüllung und die Besetzung von Fläche machen deutlich, mit welchen Entwicklungskräften da jemand bei der Arbeit ist und sich im Leben ausbreitet.
– Die gemalten Inhalte zeigen, welche Ziele und Polkräfte betont, ausgelassen, angeboten, ganz nach innen an die Kontaktgrenze oder ganz nach außen an die Raumgrenze gesetzt werden. Symbole für eigene wichtige Anteile, wie z. B. das Segelschiff für Freizeit, die Aktenordner für Arbeit, andere für Seele und Triebstärke, für Aggressionen und Furcht, deren Orte im Bildganzen und fehlende Partneraspekte sagen letztendlich viel aus über Gefühlsreichtum, Seelentiefe und Wohlergehen des Paares.
– Aus den vielen Einzelelementen formt sich die neue Paargestaltung deutlich heraus. Die Art und Weise, was und wie das Material zu einem Ganzen zusammengefügt wurde, die Verwandtschaft der Inhalte im Kreis oder deren Gegensätzlichkeit kennzeichnen das Paar. Die geschwungene S-Linie, die die beiden Hälften des Kreises voneinander abgrenzt, wird häufig zum symbolischen Schauplatz ehelicher Harmonie oder Dramatik. Wieweit die Partner die Grenzen füreinander öffnen, sich von der Grenze ins eigene Feld zurückziehen, die Grenze doppelt und dreifach markieren oder, ohne den anderen überhaupt zu fragen, einfach überschreiten, sogar in dessen Feld verlegen: Dialog, Auseinandersetzung, Kontakt oder Kontaktverweigerung, stilles Einverständnis oder rhythmische Harmonie der Linien und Farben, alles wird zum Signal und zur Botschaft für oder gegen den Anderen. Ein Teilnehmer hat beispielsweise die S-Linie als Stacheldraht gemalt.

Von ähnlicher Bedeutung für die Auswertung sind auch die Polkerne des anderen Geschlechts im eigenen Feld. Kommt zum Ausdruck, daß der Mann in sich einen weiblichen Kern trägt – und umgekehrt die Frau den männlichen Kern? Hebt dieser sich ab von seiner Umgebung, oder verschwimmt er im Ganzen? Identifikationsmöglichkeit mit dem Partner, Austausch von Gefühlen und Gleichgewicht der Pole spiegeln sich darin wider.

Auch die Kreisgrenze nach außen zeigt die Bindungskräfte des Paares: Wird der Raum nach draußen in gleicher Weise respektiert oder überschritten, wie es der Partner tut? Suchen Beide noch nach weiteren Räumen, nach weiteren Kräften?

Im Bildganzen wird mitunter Erstaunliches deutlich: Viele Paare zeigen ganz unabhängig voneinander bereits in ihren Einzelbildern, aber noch deutlicher im Partnerbild eine nicht näher definierbare Harmonie und Übereinstimmung, sofern sie in ihrem Inneren tatsächlich noch ein Paar sind. Manchmal gleichen sich die Bilder, manchmal die Technik oder die Motive. Aber auch Konflikte zeigen sich klar: wer den Ton angibt und den anderen dominiert, fehlende Kreativität, ängstliches Überlassen des Feldes, mangelnder Mut zur Abgrenzung, erzwungene Harmonie und falsche Anpassung.

Siehe hierzu auch den Tafelteil.

6

SEXUALITÄT

Innerhalb der Paartherapie nimmt die *Sexualtherapie* keine Sonderbehandlung dieses Problembereichs ein, soll aber hier seiner zentralen Bedeutung wegen ausführlicher dargestellt werden.

Früher meinte der klassische Begriff *Sexualtherapie* hauptsächlich die Therapie sexueller Störungen wie Erektionsstörungen, Impotenz, vorzeitiger Samenerguß, Unfähigkeit zum Orgasmus, Schmerzen beim Geschlechtsverkehr und krampfartige Blockierungen. In der Paartherapie allerdings geht es um ein völlig erweitertes Verständnis sexueller Störungen, Störungen nämlich ohne körperliches Symptom.

Viel häufiger als körperliche Probleme gilt es, sexuelle Beziehungsprobleme zu bearbeiten. Sexualität wird dann zwischen den Partnern zum Zankapfel, zum Alptraum, zur Waffe, mit der der Partner zum Wohlverhalten gezwungen werden soll. Körperliche Kontaktsperre und Rückzug bis zur jahrelangen sexuellen Verweigerung, psychische und physische Gewalt bis zur Vergewaltigung, andauernde Beischlafforderungen, lähmende Monotonie und Langeweile, Unlust bis zum völligen Lustverlust, das alles sind Konflikte im sexuellen Bereich, die fast jede Ehekrise begleiten. In 75 Prozent aller Paarkonflikte und Ehescheidungen spielt dieser Bereich eine entscheidende Rolle. Der Körperdialog ist neben den Gefühlen, der Sprache, der Zeit und der Sinnfindung die entscheidende Säule der Partnerschaft. In der PAARSYNTHESE machen wir deshalb auch Körperarbeit mit den Paaren.

Sexuelle Störungen werden als ein Teil gestörter Sinnlichkeit gesehen: Der Sinn der Partnerschaft ging verloren, die Sinne füreinander sind nicht mehr wach, die Einfühlung in den Anderen ist blockiert.

Durch die Arbeit an der sexuellen Entwicklungsgeschichte und das Finden selbstbewußter Identität als Frau und Mann, verbunden mit der Befreiung von hemmenden Ge- und Verboten, durch Dialoge mit dem eigenen Geschlecht und Arbeit am Körperbild, durch Aussprachen in gemeinsamen Frauen- und Männerkreisen mit abschließenden sinnlichen

Festen, durch Entfaltung von Phantasie, Einfallsreichtum und zärtlicher Sprache, aber auch durch Lernen neuer Sinnlichkeit aus esoterischem, orientalischem und asiatischem Wissen versucht das Paar mit therapeutischer Hilfe, zwischen sich eine neue und lustvolle Kultur der Erotik zu entfalten.

Wir sind aufgebrochen, neue Dimensionen der Sexualität zu finden. Dimensionen der Lust, die Frau und Mann gleichermaßen erfüllen, ohne Unterdrückung und Zwangsmoral, gleichberechtigt und ganzheitlich. Dieser Aufbruch zu neuen Ufern geschieht aber nur langsam in den Herzen der Männer und Frauen, da wir aus 3000 Jahren Geschichte gewöhnt sind, Sexualität nach uralten Traditionen, Vorschriften und Ritualen zu leben, nach Regeln, die längst überholt sind. Im Krieg verwenden wir ständig modernste Waffensysteme, in der Liebe und der Sexualität dagegen ist vieles steinzeitlich geblieben.

Jenes ferne Land voll sinnlicher Genüsse, voll exotischer Reize und lockender Abenteuer – es existiert tatsächlich. Und es gibt sehr viele Reiseführer in und durch das Reich der Sinne, der Ekstasen und der Leidenschaften. Viele, viele Wege sind seit altersher bekannt. Und doch: Um es wirklich zu erforschen und zu erobern, braucht es mutige Menschen. Frauen und Männer, die sich zu ihren Gefühlen bekennen, für sie kämpfen, die ihre Energie und Kreativität einsetzen, statt sich bedienen zu lassen, statt sich zu verweigern oder auf Rechte zu pochen. Meist wird die eigene Unfähigkeit, Sexualität und Beziehung zu gestalten und zu entfalten, dem Partner zur Last gelegt. So behauptete ein Mann, dessen Frau Lust hatte, die Position oben einzunehmen, daß sie ihn beherrschen und unterwerfen wolle. In Wirklichkeit war er der Haustyrann.

Manche verzichten sogar lieber auf diesen Lebensbereich der Sexualität als sich dem Risiko seiner Verwirklichung, seiner Abenteuer und dem Feuer seiner Leidenschaften auszusetzen. Sexualität, Sinnlichkeit und Erotik sind aber für Menschen deshalb so unverzichtbar wichtig und doch gefährlich, weil sie so tief unter die Haut und von da direkt in die Seele gehen. Sex und Liebe sind Urkräfte, die, wie alle Gefühle, ungeheure menschliche Energie besitzen, mit der umzugehen allerdings gelernt und bedacht sein muß. Und: Sex, Liebe und Leidenschaft sind ungerichtete Gefühle wie alle anderen auch. Sie sind an sich weder gut noch böse: Sie können unendliches Glück, Wohlergehen und Lebensfreude bringen, in der Hand des Ungeübten aber gewaltigen Schaden und großes Leid anrichten.

Um diese archaische, göttliche Urkraft des Menschen sicher zu steuern, haben Staat und Kirche in unserem Kulturkreis die Einheitsmoral der Ehe durchgesetzt – zum Schaden aller. Herausgekommen ist eine völlig verfälschte Liebeslehre, die die Mehrheit aller Paare ins Desaster stürzte, Liebe zum Sterben verurteilte und Sex zur Pflicht, zum Zwang, zum Unglück und zur Sünde machte.

Es ist an der Zeit, radikal umzudenken und umzulernen – neue Wege der Sinnlichkeit zu gehen. Liebe und Sexualität brauchen zu ihrer gesundheitlichen Entfaltung viele verschiedene Lebensformen, moralisch-gleichberechtigt nebeneinander, um die lebendige Vielfalt zu bewahren. Sie darf nicht in die Einheitsform eines Betonbettes, das Ehe heißt, gegossen werden.

Sex meint viel mehr als Geschlechtsverkehr – und vor allem nicht die Einbahnstraße Orgasmus. Es geht hier also nicht um den Pyramidensex, der Zärtlichkeit aufbaut, mit dem einzigen Ziel nach Geschlechtsverkehr, um, auf dem schmalen Gipfel der Lust angekommen, mit dem Orgasmus auch gleich das jähe Ende der liebenden Vereinigung zu finden.

Zwei Frauen beschreiben während einer Paargruppe in dem «Hohelied meiner Sexualität» schon die neuen Formen weiblicher Lusterfüllung mit soviel Sinnlichkeit und Schönheit, daß alle in der Therapiegruppe atemlos zuhören, die meisten Frauen und Männer mit Staunen und Freude, aber auch mit eigener Erregung antworten. Leider sind wohl bisher nur wenige in der Lage, sich so zu entfalten:

▶ Anita – das Hohelied meiner Sexualität:
Ich liebe meine Streichelhaut, immer leicht getönt, etwas trocken, glatt, mit feinen Härchen, die sich aufstellen, wenn es mich schaudert. Der Wind ist zärtlich genug, sie zu streicheln – und manche Hände oder Haare oder Zungen –, Häute, die sich mögen, sich kennen, sich vertrauen; Haut, die ich gerne rieche, in mich einatme, streichle.
Ich mag meinen Körper! Er ist schön geformt, ich spüre das Leben in ihm. Ich lerne seine Reaktionen immer besser kennen, kann immer besser mit ihm umgehen. Ich liebe seine / meine Bewegungen, seine Haltung. Es ist mir ein Genuß, ihn gymnastisch oder tänzerisch zu bewegen, auszuprobieren, zu fühlen, alle Möglichkeiten auszukosten und sie zu erweitern.
Ich mag meine Brüste, weich sind sie, manchmal fester und größer.

Ich streichle sie selbst gerne und kann gut verstehen, wenn andere sie auch gerne mögen. Ich liebe ihre Empfindlichkeit beim Streicheln, bei etwas Druck, gerade um den Hof der Brustwarzen, wo auch ein paar Härchen sitzen.

Die Signale, die dann durch den ganzen Körper ziehen und oft unten im Bauch ankommen und dort ein wohliges Spannungsgefühl erzeugen, eine Neugierde, eine Erwartung, eine Gier und Ungeduld schließlich.

Ich mag meine Lust. Den Haarwuchs auf dem Lustbein und den äußeren Lustlippen, die weiche, feuchtwarme rotbraune Haut, den kleinen empfindlichen Punkt, der so leicht reizbar, auch überreizbar ist. Ich probiere die Stärke des Muskels am Eingang in mein Inneres gerne aus, ich bewege ihn bewußt und genieße den Gegendruck meiner Finger oder eines Penis, manchmal auch eines Gegenstandes.

Ich streichle gerne, aber noch lieber lasse ich mich streicheln, mich verwöhnen, mich bewundern. Ich spüre gerne das Wachsen meines Begehrens und nehme genießend das Begehren meines Partners wahr, seine Freude an mir, seine wachsende Ungeduld.

Ich mag gleichzeitige Orgasmen, aber lieber ist mir ein Nacheinander. Meinen Partner führe ich gern zuerst auf den Höhepunkt seines Begehrens, seiner Lust. Ich führe, kontrolliere, verzögere und beobachte mit Freude meine Macht in dieser Situation. Ich erlebe ganz bewußt seine steigende Erregung, seinen Orgasmus: mit meinen Augen, meinen Ohren, mit meiner Nase, mit meiner Vagina, an meiner Haut.

Dann kann ich mich völlig meinen eigenen Empfindungen überlassen, dem Genuß, dem Schweben, dem langsamen Aufgeben der Kontrolle, dem nicht mehr Unterscheiden-Können, was seine Hände, seine Zunge, sein Penis sind und tun. Getragen werden, aufgefangen werden. Die Weite in meinem Körper spüren, so weit, so offen, soviel Raum in mir, den der Penis gar nicht füllen kann. Der Wechsel zwischen mutwilliger Entspannung und der nicht mehr zu kontrollierenden Spannung in Erwartung des lösenden Höhepunktes, der ganze Körper ein gespannter Bogen.

Manchmal ist die Lösung mit Traurigkeit verbunden, oft mit Lachen, immer eine Rückkehr von weither, eine Rückkehr aus mir, Rückkehr auch zum Partner, denn ich fühle mich beim Orgasmus allein, erlebe ihn in mir allein, getragen und behütet von meinem Partner, aber innerlich nur bei mir. – Traurig? Vielleicht, aber auch wunderbar, dieses Gefühl gehört mir, gehört zu mir. Er kann Anteil nehmen, aber es nicht selbst erleben.

Ich mag Sex. Kurze Lustspiele im Auto, auf dem sonnenbeschienenen Tisch auf der Terrasse, in Wald und Wiese. Aber auch lange zärtliche Abende vor dem Kamin, vor einem Spiegel, mit Massagen, wohlriechenden Ölen, Musik... und viel, viel Zeit zum Reden, zum Streicheln, zum Sich-Lieben.

Ich mag Liebe, Zusammensein mit Liebe und Seele, mit jeder Faser des Bewußtseins, ganz und gar und alles und jeden ausschließend.

Ich mag Erotik, Romantik – auch erotische Literatur, die mich erregt, und ich bin neugierig, gierig auf alles Neue... ◄

Die zweite Frau formuliert das neue Lied der Sehnsucht in einer anderen Gruppe mit viel Ängsten und fast zitternd, noch mehr in Wunschform, als ihr Ziel am Horizont:

► Maren – mein Hohes Lied der Sexualität:
Ich spüre in mir einen Vulkan, den ich nie gelebt habe.
Ich möchte den Ausbruch leben, meine Angst, meine Kontrolle verlieren, mich leben und hingeben.
Ich möchte von Männern als Frau wahrgenommen werden.
Ich sehne mich nach Zärtlichkeit, nach Händen, die mich überall berühren. Nach einem Mund, der mich küßt, einer Zunge, die mich leckt und stimuliert, die auf und in meinem Körper auf die Reise geht.
Ich sehne mich nach einem Partner, den ich lieben kann. Wo meine Hände, Zunge, Mund an seinem Körper zärtlich begehrende Künstler werden, sein Geruch mich erregt. Ich sehne mich nach Vereinigung, nach schnellen, starken Stößen, nach zärtlichen und sanften, nach seinen Ergüssen in mir.
Ich möchte Sexualität leben, erleben, zulassen.
Ich möchte sie leben, wie sie sich bietet.
Sie soll einfließen können in verschiedene Kontakte, Lebensbereiche, Gespräche.
Ich will sie nicht mehr isolieren.
Ich träume gerne von einer Wiese an einem See,

wo ich Sexualität im Freien mit einem Partner leben kann.
Ich möchte mich verlieben und Attraktivität und Sex ausstrahlen.
Ich möchte zärtlich und weiblich sein können, aber auch stark und hart. Ich möchte mich hingeben können und den Kopf verlieren, aber auch Verstand und Kontrolle haben dürfen. Ich möchte ausgelassen und humorvoll sein dürfen, aber auch ernsthaft und traurig.
Ich möchte mich anlehnen können... ◄

Diese Frau, Maren, weiß und ahnt, daß sie noch einen Weg voller Eigenarbeit vor sich hat, denn die Realität ihrer bisher gelebten Sexualität steht im harten Kontrast. Es ist gar nicht zu fassen, daß es sich dabei um dieselbe Frau handeln soll. Zwei verschiedene Welten prallen in ihr aufeinander, zerreißen sie förmlich. Sie schildert das in ihren Ängsten:

► Meine Ängste, sexuell nicht attraktiv zu sein!
Ich nehme Interesse von Männern nicht wahr, es kann nicht sein, daß Du an mir interessiert bist. Wie, Du schaust mich noch immer an?
Ich weiß nicht, was ich sagen soll, ich kann mich so schlecht über belanglose Dinge unterhalten. Ich komme in Streß, mir gehen Humor und Leichtigkeit verloren.
Du hast meine behaarten Beine nicht gesehen. Du, ich kleide mich immer sportlich. Ich habe kein Negligé oder Strapse, ich bin sehr natur, ungeschminkt, nicht geschürzt. Ich habe einen Bauch und unreine Haut, kannst Du das mögen?
Schau mir in die Augen, ich bin ängstlich und unsicher.
Was, Du willst mit mir ins Bett?
Ich habe Angst, ob ich gut bin, ob das klappt. Vielleicht wird meine Scheide nicht feucht, vielleicht bekomme ich keinen Orgasmus, vielleicht bin ich zu aktiv, und dies stößt Dich ab.
Vielleicht kann ich vor lauter...? vielleicht nicht genießen. Vielleicht vergeß ich mich und meine Bedürfnisse, um Dir zu gefallen (wenn sich schon mal jemand für mich interessiert).
Ich habe Angst, Kontrolle aufzugeben, mich hinzugeben, habe Angst, mich zu verlieren.
Wenn Du Dich auf mich einläßt, paß auf: Ich habe Angst, unersättlich zu sein, Dich aufzufressen, maßlos zu werden in Ansprüchen nach Liebe, Zärtlichkeit und Sexualität.

Ich habe Angst vor Zurückweisungen, die nicht klar sind.
Meine Phantasie richtet sich dann gegen mich.
Ich brauche Offenheit. Deine Aggressionslosigkeit und Rückzug
erlebe ich schlimmer als Schläge, ich fühle mich abgestellt. ◄

Hier wird deutlich, wie weit Sehnsucht und Realität noch auseinander-
fallen, wie tief die Kluft zwischen der Sexualität unserer Väter und ihrer
verängstigten Frauen war gegenüber den Ahnungen und Hoffnungen
eines neuen Zeitalters der Liebe und der Erotik. Meist verhindern gegenseitige Anklagen, Drohungen, Streit, Vorwürfe, Erpressungen, Schuldzuweisungen, Rückzug, Verweigerung bis zur Depression eine Weiterentwicklung der gemeinsamen und der eigenen Sinnlichkeit. Alle Zärtlichkeit stirbt ab. Es bleibt Verbitterung oder jahrelange Stagnation.

Da wieder einen Weg herauszufinden, ist die Sehnsucht fast aller
Paare, die Therapie in Anspruch nehmen. Und sie ist zentrales Thema der
Paartherapie überhaupt, wie eben der Körperdialog eine der fünf Grund-
säulen der Beziehung überhaupt darstellt.

Deshalb ist dieser Sehnsucht nach befreiter Sinnlichkeit hier im Buch
ein eigenes Kapitel reserviert, obwohl die sexuellen Probleme immer nur
Teil der ganzen Beziehung sind. In der PAARSYNTHESE wird eine
«Sexualtherapie» deshalb auch immer nur als ein Teil der gesamten Paartherapie verstanden. Sexuelle Probleme, Störungen und Konflikte gelten
dabei als spezieller Ausdruck einer Partner- und Beziehungsstörung. Isolierte Sexualtherapie, konzentriert allein auf diesen Aspekt des Menschen, wird der Paarbeziehung ebensowenig gerecht, wie der isolierte
Gebrauch des Penis zum Geschlechtsverkehr der gesamten Sexualität gerecht wird.

Dennoch erfordert die Arbeit mit diesem Thema innerhalb der Paartherapie einige Besonderheiten. Es gilt, nacheinander die Sprache der
Sexualität, die Partnerwerdung in der Sexualität und über die Körperarbeit ihre Neugestaltung mit dem Paar zu finden.

Im praktischen Vorgehen der Paartherapie mit sexuellen Problemen
schließt das wieder Eigen- und Dialogarbeit ein. Wie eine solche Eigenarbeit auf dem Weg dahin aussieht, zeigen Briefe von Monika und Jörn, die
in ihrer Paartherapie die Aufgabe bekommen hatten, einen «Brief ihres
eigenen Geschlechtsteiles an sich selbst zu schreiben (siehe Seite 254):

▶ Ich bin ein Teil von Dir, aber Du behandelst mich wie einen Fremdkörper. Ich bin Dir unheimlich, anstößig. Du hast nicht mal einen Namen für mich. Vagina, das klingt weich und weiblich, aber auch medizinisch-hygienisch. Scheide, das ist Vaters Wort bei der peinlich verklemmten Aufklärungsstunde im Dunkeln; Möse, das klingt stark und warm, aber auch bedrohlich, animalisch, ist auch ein abwertendes Männerwort. Beim Erfinden ablehnender, entwertender Worte für mich bist Du einfallsreich, Du empfindest mich oft als Wunde, als unästhetisches Labyrinth, als klaffenden Spalt.

Als Du ein kleines Mädchen warst, hast Du gute Gefühle für mich gehabt. Du hast Dich manchmal in ein abgelegenes Zimmer gehockt und hast meine geheimnisvolle, verlockende Kraft in der Tiefe gespürt. Aber Du hattest gleichzeitig Angst, daß jemand hereinkommen könnte, der Dir Deine Erregung ansieht. Ohne daß jemals darüber gesprochen wurde, wußtest Du, daß diese Kraft und Erregung in Deiner Familie abgelehnt wurde, und Du hast Dich entschieden, Dich dem Gebot zu fügen. Du hast mich geopfert, Du hattest Angst vor der Stärke, die Du in Dir selbst ahntest.

Später hast Du mich gekratzt, gebohrt, Deine Nase gerümpft; Du hast mich nicht gestreichelt, ertastet, hast Dich nie mir anvertraut.

Dann, beim Petting, war ich längst von Dir abgespalten, ein Fremdkörper, so sehr, daß Du Dich heute kaum noch an Deine Empfindungen dabei erinnerst. Hattest Du überhaupt welche? Geschlechtsverkehr, schlecht und verkehrt. Orgasmus, die ersten Jahre ein Fremdwort, ein Buch mit sieben Siegeln, dann ein Klassenziel, ein Beweis für Deine Funktionsfähigkeit, das Du meistens mühsam, mit krampfhafter Entspannung, mit Pornophantasien beim Bumsen zu erreichen versuchtest.

Die Abspaltung, die Verkrampfung wurde verstärkt und vervielfacht durch Jörns Unsicherheit und Angst, durch die jahrelang nicht eingestandene Enttäuschung beim vorzeitigen Erguß, durch das Gefühl, ausgesaugt und benutzt zu werden als Jörns Lebenselixier. Auf der anderen Seite hattest Du immer die Sehnsucht, das starke Verlangen, mit mir eins zu sein, ganz zu sein, Deine Mitte zu finden, die Du, das weißt Du genau, ohne mich, Deine Vagina, Deine Möse nicht finden wirst. Und Du hast Sehnsucht danach, mich zu entdecken, mich zu genießen, meine Kraft zu teilen mit einem Mann, mit Jörn, aber auch – meistens nur in der Phantasie – mit anderen Männern, vielleicht auch mit Frauen.

Du hast Bilder geträumt, Du branntest wie Feuer, Du erlebtest Dich wie im Rausch, aber die Qual meiner Unterdrückung, meines Unbefriedigtseins setzte auch zerstörerische, rücksichtslose, sadistische Kräfte frei, machte Dich kopflos und verwirrt.

So hast Du mich wieder geknebelt, vielleicht härter und unerbittlicher als je zuvor. Kaum läßt Du noch Phantasien zu, Du glaubst, ohne mich leben zu können. Spürst Du nicht, wie Du Dich dadurch impotent und unlebendig machst? Was hindert Dich daran, Deine Kraft, Deine Lust, Deinen Reichtum zu entdecken? Monika ◄

Und der Ehemann, ein übervorsichtiger, ängstlicher, sehr angepaßter und immer liebevoll Bemühter, läßt, zum ersten Mal in seinem Leben selbst so offen und direkt, seinen Penis zu sich sprechen:

► Oft habe ich Angst, oft habe ich Lust, oft habe ich das Gefühl, nicht zu Deinem Körper zu gehören. Alles in Dir willst Du unter Kontrolle halten, auch wenn Dein Körper dadurch in einer Röhre gefangengehalten wird, aus der ich hervorrage. Dein Kopf hat keinen Einfluß auf mich; wenn ich groß und aufgerichtet bin, versuchst Du oft, mich klein zu kriegen, um Monika nicht zu erschrecken. Aber nicht alles läßt sich kontrollieren nach dem Motto: Ich muß immer aufpassen. Schon in der Jugendzeit hat Dir ein Schulkamerad eingeschärft: «Paß bloß auf, daß nicht schon vor dem Vögeln alles abgeht.» Das war ein wesentlicher Teil der Aufklärung. Auch wenn ich losgelöst von Deinem Willen funktioniere (oder auch nicht), gehöre ich zu Dir. Ich bin so ängstlich oder so stark, wie Du Dich fühlst. Ich bekomme so viel Freude und Lust, wie Du Dir zugestehst. Beim Vögeln kommt alles ans Tageslicht, nichts geht mit dem Kopf, mit Kraftanstrengung, Selbstaufgabe und Unoffenheit. Das Weitermachen nach dem Samenerguß war bei anhaltender Erektion immer «machbar» und hielt Monikas Enttäuschung in Grenzen. Froh hat es uns alle letztendlich nicht gemacht. Und dabei wollten wir beide doch immer Monika «befriedigen», auch wenn wir beide unzufrieden waren. Kontrolle und Aufpassen sind hier an ihre Grenzen gestoßen.

Monika hat immer gesagt, ich sei zu groß, erschreckend, und Du hast mich dann verleugnet, statt mich und mein Begehren zu verteidigen. Ich kann mich nur mit Dir ändern, es gibt keine Sexualtherapie ohne Psychotherapie.

Ich will vögeln, und zwar anders und öfter als bisher, und ich will es mit Dir und Monika und nicht für Monika und mit Dir als ängstlichem Beobachter. Ich will weg von dem Wiederholungszwang, beim nächsten Mal alles «besser» zu machen. Ich will auch begehrt werden, denn im letzten Jahr, als Monika in ihrer «ausgeflippten» Zeit ständig verrückt nach uns war, habe ich eine Sexualität wie im Traum erlebt, völlig wild und frei von Angst.　　　　　Jörn ◄

Die Briefe von Monika und Jörn zeigen, wieviel Hindernisse die Beiden zu überwinden haben auf dem Weg zu einer befreiten Sinnlichkeit. Die tiefe, eigene Betroffenheit, die Beide in ihren Texten zu erkennen geben, spricht aber auch sehr für die große Chance einer gemeinsamen Heilung. Die eigene Not wird nicht dem Partner angelastet: Die zentrale Lusterfüllung liegt im eigenen Inneren, im eigenen Körper und ist nicht die Aufgabe und Verantwortung des Partners.

Ungleich schüchterner und unbeholfener als im Fall von Monika und Jörn wirkt ein Fünfzigjähriger, der von seiner Frau mehr oder weniger in die Paartherapie gedrängt wurde. Sie hatte entdeckt, daß er sie schon oft im Verlauf ihrer über zwanzigjährigen Ehe betrogen hatte, diesmal mit ihrer eigenen Freundin. Beide hatten sie hohe religiöse und moralische Normen, waren aktiv am kirchlichen Gemeindeleben beteiligt. Um so tiefer war der Fall, die seelische Verletzung und Demütigung. Bald stellte sich heraus, daß der Mann immer in Krisenzeiten, bei beruflicher Überlastung und Existenzbedrohung fremdging – als seelisches Überdruckventil. Aber schlimmer noch: In der gemeinsamen Frömmigkeit hatte das Paar nie gewagt, offen miteinander über sexuelle Bedürfnisse und Wünsche zu reden. So war jede Form sexueller Begegnung zwischen ihnen zu einem festen Ritual erstarrt, sprachlose Verschmelzung in isolierter Einsamkeit, Bedienung aneinander und füreinander, ohne wirkliche Befriedigung. Nach wenigen Stunden der Therapie gelingt es den Beiden, im Schutzraum der psychologischen Behandlung, ganz vorsichtig, holpernd, unbeholfen, aber rührend und dankbar, erste Schritte zu tun. Sie sollten eigene Phantasien und Wunschvorstellungen ihrer Sexualität aufschreiben. Es kommt dabei Sexualität pur zum Ausdruck, noch ganz geprägt vom Stil der Väter, unverbrämt männlich, zielgerichtet auf genitale Aktivitäten bis hin zum Orgasmus. Geschlechtsverkehr als Einbahnstraße und Sackgasse, als Pyramidensex:

▶ Rolf: Wie ich mir Sinnlichkeit und Sexualität vorstelle:
1. Klar, daß ich der aktivere Teil bin, deshalb liebe ich es besonders, wenn meine Frau mir Zeichen gibt, daß sie mit mir schlafen will.
2. Genauso stimulieren mich Bilder aus Magazinen oder Filmen.
3. Besonders stark ist für mich die Reizsteigerung, wenn der Akt durch akustische Äußerungen meiner Frau begleitet wird.
4. Bevorzugter Reiz hat für mich die Stellung, wenn meine Frau auf allen vieren kniet, ich meinen Penis von hinten einführen kann oder wenn sie meinen Penis oral behandelt.
5. Tagträume habe ich immer wieder und häufig, wenn ich eine Frau sehe, die mir gefällt, und ich sie mir nackt vorstelle. ◀

Dieser Text ist in seiner Kürze und Bündigkeit eine gute Beschreibung männlicher Sexualität, wie sie uns Männern bis vor kurzem beigebracht wurde. Es fehlt nur noch der Wunsch nach größerer Häufigkeit. Wir haben unseren Frauen durch diese gezielte und einseitig auf männliche Befriedigung ausgerichtete «Sinnlichkeit», wie Rolf oben im Text deutlich macht, viel Kummer und Schmerz zugefügt, sehr viel. Wir haben darum geworben, gebeten, gebettelt, gedroht und gestritten und dabei immer mehr an Lust bei ihnen zerstört.

Aber wir wußten es auch nicht besser. Es war nicht in bewußter oder böser Absicht geschehen, denn unsere Mütter und Väter konnten uns nichts anderes vermitteln und lehren. Erst seit einer Generation gerät diese patriarchalisch definierte und normierte Sexualität ins Wanken, werden unsere Töchter und Söhne zu sinnlich-liebenden Menschen erzogen, zum freien und natürlichen Erleben von Lust, zur Erfüllung sexueller Ekstase.

Erst die Gleichberechtigung und die Emanzipation der Frau bewirkten als entscheidende Faktoren die *sexuelle Revolution*. In ihren Auswirkungen wird diese tiefgreifender und entscheidender in die gesellschaftliche Zukunft der westlichen Kultur hineinwirken als viele politische Revolutionen.

Und die Männer können jetzt von den Frauen lernen. Allerdings nur in dem Maße, wie diese ihre eigene sexuelle Entfaltung vorantreiben. Vielen von ihnen fällt es noch sehr schwer, die eigene weibliche Sexualität und sinnliche Lust zu beschreiben. Gerade, wenn Männer infolge der oben von Rolf beschriebenen einseitigen sexuellen Wünsche von den Frauen abgewiesen, zurückgestoßen oder gar nicht mehr zugelassen werden, kontern die Männer häufig: «Wenn Dir meine Art Sexualität nicht paßt, dann sag mir doch und zeig mir, was *Du* willst! Los, erklär mir doch, was Du brauchst, was ich anders machen soll. Komm, ich will es mit Dir probieren!» Die prompte Reaktion bei vielen Frauen ist erneute Versteinerung, Lähmung und Verweigerung; und die Männer werden dann immer vorwurfsvoller: «Warum kommt denn jetzt nichts von Dir?»

Zurück bleibt eine tiefe Sprachlosigkeit, Stille, Schweigen und Bedrükken. Die Frauen haben durch die lange Geschichte ihrer sexuellen Unterdrückung noch zuwenig Vorbild, zuwenig an eigenen Möglichkeiten, ihre Phantasien in Sprache und Handeln umzusetzen, zuwenig an Sicherheit, zu sagen: «So bin ich richtig!»

Die junge Generation aber kann dies schon viel besser. Inzwischen gibt es viele Möglichkeiten, Sexualität zu lernen. Weil wir uns langsam trauen, auch öffentlich darüber zu sprechen und so endlich durch Hören und Vergleichen mit anderen lernen können: nicht nur hinter vorgehaltener Hand, nicht nur durch obszöne Witze oder heimliche Pornofilme oder schuldbeladene Seitensprünge, weil Sexualität nicht mehr in die Intimsphäre der eigenen vier Wände, womöglich noch des verdunkelten Schlafzimmers abgedrängt ist. Angeblich sollen immer noch 68 Prozent der erwachsenen Deutschen Geschlechtsverkehr nur im Dunkeln praktizieren.

Was wir brauchen, ist eine öffentliche Intimität: eine Gesellschaft, die wieder die sinnliche Fähigkeit entwickelt, unverklemmt und ungehemmt offen mit Freunden und Bekannten über die schönen Dinge der Sexualität zu reden. Dadurch kann Sexualität besser gelernt, korrigiert und verfeinert werden als durch eherne Moral und falsche Tabuisierung.

Eine Möglichkeit zum Lernen von Sexualität ist ohne Zweifel auch die gemeinsame Paartherapie. Besonders für den Bereich der sexuellen Probleme eignet sich die Paargruppe besonders gut. Dort lernen Frauen und Männer voneinander im Männer- und Frauenkreis: jeweils ein Innen- und ein Außenkreis. Dann erzählen die Geschlechter, berichten, diskutieren und tauschen alles aus, was sie haben an Phantasien und Wünschen, an Ängsten und schlechten Erfahrungen, Erinnerungen an sexuelle Höhe- und Tiefpunkte, an Kindheits- und Jugenderfahrungen, an Mißbrauch und Beglückung, an geheimen und verbotenen Bedürfnissen ebenso wie witzigen Einfällen, Geschichten aus 1001 Nacht. Derweilen hört der Außenkreis nur zu. Erst, wenn der Innenkreis alles gesagt hat, dürfen von außen Fragen gestellt werden: Fragen, die der Sprecher sich vorher nie getraut hat, an das «andere Geschlecht» zu stellen, Bitten um Erklärungen, Äußerungen zu eigenen Ängsten.

Eine solche Paargruppentherapie ist wie eine Schule der Zärtlichkeit. Bei den Teilnehmern wächst langsam das Verstehen, die Sensibilität, das Finden einer zärtlichen Sprache, der Mut zur eigenen sexuellen Identität und zur sexuellen Freiheit. So schreibt Jakob:

▶ Meine Sexualität ist zunächst mein Körper, die wohltuende Berührung, das zärtliche Streicheln der Oberschenkel, des Pos und des Bauches, das tiefe Durchatmen, die zärtliche Berührung des Gesichts, der Haare am Hinterkopf, der Blicke in den Spiegel. Die Liebe zu mir selbst, meine körperliche Vitalität. Sexualität entfaltet sich in der für mich anregenden Umgebung: Sonne auf der Haut, Düfte in der Luft, Kräuter, ätherische Öle, die Natur, die Vögel (Gezwitscher). Besonders der ganz nackte Körper in der Sonne wird frei, öffnet sich in das flutende Sonnenlicht hinein. Der Geist beginnt zu wandern, springt leicht und mühelos, von Bildern zu Situationen, von da zu Gefühlen, zu Wellenbewegungen, die Hand auf dem Wasser, im heißen Sand, auf den wohlgeformten Brüsten, dem sonnenheißen Po und dem behaarten Venushügel. Alle nach außen gerichteten Gefühle kehren in den eigenen Körper zurück. Zurück bleibt ein wohliges Gefühl von Entspanntheit, Tatkraft, Freude, Energie, Abenteuer, Lust. Was sollte noch fehlen, was fehlt, weiß ich nicht! ◀

Das sind die ungestörten Phantasien von Jakob, die auszusprechen und aufs Papier zu bringen ein wichtiger Anfang der Arbeit sind. Gleichzeitig fällt ihm der Dialog und die körperliche Begegnung mit Marie, die reale Auseinandersetzung und das Gespräch darüber sehr schwer, wenn er schreibt:

▶ ... Marie, Du lehnst mich nicht ab, Du bist neutral, so erschreckend neutral, ich fühle mich verletzt, nicht ernst genommen, Deine ungeheure «Neutralität» in unserer Sexualität. Widerstände steigen in mir auf. Frage heute: Warum habe ich dies nicht ausdrücken können / wollen? Hatte ich, habe ich eine Maske? Aber die tiefe Wärme für Dich und der ausgedrückte Wunsch nach Wärme von Dir ist doch stimmig!?? ◄

Später schreibt er dann in seinem
► Hohelied der Sexualität, Lust und Liebe:
Wartezeit vor der Ankunft
Die Zeit der Trennung ist bald vorüber, immer mehr Raum nehmen sich die Gefühle, tauchen vergangene Bilder, Gerüche, Empfindungen auf – sonnenwarme Haut, strahlende, funkelnde Augen –, denen ich mich treibend und träumend überlasse.
Oder? Müßte ich Zweifel haben? Egal! Weg damit! Konflikte, Probleme werden dann gelöst, wenn sie da sind, nicht jetzt! Gleich kommt sie an mit dem Zug. Gleich werde ich sie sehen, werden wir uns begegnen, und schon in diesem Moment wird *alles* sein, ein ganzes Leben konzentriert auf die Überbrückung der letzten fünf Meter trennender Distanz.
Auf diesen Metern verlieren Zeit und Raum ihre Bedeutung, bleiben keine Schranken, Grenzen und Begrenzungen.
Jegliche Mühsal und Schwere ist weg, als wäre sie nie dagewesen. Ich verliere mich selbst, vor Glück, vor Trauer, ich kann es nicht unterscheiden. Es überwältigt mich, die Kontrolle verläßt mich auf beglückende Weise. Ich spüre die pulsierende Wärme in meinem Körper und lasse mich fallen, in die duftenden Blumen, den Götterhain und lausche der Natur. Die sinnliche Wanderung durch die Landschaft wechselt zum Wohlbehagen im Körper, läßt alle Hoffnungen und Wünsche, Phantasien und Sehnsüchte erwachen.
Selbstbewußt mit der von innen kommenden Lust geben wir uns der sanften Lust des Berührens und Liebkosens hin, erforschen unsere Körper voller sinnlicher Lebendigkeit. Wir genießen den Keim, das Ansteigen der Lust und leben dabei schon eine Ahnung von Erfüllung, Entspannung, Wohlsein und angenehmer Erschöpfung. Die Körper verbinden sich in kreisenden, kraftvollen Bewegungen. Die Wärme im Becken, das feuchte Eindringen wieder und wieder, schwerer Atem, Keuchen, Seufzen, Stöhnen, das hinausgezögerte Höchstmaß an Spannung, und dann treibt das nicht enden wollende Loslassen freie Wogen durch den Körper. Wegtauchen, noch keine Lust, wieder aufzutauchen.

In zwei Minuten läuft der Zug ein.
Nanu, wo kommst Du denn her? ◄

Hier, in diesen Texten über Jakobs Sexualität, zeigt sich etwas Erstaunliches: Es sind seine einzigen Texte in all den verschiedenen Phasen der Therapie, die nicht nur stichwortartig und in Fragesätzen, sondern fast fließend und leicht geschrieben sind. Und vor allem: fast dichterisch und voller Gefühl. Sicher hat sich das im Lauf der Therapie entfalten können, aber sicher war in diesem Bereich schon vorher mehr Sprache als sonst da. Daran wird verständlich, warum Jakob die Sexualität so in den Vordergrund all seiner Betrachtungen gestellt hat: In diesem Bereich ist er seiner inneren Gefühle sicher, hier besitzt er überhaupt Gespür und Empfinden, während in seinen anderen Lebensbereichen nur Unsicherheit, Fragezeichen, ängstliche Anpassung und Scheinlogik vorherrschen. Wie bei vielen Männern, die ihre Gefühle durch den Verstand kontrollieren, sind bei ihm eben diese tief eingeschlossen, aus Angst, dafür ausgelacht, bloßgestellt oder bestraft zu werden oder, noch schlimmer für ihn, als unmännlich zu gelten.

Das einzige Ventil für die doch lebensnotwendigen Gefühle, das bleibt und männlich konform ist, ist eben die Sexualität – in seiner Vorstellung die einzige Brücke und der einzige Zugang zur Seele der Frau. Sexualität wird so zur monotonen Routine, zur Sackgasse der Gefühle.

Das Leiden der Frauen in der Sexualität an den wortlosen Männern zeigt sich auch bei Beate, aber sie ist so ehrlich, die *Schuld* dafür nicht nur bei Robert zu suchen:

► Gestern habe ich über meinen Mißbrauch der Sexualität geredet: Verweigerung, marmorne Schönheit, kühl distanziert, Burg, all das weiß ich. Ich will meine Burg öffnen, Robert gegenüber. Irgend etwas stimmt nicht. Bei dem Gedanken, mich jetzt Robert gegenüber zu öffnen, wird mir schlecht. Robert hat sich denn auch, ohne einen Ton zu sagen, in mein Bett gelegt. Ich möchte nicht, daß Robert sich das Recht nimmt, ohne meine Zustimmung einfach in mein Bett zu kommen. Ich merke, wie sich alles in mir zusammenzieht, ich wütend, traurig und ablehnend werde. Es kann doch nicht sein, daß Robert tagsüber aggressiv, kränkend ist, sich entzieht, über seine Sexualität nur nebulös spricht und nachts so tut, als ob alles vollkommene Harmonie wäre. Ich habe so getan, als schliefe

229

ich, und so haben wir beide dagelegen und sind irgendwann eingeschlafen.

So ist es häufig. Ich kann keine Sexualität leben, wenn es zwei so verschiedene Ebenen gibt: Aggressionen, Kränkungen und immer wiederholte Trennungsabsichten, dann aber meinen Körper für ihn bereithalten soll.

Ich kann es nicht und will es nicht. Es muß aus mir selber kommen, das Bedürfnis, der Wunsch muß von mir kommen, nicht von außen übergestülpt. Ist es Resignation, da ich so oft schon – vielleicht kümmerlich – versucht habe, auf andere Weise meine Zärtlichkeit zu zeigen und von Robert dann abgewehrt wurde. War ihm das zu dicht?

Ich bin mit meinen guten Gefühlen ihm gegenüber oft ins Leere gelaufen. Nach kurzer Zeit war alles so, als ob nichts passiert wäre ... und wir versanken in Sprachlosigkeit, Trotz und Abwehr.

Vielleicht kann ich die Nähe gar nicht aushalten. Harmonie hat keinen Bestand. Mir ist sie zu gefährlich. Freudvolle Harmonie haben wir nie gelebt. Kurzes sexuelles Begehren auf beiden Seiten. Ich kann gut mit dieser distanzierten Rolle leben, ich fühle mich ganz wohl (das gerade stimmt nicht – Selbsttäuschung).   Beate ◄

Auch Beate muß erst lernen, sich in ihrer eigenen Lust zu akzeptieren und stark zu empfinden. Sie erkennt sehr gut, daß nicht nur Robert, sondern auch sie selbst die Hingabe an den Partner als «gefährliche Nähe» erlebt, die durch die Öffnung der Grenzen so verwundbar macht. Beide hatten in ihrer Kindheit nur mißbrauchte Geborgenheit erlebt und können sie deshalb auch jetzt weder annehmen noch weitergeben. Sich dem Partner aber nackt, mit dem ganzen Körper, mit allen Gefühlen und mit vollem Herzen auszuliefern, erfordert das Überwinden eigener Angst und eigenen Mißtrauens. Schritt für Schritt wagt es Beate:

► Meine Sexualität – das Hohelied an Dich:
Ich will versuchen, Dich zu besingen: Wenn ich Dich besinge, mache ich Dich wertvoll und existent. Du bist in meinem Körper lustvoll und voller triebhafter Begierde. Du bist es, wenn es sich in meinem Körper regt, in der Brust und im Geschlecht zuckt, voller Verlangen nach dem ekstatischen, sich steigernden Gefühl des sich Auflösens und Fallenlassens. Meine glatte Haut läßt sich gerne

streicheln. Meine Brüste, so weich und empfindlich, genießen Berührungen und drängen kraftvoll nach Berührungen mit fremder Haut, lieben aber auch meine eigenen Zärtlichkeiten. Du meldest Dich plötzlich, nicht nur im nächtlichen Bett, sondern auch in fremden Räumen und fremder Umgebung. Du treibst oft ein Verwirrspiel mit mir, begieriges Verlangen, schamhaftes Zögern; Du bringst mich in Konfusion, mit meinem Kopf und Verstand. Du kannst Dich in meinem Gang, Bewegungen, Blick kraftvoll, sanft, geschmeidig, auch aggressiv und fordernd ausdrücken. Du bist egoistisch, anschmiegsam, ordinär, lustig und schrill. Wie vielfältig bist Du. Du bist das unberechenbarste, kostbarste, nicht zu beherrschende Urelement, das ich habe, mit dem Verstand in Deiner Vielfältigkeit, von Sanftheit bis Gier nicht zu erfassen. Du kannst Besitz von allen Teilen meines Körpers ergreifen und sie fern von Kopf und Verstand lebendig machen. Du kannst mich zu höchster Glückseligkeit führen. Ich liebe Dich. ◄

Sich so wie Beate die Potenz der Phantasie zunutze zu machen, ihre ganze Kreativität zu entfalten, das ist in den Gefilden der Sexualität, im Reich der Sinne, besonders schön, wichtig und notwendigerweise zu lernen. Die Sexualität in ihrer ganzen Schönheit entfaltet sich nicht von alleine, als Gottes Geschenk, sondern bedarf, wie alle menschlichen Bereiche, des Lernens. Und es gelingt auch Beate, die so lange und intensiv unter ihren Lebensängsten litt.

Freiheit, Einfallsreichtum und Unbegrenztheit der Phantasie und der sexuellen Wunschträume sind bei der Therapie sexueller Partnerprobleme häufig das wichtigste Fundament, wenngleich durch prüde Erziehung und falsche Moral oft massiv blockiert. Diese Quelle der sinnlichen Freuden und der körperlichen Lustempfindungen muß zuallererst wieder erschlossen werden. Unzählige erotische Geschichten und Romane der Weltliteratur bezeugen die dadurch entstehende lustvolle Anregung.

Das Schreiben einer *Erotischen Kurzgeschichte* (siehe Seite 255) während der Therapie ist, daraus abgeleitet, immer wieder eine spannende und gleichzeitig heikle Aufgabe. Trotz aller anfänglichen Bedenken und Hemmungen schreiben die meisten dann doch lustvoll und zeigen neue Horizonte dessen auf, wozu sie fähig sein werden.

Beate und Robert lassen dabei ihre innere Befreiung und den Mut zur eigenen Triebhaftigkeit ahnen. Zuerst Beate:

▶ sie wußte, daß er es war. flüchtig nur hatten sie sich gesehen, in die augen geblickt, und unbeeinflußbar mächtig fiel das sehnsuchtsvolle verlangen über beide. sie spürten, es müsse noch eine wiederholung, eine steigerung geben.

als sie ihm in dem leeren haus wiederbegegnete, war es ein wiedererkennen. seine gestalt, seine bewegungen, seine stimme, dunkel und weich, alles war so vertraut. es bedurfte nicht vieler worte, sie wollten einander spüren, ihren geruch, ihr sehnsuchtsvolles verlangen. im halbdunkel, nur das mondlicht schien durch die leise wehenden vorhänge, ließ sie sich langsam entkleiden. wie behutsam er mit ihr umging, wie sanft seine berührungen waren, wie zärtlich er ihre haut streichelte, eine ewigkeit schien es, ihren körper ertastete, ihren hals, die grübchen, ihre brust, ihre weichheit zwischen ihren schenkeln. eine verlangende zärtlichkeit, ihn in seiner nacktheit zu sehen, ließ sie die augen öffnen. wie schön er vor ihr stand in seiner muskulösen männlichkeit und doch auch verlegenen schüchternheit. zögernd ertastete sie ihn. er ließ es geschehen, daß sie ihn berührte und erkundete, und sie fühlte, wie sein glied größer und selbständiger wurde, so weich und doch so kraftvoll. ihre körper berührten sich, das mondlicht mit wechselnden schatten über ihren körpern, die luft angefüllt vom duft des lavendels und oleanders, es gab nur sie. mit ungeahnter leichtigkeit und selbstverständlichkeit berührten sie einander. voller verlangen wurde sie weicher und wärmer, ihre schenkel öffneten sich leicht, und zärtlich berührte er sie an ihrer wärmsten weichheit mit der zuckenden spitze seines gliedes. sie bebten einander entgegen, und doch war es das herauszögern, das immer wiederkehrende suchen und tasten, das sich geschmeidige drehen und wenden ihrer körper, das sie zu höchsten Lustgefühlen mitriß. jetzt, im wortlosen einverständnis, war sie bereit, ihn in ihre wohlige feuchte wärme aufzunehmen, sein verlangen zu spüren. seine immer drängender werdende kraft in ihr führte sie zu lustvollen höhen, immer enger und dichter wurden sie einander. wohlig und begierig überließen sie einander ihre körper in ihren stößen und bewegungen. sie fühlte ihre lust in ihrem geschlecht drängender werden, bis zu dem augenblick, an dem sie loslassen konnte, alles um sich vergaß und entschwand. seine kraft ergoß sich in ihr, sie nahm sie auf. wohlig und ermattet lagen sie nebeneinander. sie spürte seine liebevollen be-

rührungen, dankbar dafür, daß er sie noch nicht verließ, keinen
Abschied nahm.
ja, er war es, flüchtig nur hatten sie sich gesehen. ◄

► Robert:
«Das ist Regine», erläuterte sie und ließ sich auf den Beifahrersitz
fallen. «Nein, bleib Du mal vorne», antwortete sie, stieg hinten ein
und streckte mir schräg von unten erst die Hand und dann dieses
Gesicht entgegen: Mond mit Augen! Nein, nur Augen! Was? Solche Augen? Unglaublich! Was soll das? Hypnotisier mich nicht! –
Lehn Dich zurück! Was prüfst Du mich? Soll ich das jetzt überge-
hen und wegblicken? Nein, hüte Dich, auch nur einmal mit den
Wimpern zu zucken, schau sie gerade an – genauso gerade! Noch
etwas frecher! Sie hat angefangen, vielleicht die alte Masche wie
mit jedem! Sie kennt ihre Augen! Ist sich ihrer Augen sicher! –
Versucht sich wieder mit ihrem Männerprovokationstest! – Kann
ich auch! Halt aus! – Sonst muß sie eher rund sein, etwas weich
wallig! Darum schwarzgewandet!
Sie wendet sich nicht ab, bleibt gerade, stumm, ernster, gespannter
Mund, spöttisch? – Doch Test! Schon die zehnte Sekunde, peinlich!
Na, warte!
«Ja – ich hatte nichts vor heute», beendete sie kühl und lehnte sich
zurück. – Endlich! Gesicht nach vorn, der Wagen rollt. Alter, *laß*
Dich provozieren, bleib neugierig, nimm diese Herausforderung
an, diese wirkliche Unverschämtheit.
Ich Mann bin Du, Frau! – Was kannst Du quälen und bist doch auch
das Opfer! – Stunden der weihevollen Festlichkeit.
Inzwischen gehen wir – Silke, die eingangs vorgestellte, hat sich
längst verabschiedet (der Hund und die Kinder, Ihr wißt ja) – in den
Park. Ich halte ein, tippe sie stumm gegen ihre runde Schulter. Sie
blickt sich um und auf. Endlich! Wieder ihre Augen in ihrem Ge-
sicht. Diesmal – noch oder schon? – kalt und geringschätzig: Das ist
ihr Blick! Mein heißes Hochgefühl – gerinnt mir in Sekunden in der
Hose. – Ich schwanke, mich schwindelt – ich sage tonlos: Ich will
das nicht mehr!
Es ist Dein Gesicht, Deine Augen! Wer bist Du? laß mich raten!
Willst Du wissen, wer ich bin? dann rate auch Du! Sonst gehe in
Deine Trümmer und ich in meine! – Ihr Gesicht kommt näher.

Komm, wir klettern den alten Baum runter! Unverwandter Blick, das Gesicht bleibt stumm.

Zwei Wimpernschläge und ihre Arme um mich! – Es wird wohl niemand im Park sein trotz des lauen warmen Abends. – Ihre Stimme so leise ist schön, die Härte ist weg. Wie ihr Hals duftet, ihre Ohren warm, Schultern, kleiner Wohlstandsbauch, kleine weiche warme Brüste mit hübschen Warzenknospen, etwas länglich schönes Gesäß und ihr heißer verzeihender Schoß. Ihre Schenkel streicheln mich verhalten und fest – ich murmel noch etwas Dummes und Widerständiges. Kurzer Atem – und unsere Stimmen lösen sich. Sie will mich so unbedingt und sofort wie ich sie. Ich löse mich auf und löse mich auf. ◄

Ganz anders schreibt ein Paar aus der alten Generation, Erich und Heide, die sich eine lange, lange Ehe hindurch aus ihren anerzogenen Normen heraus nie ganz frei in ihrer sexuellen Lust begegnen konnten. Für sie war Sexualität immer mit Verzicht, Zurückhaltung und Verdrängung verbunden. Daß die Beiden heute den Mut finden, sich im Alter noch einmal neu diesem Thema zu stellen, sich ihre Trauer über Nichtgelebtes kundtun und dabei gleichzeitig zärtlich aufeinanderzugehen, hat alle, auch die jungen Teilnehmer der Gruppe, mit Innigkeit erfüllt. Sie schreiben:

► Erich: Das Hohe Lied meiner Sexualität
Ich bin ein Mensch.
Ich bin ein Mann.
Ich bin geworden aus der Begegnung und Zuneigung meiner Eltern. Ich ahne, daß Liebe dabei war. Ich spüre es noch heute in Mutters Worten und Gesten.
Und doch ist Traurigkeit dabei, Traurigkeit und Schmerz: Ich hörte kein Wort zur Sexualität, die in mir war:
bedrängend, beglückend, Lust auslösend.
Dies Thema war Tabu in unserer Familie.
Dann später erlebte und empfing ich das Glück, als ich einer Frau mich öffnen durfte: frei, vertraut und doch nicht frei – drängend, zärtlich und beglückt, spürend, daß ich Schmerz auslöste, ab und an ein Nein erfuhr. Ich war enttäuscht, suchte wieder einen Weg zu ihr: Worte und Gesten – Freude und Schmerz.

Geburt der Kinder öffnet neue Chancen.
Doch immer wieder Suchen: Zärtlichkeit – Freude – Glück und
Schmerz, beieinander, nebeneinander, nacheinander.
Und doch – ich freue mich:
über mich,
über mein Mannsein,
über meine Sexualität,
über meine Liebe zu Heide,
über unser Vertrauen zueinander.
Und über allem: . . . aber die Liebe ist die größte unter ihnen. ◄

► Heide: Das Hohe Lied der Sexualität für Erich
Liebe geben,
Liebe empfangen,
Du gibst viel und oft,
ich nehme oder verweigere.
Schmerz – Spannung – Verspannung – gehinderte Wahrnehmung,
Vorsicht – Rückzug – Zumachen, alles überdeckt, überschattet, ver-
hindert Öffnen, Ausbreiten, Nehmen, Geben –
Erotik, Lust, Freude sind da,
wie kleine, schutzbedürftige Pflänzchen, für deren Entwicklung ich
zuwenig getan habe – warum nicht mehr?
Es ist so mühsam, tut oft weh.
Aber ich kann auch genießen, was da ist, vorsichtig, sanft, zart. Ich
muß mir nur Zeit nehmen, Zeit lassen.
Aus Sexualität Kraft schöpfen, leben können?
Daran habe ich nie gedacht!
Woher kommt Lebensenergie?
Ich spüre sie deutlich, aber woher und wohin?
Sexualität als Lebensmitte, als Kraftquelle?
Muß ich erst überprüfen. ◄

Heide stellt die zentrale Frage, wie wir nämlich Sexualität in unser Leben
integrieren und welchen Stellenwert wir ihr damit geben. Die Sexualmo-
ral unserer Väter mahnte und forderte, den Trieb zu beherrschen, die
Lust möglichst zu kontrollieren und die «Fleischeslust» gar zu überwinden. Die PAARSYNTHESE bejaht und begreift Sexualität als Kraftquelle, als göttliche Erfüllung in uns, Ekstase als Sinn im Leben.

Nicht oft genug kann wiederholt werden, wie eng die Sexualität des Menschen mit seiner ganzen Persönlichkeit verknüpft ist und wie unsinnig es deshalb ist, Sexualtherapie allein durchführen zu wollen. Paartherapie ist immer auch Sexualtherapie, und Sexualtherapie ist immer auch Beziehungstherapie. Hier wird Sexualität nur deshalb besonders herausgegriffen, weil sie, häufig klarer als andere Bereiche, Auskunft gibt über Persönlichkeit und Art der Beziehungs- und Liebesfähigkeit der einzelnen Partner.

Während die eigenen Phantasien die unerschöpfliche Bandbreite lustvoller Spielereien erschließen sollten, geht es im nächsten Schritt der Arbeit darum, die freigesetzten Phantasien in Beziehung zum Partner, zuerst aber vor allem in Beziehung zu sich selbst zu setzen. Deshalb wird in dem *Brief des eigenen Geschlechtsteils* (siehe Seite 254) gerade Wert auf die Beziehung zum eigenen Geschlecht und damit zu sich selbst als Mann, als Frau gelegt. Jeder muß sich erst einmal in seinem eigenen Körper zu Hause fühlen, bevor er dort Besuch empfangen kann.

Amelie und Sebastian gehen nur zögernd an diesen Brief, in dem das eigene Geschlechtsteil zum Träger und Besitzer sprechen soll. Zu fremd, zu peinlich ist die Aufgabe. Außerdem brauchen sie etwas Zeit dazu, den nötigen Mut dafür zu sammeln, denn intime Wahrheiten werden dabei offenkundig. Sebastian schreibt:

▸ Mein lieber Freund,
enttäuscht bin ich von Dir – um es gleich vorweg zu sagen! Seit Monaten, wenn nicht gar seit Jahren, ist es überwiegend Deine Männerhand, die mich streichelt. Nicht, daß ich es nicht mag, aber auf Dauer langweilt es mich. Ich habe Besseres verdient. Zarte Frauenhände mit viel Phanatsie, warme Frauenlippen, einen warmen, feuchten Frauenschoß wünschte ich mir! Noch mache ich nicht schlapp, noch bin ich leicht erregbar, stolz bin ich auf meine Kraft, und dieses Gefühl will und werde ich mir nicht nehmen lassen.
Aber Du als Arrangeur, als Vermittler, als Animateur, als Verführer? Warum schaffst Du es nicht, mich so in Szene zu setzen, daß «frau» Spaß an mir hat, keine Angst hat und Lust auf mich bekommt? Warum bist Du so gelähmt, obwohl Du doch solche Sehnsucht nach Zärtlichkeit und Körperlichkeit hast? Warum übst Du nicht das Verführen, warum zeigst Du nicht Deine eigene Lust,

warum gibst Du so schnell auf? Bist Du nicht dabei, Deine Lust
genauso zu verdrängen wie Deine Wut? Stehe zu Deiner Lust, zeige
sie und schaffe ihr Raum und Zeit, um sich auszutoben.

Dein Freund Schwanz ◄

Amelie sträubte sich zunächst fürchterlich gegen diese Aufgabe und noch
mehr gegen das Schreiben einer erotischen Kurzgeschichte, die dann
folgt. Es dauerte Monate, bis sie beides in der Sitzung vorlesen konnte:

► Mein Geschlechtsteil sagt mir:
Du nimmst mich gar nicht wahr, kümmerst Dich nicht um mich,
klammerst mich einfach aus Deinem Körpergefühl aus. Dabei
müßtest Du eigentlich wissen, daß Dir eine Menge schöner Gefühle
entgehen, wenn Du mich weiterhin so vernachlässigst. Glaubst Du
wirklich, daß jemand kommen muß, um mich zu wecken? Kannst
Du das nicht selber? Ich fühle mich in meinem Schattendasein
überhaupt nicht wohl, eher minderwertig – kannst Du mich aus
dieser Schamecke nicht erlösen? Schau mich doch einmal ein, magst
Du mein Äußeres nicht? Was gefällt Dir nicht? Meine Weichheit?
Warum verhärtest Du Deinen Körper so, um mich zu beherrschen?
Ich bin nicht irgendein lästiges Anhängsel «irgendwo da unten», ich
bin fast im Mittelpunkt Deines Körpers angesiedelt. Kannst Du
mich nicht in den Mittelpunkt stellen? Warum verweigerst Du mir
all die Lust, die ich so gerne empfinden und weitergeben würde,
worauf wartest Du noch? Ich glaube, Du hast das Vertrauen in mich
verloren, weil ich so oft regungslos und stumm blieb. Ich bin eben
mal so und mal so, genau wie Dein übriger Körper; Du mußt mich
nur liebevoller behandeln, nicht so unter Leistungsdruck setzen,
wie Du es mit Deinem Körper auch sonst oft tust.
Ich möchte auf Reize reagieren dürfen, auch wenn es Deinem Kopf
vielleicht gerade nicht paßt. Laß mich doch einfach zu und wehre
Dich nicht, wenn Du mich spürst. Wovor hast Du Angst? Daß ich
Dich in eine Welt führe, die Du nicht kontrollieren kannst? Daß Du
Deine ach so starke Haltung aufgeben mußt, riskierst, nicht im
günstigen Licht zu erscheinen? Was spielt das alles für eine Rolle
gegenüber der Lust, die ich Dir verschaffen könnte?!
Wenn Du in Gedanken durch Deinen Körper wanderst, laß mich

nicht aus, verweile bei mir, ich werde Dir antworten. Wir sollten uns nicht weiter fremd gegenüberstehen, wir sollten uns zusammentun, denn wir gehören zusammen. Ich bin nicht nur da, um Deinem Partner Lust zu verschaffen, ich gehöre zuerst *Dir*, also nimm mich endlich wahr! ◄

Hier deutet sich an, was letztendlich als verhängnisvolles Erbe ihrer lustfeindlichen und «scheinheiligen» Erziehung zur traumatischen Belastung ihrer Liebe mit Sebastian führt. Tatsächlich empfindet sie so starken Ekel vor dem Aussehen ihrer eigenen «Lustpforte» und auch vor dem Anblick des männlichen Gliedes, daß sie sich bei der bloßen Vorstellung daran verkrampft. Dieses Problem taucht relativ häufig als Störungssymptom auf. Um es aufzuarbeiten, sollte Amelie all ihre Erlebnisse, Vorstellungen und Ängste kundtun und sichtbar machen. Am deutlichsten geschah dies in ihrer *Collage zur Sexualität* (siehe Seite 144 ff) und einem Bild, in dem sie ihre Phantasie dazu malte. Es entstand ein Bild, das einen «Wald von Penissen» hinter einer offenen Scheide, eine bedrohliche Armee und davor eine leblos und wehrlos am Boden liegende Frau zeigt. Ganz allmählich gelingt es ihr, diese «Werkzeuge der Lust» in der Realität genau anzuschauen und zu entdecken, wie harmlos, beinahe «hilflos» sie auch wirken können (siehe Zeichnung nächste Seite).

Dann schreibt Amelie ihre erotische Geschichte:

► Ich stelle mir vor, ich gehe allein durch die Stadt, toll angezogen, stark in meinen schwarzen Strümpfen, in kurzem schwarzem Rock, meiner Jacke mit dem Pelzkragen und den schwarzen Schuhen. Ich gehe durch die Menschen, die mir entgegenströmen. Gesichter fallen mir auf, manche nur für den Augenblick, nach anderen würde ich mich gerne umdrehen. Ich betrete dann, als es dunkler zu werden beginnt, ein Café, ziemlich vollbesetzt. Plötzlich hinter mir eine Stimme, völlig unerwartet: «Schade, kein Platz frei.»
Ich drehe mich überrascht um und erkenne eines der Gesichter, nach denen ich mich am liebsten umgedreht hätte. «Ja, wirklich schade», sage ich und verlasse das Lokal mit einem flüchtigen Lächeln in seine Richtung. Draußen regnet es in Strömen, und ich stehe unentschlossen herum. Wieder diese Stimme: «Ziemlich

scheußliches Wetter, dazu keinen Kaffee – kommen Sie, wir versuchen es dort drüben.» Er rennt einfach los, durch den Regen, und ich, ohne weiter nachzudenken, laufe hinterher. Atemlos erreichen wir die Tür, die er mir schon offenhält. Wir lassen uns aufatmend nieder, schauen uns an und müssen plötzlich beide laut loslachen.

Wir kommen mühelos in ein Gespräch, in dem ich ihm nicht sage, daß er mir schon in der Stadt aufgefallen ist, lasse ihn von sich erzählen, von mir erfährt er nicht viel über mich. Vom Kaffee sind wir zu Wein übergegangen, die Zeit vergeht im Fluge. Das Lokal füllt sich, wir rauchen, und plötzlich streicht er mir ganz unverhofft, aber zart über den Mittelfinger meiner rechten Hand.

Ich zucke innerlich zusammen, schaue fragend in ein leicht amüsiertes Gesicht – daraufhin zieht er sanft mit seinen Fingern die Konturen meines Gesichts nach, ich fühle mich wie elektrisiert, kann und will dem Zauber des Augenblicks nicht ausweichen. Er fragt mich, wer ich bin, aber ich gebe darauf keine Antwort, lasse ihn im Ungewissen. Er steht plötzlich auf, nimmt mich an die Hand und sagt: «Komm, wir suchen uns ein anderes Lokal, magst Du tanzen?» Ich erzähle ihm, daß ich leidenschaftlich gern tanze und gerade jetzt sehr Lust darauf habe.

Wir rennen aus dem Lokal, es regnet nicht mehr, die Stadt ist voller Lichter. Wir überqueren einen großen Platz, springen über Pfützen, urplötzlich bleibt er stehen und sagt: «Los, wir üben hier schon mal», nimmt mich in den Arm, und wir tanzen mitten auf dem leeren Platz, singen und pfeifen laut dazu, bis wir vor Lachen völlig außer Atem sind. Gleichzeitig werden wir ernst, sehen uns an, er nimmt mein Gesicht in seine Hände und küßt mich vorsichtig auf die Stirn, die Augen, die Wangen und den Mund, stürmt dann aber sofort wieder los, mich an der Hand mitreißend, daß ich ihn lachend darauf aufmerksam machen muß, daß er mit einer so vornehm gekleideten Dame im engen Rock und Stöckelschuhen nicht so umspringen kann. Daraufhin finde ich mich in einem warmen Taxi wieder, und wir fahren durch die erleuchtete Stadt bis vor ein mir unbekanntes Lokal. Wir steigen aus, gehen die Treppe hinunter, wo uns Musik, Stimmen und verräucherte Luft entgegenströmen. Wir werden auf die Tanzfläche geschoben, legen die Arme umeinander und bewegen uns nach sehr sinnlicher Musik, die von irgendwoher kommt. Wir schmiegen uns aneinander, ich fühle mich fast getragen in eine andere Welt – plötzlich wird mir mit einem Schlage bewußt, wer und wo ich bin, was ich tue und löse mich abrupt von ihm. Er sieht mich verwundert an, ich sage ihm, was ich denke, und er hält mich zur Antwort nur sehr fest in seinem Arm. Dann folge ich ihm hinaus, kuschle mich in meine Jacke und weiß nicht recht, was nun werden soll. Er steht mir gegenüber, sieht mir ernst ins Gesicht und fragt: «Sollen wir, wollen wir, was sollen wir jetzt tun? Was möchtest Du?» Ich sehe ihm gerade in die Augen und sage: «Ich möchte am liebsten mit Dir schlafen.»

Er schaut mich überrascht an, überlegt kurz, sagt dann im Abwenden: «Ich wohne ganz schön weit und nicht besonders schön!» Ich lache über seine Verlegenheit, winke ein Taxi und fordere ihn auf, seine Adresse anzugeben. Im Auto, in seinen Arm gekuschelt, kämpfe ich gegen die aufsteigenden, störenden Gedanken, wische aber alle Bedenken fort und lasse mich einfach fallen, koste jede Minute voll aus.

Am Ziel angekommen, gehen wir eine dunkle Treppe hinauf, er schließt ganz oben unterm Dach eine Tür auf, hält mich zurück, bis er etliche Kerzen angezündet hat, die den großen Raum unwirklich und sehr warm erscheinen lassen.

Ich trete vorsichtig ein, gehe staunend im fremden Raum umher, bis ich wieder vor ihm stehe, der mich auch die ganze Zeit betrachtet hat, etwas unsicher, Ich streiche ihm sanft über das Gesicht, taste über die Schultern, gleite an den Armen hinunter bis zu den Händen, halte sie fest, küsse ihn, schaue ihn dabei an und ziehe ihn langsam aus. Er läßt alles geschehen, nimmt mich dann plötzlich in die Arme, hebt mich hoch und trägt mich zum großen Bett, das frei im Raum steht. Er hilft mir beim Entkleiden, es kann uns beiden nicht schnell genug gehen, wir können nicht erwarten, uns zu umarmen, unsere nackten Körper einander auszuliefern. Ich vergesse alles: wer ich bin, wo ich bin und springe auf das Floß, das uns zu intensivstem Lusterleben führt.

Als wir erschöpft nebeneinanderliegen, beginnen wir, den anderen bewußt kennenzulernen, erzählen von uns, sind uns nah und wissen doch, daß es ein Zufall ist. ◄

Dagegen Sebastians erotische Geschichte:

▶ Sie hatten keinen Tanz ausgelassen. Je später der Abend wurde, um so betrunkener wurde er vom Duft ihres Parfüms, vermischt mit ihrem Schweiß. Sie waren dazu übergegangen, auch die schnellsten Tänze langsam zu tanzen, ihre Becken drängten sich immer enger und heftiger aneinander, ihre Küsse wurden immer leidenschaftlicher. Sie spürte seinen harten Schwanz, und ihre Möse wurde unruhig und feucht. «Zeit zu fahren», sagte sie, «wir brauchen eine Stunde.»

Im Auto setzte sie sich auf den Beifahrersitz, zog die Schuhe aus, spreizte die Beine etwas, schob den langen, weiten Rock hoch und legte beide Hände auf ihren Schoß. «Schade, daß Du beide Hände am Steuer haben mußt», seufzte sie. «Du hast doch zwei Hände», sagte er, «streichle Dich, schließe die Augen und erzähle mir Deine Phantasien.» Bevor er startete, küßte er sie und legte eine Hand zwischen ihre Beine. Hierbei bemerkte er, daß sie zwar eine superdünne Strumpfhose, aber keinen Slip anhatte. Er fuhr los. Sie lehnte sich bequem zurück, zog den Rock noch etwas höher und begann durch die dünne Strumpfhose mit ihrer Möse zu spielen.

«Ich sehe», fing sie nach einer Weile an, «einen Jungen vor mir stehen, vielleicht siebzehn Jahre, groß, braun, gut gebaut, nackt. Er sieht mich selbstbewußt und doch ganz unschuldig jungenhaft an. Ich schaue ihm in die Augen und beginne, mich ganz langsam auszuziehen. Nackt gehe ich auf ihn zu, küsse und streichle ihn im Gesicht, im Nacken, auf den Schultern. Ich gehe langsam in die Knie und widme mich dabei seinem Bauch. Er ist ganz passiv. Sein Schwanz hat sich hart aufgerichtet. Ich massiere mit beiden Händen seine Pobacken und dann ganz sanft seine Hoden. Dann küsse ich zart seine Eichel und spiele mit meiner Zunge daran, erst ganz vorsichtig, dann fester, bis ich mit beiden Händen seinen Schwanz umfasse und die ganze Eichel in den Mund nehme.

Jetzt kommst Du von hinten dazu, streichelst und massierst meinen ausgestreckten Po, spielst mit meiner feuchten Möse und dringst in mich ein. Wir finden *einen* Rhythmus, Du mit Deinem Schwanz und ich mit meinem Mund. Das Zimmer ist erfüllt von schmatzenden Geräuschen. Der Junge beginnt sein Becken zu bewegen und leicht zu stöhnen. Ich fühle, daß er gleich kommt, nehme seinen Schwanz aus dem Mund und massiere ihn weiter. Du fickst mich im gleichen Rhythmus. Endlich spritzt er sein Sperma über meine Brust und meinen Bauch. Du hast Deinen Schwanz aus meiner Möse genommen, bewegst ihn zwischen den Arschbacken weiter und spritzt fast gleichzeitig mit dem Jungen auf meinen Rücken. Sofort beginnt ihr meinen Körper mit eurem Sperma zu «salben», ich fühle tausend Hände auf meinem Körper, bin unendlich geil, genieße den Geruch von Schweiß und Sperma und habe einen wunderbaren Orgasmus.»

Die letzten Sätze kamen ihr mit längeren Pausen und etwas keuchend und stöhnend über die Lippen. Ihre Phantasie und das Spiel ihrer Hände hatten tatsächlich den erwünschten Erfolg. Als sie sich beruhigt hatte, legte sie eine Hand in seinen Nacken und sagte: «Jetzt bist Du an der Reihe, bitte, erzähle Deine Bilder.» Ihre Hand glitt zwischen seine Beine und übte einen leichten Druck auf seinen aufgerichteten Schwanz aus. «Vorsicht», warnte er, «ich muß uns immerhin noch heil nach Hause fahren.»

Dann begann er: «Ich sehe Dich in einem langen seidenen Nachthemd vor mir in einem warmen, mit großen Kissen ausgestatteten Zimmer stehen. Die Seide umspielt Deinen Körper wunderbar.

Deine Brustwarzen zeichnen sich groß ab, Deine Pobacken wirken herrlich geformt. Ich gieße Dir den Rest aus der Sektflasche ins Glas, lehne mich auf ein großes Kissen zurück und schaue Dir zu, wie Du ein wenig auf und ab gehst, mir erzählst, an Deinem Glas nippst. Dann stehst Du vor mir, ziehst meinen Kopf an Deinen Schoß, kraulst meinen Nacken. Ich streichle Deine Pobacken und suche durch die Seide hindurch Deine Möse mit dem Mund. Plötzlich machst Du Dich frei, trittst zurück, streichelst Dich selber an den Brüsten, dem Bauch, den Pobacken und legst eine Hand auf Dein Geschlecht, wobei Du etwas in die Knie gehst. Dann richtest Du Dich ganz auf, legst den Kopf in den Nacken, streifst die Träger über die Schultern und läßt die Seide an Dir hinunter auf den Boden gleiten. Nackt stehst Du vor mir, bückst Dich, um das Nachthemd aufzuheben, und kommst langsam auf mich zu. Ich lege mich auf das Kissen zurück, Du stehst über mir und streichelst mit dem Nachthemd meinen Körper von Kopf bis Fuß, um dann an meinem Schwanz Halt zu machen. Du kniest Dich zwischen meine Beine, umfaßt den Schwanz mit beiden Händen und hast plötzlich meine Eichel in Deinem Mund. Es ist ein wunderbarer Schock. Nach einigen Zungenspielen läßt Du meinen Schwanz wieder frei, setzt Dich auf meine Oberschenkel, mit Deiner Möse direkt vor meinem Schwanz, mit dem Du Dich dann streichelst. Ich spüre, wie feucht Du wirst. Plötzlich richtest Du Dich auf, rutschst mit gespreizten Beinen über meinen Schwanz auf den Bauch und dann Zentimeter für Zentimeter nach oben, bis Deine wunderbare warme und feuchte Möse direkt vor meinem Mund ist. Ich erforsche mit meiner Zunge jeden Millimeter, und Du dirigierst alles mit Bewegungen Deines Beckens. Beide sind wir wundervoll geil! Plötzlich rutschst Du zurück, und ehe ich mich versehe, hast Du Dich auf meinen Schwanz gesetzt und dirigierst uns beide zu einem herrlichen Höhepunkt.» ◄

Die scharfe Gegenüberstellung der beiden Erzählungen zeigt deutlich die großen Unterschiede zwischen weiblichen und männlichen Phantasien und sexuellen Verhaltensweisen. Sebastian fängt mit seiner Geschichte sehr schnell und abrupt in etwa da an, wo Amelie aufhört. Sebastian beschreibt in wenigen Zeilen nur die prickelnde Hinführung. Schwanz und Möse sind sofort im Mittelpunkt. In Amelies Erzählung führt die lustvolle Sexualität hin zu einem gegenseitigen intensiven Kennenlernen, während bei Sebastian der Ritt von einem Höhepunkt zum andern zählt. Das verschleißt auf Dauer die Intimität der Gefühle und entartet zur körperlichen Mechanik und Routine.

Und seine Geschichte zeigt auch, wie komplex und verwoben er seine eigenen männlichen Phantasien der Frau im wahrsten Sinn des Wortes in den Mund legt. Er läßt die Frau im Auto in Wirklichkeit seine männlichen Wunschträume berichten und «überzeugt» sich dadurch selbst, daß weibliche und männliche Sexualität doch ein und dasselbe seien. Abgrenzung, wieviel er davon Amelie wirklich zutraut oder selbst von ihr haben möchte, ist schwierig.

Deshalb sehen wir eine Versöhnung der Geschlechter nur als möglich an, wenn es uns gelingt, allmählich den Weg zu einer androgynen Kultur zu finden, in der weibliche und männliche Sexualität zu einer heilsamen Synthese finden statt männlicher Dominanz über weibliche Lust.

Betont sei hier aber durchaus, daß nicht wieder eine neue Moral aufgestellt werden soll, eine neue Norm, daß nun allein das weibliche Begehren das richtige Maß sei. Vielmehr ist die PAARSYNTHESE darum bemüht, die moralische Abwertung vieler Liebes- und Lustformen gegenüber den traditionellen Begegnungsformen der Geschlechter aufzuheben.

Die Ausdrucksformen der Sexualität sind so vielfältig wie die Buntheit des Lebens – und sie sind alle gleichberechtigt und gleichermaßen wichtig:

Der Quicky genauso wie die zärtliche blaue Stunde – die wilde Orgie genauso wie ein genußreiches Wochenende auf dem Lande, triebhafte Lust und seelische Verschmelzung, lodernde Begierde und sanftes Streicheln, Penetration, aber genauso Liebkosen allein mit den Augen, Lust, ohne zu berühren, nur den Andern in seiner Schönheit zu betrachten, und wiederum Toben und Balgen bis zum Versinken der Körper ineinander. Es gibt keine Norm, keine Festlegung, kein Richtig und Falsch, kein Gut und Böse in der Liebe, der Erotik, der Sexualität und Sinnlichkeit, wenn beide Partner es nur wollen – aber es gibt auch keine Dauererregung, keinen permanenten Orgasmus. Sexualität ist im Dialog der Partner absolut kein gleichbleibendes Lustgefilde, das in 40 Jahren intimer Gemeinschaft in immer gleicher Routine gelebt werden will.

Nein, sie wechselt ihre Gestalt, ihre Inhalte und ihre Ausdrucksformen mit jedem Jahr – das Abenteuer der Sexualität besteht gerade im stetigen Wandel der Gefühle. Es gilt, immer wieder neu zu werben, neu zu er-

obern und zu verführen, sich immer wieder bewußt damit auseinanderzusetzen: im Gespräch, in der Besinnung, mit kreativen Möglichkeiten, im
Dialog von Körper und Seele.

Für Amelie war es tatsächlich ein gewaltiger Schritt, ihre Geschichte
nicht nur zu schreiben, sondern sie dann auch noch vorzulesen. Das Entscheidende allerdings an dieser Arbeit ist, daß Beide überhaupt auf diese
Weise ins Gespräch kommen können, sich mehr zutrauen, eigene Phantasien zu entwickeln und, hoffentlich mit der Zeit immer mehr, auch auszutauschen und voneinander lernen. Auf diese Weise kann er überhaupt
erfahren, daß sie mit ihrem bisherigen Ekelgefühl vor den Geschlechtstei-
len vor seinen Wünschen geradezu Panik empfinden mußte. Sie kann
lernen, ihre eigenen Wünsche auszusprechen und sich gegen sein einseiti-
ges männliches Begehren abzugrenzen. Sie muß ihm vermitteln und ihn
lehren, gleichzeitig mit ihrem Körper auch ihrer Seele zu begegnen.

Wie eng Seele und Sexualität zusammenhängen, zeigt auch Clarissa in
ihrem Text, aufgeteilt allerdings in zwei Teile:

▶ Meine Seele an mich:
Ich bin Deine Seele, das Wertvollste, das Du besitzt, und Du kne-
belst mich und versenkst mich ganz tief in einem Meer von Träumen – weshalb tust Du das?
Du zerstörst Dich lieber, als daß Du Dich spüren willst – Deine Lust
spüren willst –, weil die Lust für Dich in Deiner Seele das Böse, der
Abgrund ist. Lust durfte es bei Dir nur zum Kinderkriegen geben –
aber das ist ja schon lange vorbei. Du bist so aggressiv zu Dir, daß
Du sogar Deinen Körper – Deine Gebärmutter zerstört hast. An-
dere Menschen finden die Lust das schönste Gefühl, und für Dich
ist es nur Abgrund – Verzweiflung und grenzenlose Traurigkeit.
Aber ich, Deine Seele, weiß, daß die Lust auch schön sein kann.
Aber da Du sie Dir abquetschst, kommt sie an der unmöglichsten
Stelle zum Vorschein, und dann ist sie häßlich und verletzt, und
dann gerätst Du wieder in Panik, wie schon so oft.
Meine Scheide an mich:
Ich bin Deine Scheide, das Zentrum Deiner Weiblichkeit, und mich
willst Du nicht haben. Du verleugnest mich oft. Das geht so weit,
daß Du Hemmungen hast, Deine Lippen anzumalen, weil dann jemand, der Dich ansieht, darauf kommen könnte, daß es mich
gibt.

Denn wenn Du mich spürst, dann spürst Du Lust, aber oftmals auch Traurigkeit. Traurigkeit, daß da niemand ist, der mich liebt, wie ich es möchte. Ein paarmal habe ich geglaubt, Wismar liebt und beschützt mich, wie ich es brauche. Du wolltest Dich so gerne fallen lassen, aber dann hat Wismar Dich fallengelassen, und jetzt hast Du die Schnauze voll.

Dabei habe ich in mir so viel Lust und so viel Liebe. Auch wenn Du mich verleugnest, ich bin immer da. Ich war auch schon da, als wir beide noch ganz klein waren und nichts voneinander wußten. Du hast damals schon gespürt, daß ich schön bin, und niemand hat Dir gesagt, warum ich das nicht sein darf, und Du hattest solche Angst, mich kennenzulernen. Inzwischen kennst Du mich zwar gut, aber Du verleugnest mich noch immer. Dabei brauche ich so viel Liebe, ich will gestreichelt und geküßt werden, aber es ist niemand da, weil Du Angst hast, daß man uns beiden wieder so weh tut.

Ich bin auch kein Abgrund, der verschlingt, und davor hast Du Angst. Deine Leidenschaft ist der Abgrund, und davor hast Du Angst. ◄

Bei Clarissa gehen eigene Scham und Prüderie fast in Selbstzerstörung über, unbewältigte Kindheitsängste und vor allem der Mißbrauch stehen im Vordergrund. Die von ihr gemalten Bilder geben heute noch Auskunft über dieses Trauma. Die kindliche Unschuld war ihr genommen worden. Wismar ist eigentlich nur noch der Sündenbock. Das Verbrechen an ihrer Seele und ihrem Körper kann nur langsam heilen. In ihrer Therapie erkennt sie schließlich, wie sehr sie ihre «Rosenaxt» nicht nur gegen die Männer, sondern vor allem auch gegen sich selbst verwendet.

Auch Arielles *Therapietagebuch* (siehe Seite 56) veranschaulicht, wie sehr sich in der Sexualität brennpunktartig alle Partnerbereiche und Partnerkonflikte widerspiegeln. Wie in einer Ausschnittvergrößerung, verschärft und auf den Punkt gebracht, werden Konfliktvernetzung und Paarsubstanz im *Partnerdiagramm* (siehe Seite 51 ff) prägnant. Und wieder: Diese Tatsache, daß sich Persönlichkeits- und Partnerprobleme lupenhaft vergrößert abbilden, darf nicht dazu verführen, statt Paartherapie eine reine Sexualtherapie zu betreiben, die sich nur auf Probleme, Störungen und Konflikte in diesem Bereich bezieht. Selbst wenn es sich um «reine» Erektionsstörungen, Potenz- und Orgasmusprobleme handelt und solche auch schon vor dieser Partnerbeziehung bestanden haben, immer ist es nur ein Ausschnitt aus der Gesamtpersönlichkeit und der Paardynamik. Arielle macht dies deutlich:

► *Dienstag*
Wir haben gestern Wolfgangs *Collage* (siehe Seite 144 ff) zum Thema *Sexualität* gemeinsam angeschaut. Ich hatte am Abend danach ein Gefühl der totalen Erleichterung – ein wirkliches Glücksgefühl –, daß ich solche negativen und häßlichen Gefühle habe aussprechen dürfen und daß ich dabei auf so viel Verständnis bei den Therapeuten gestoßen bin.
Ich hatte und habe ein sehr starkes Gefühl von Ekel und «Kotzenmüssen», wenn es um das Thema Sexualität geht. Während der ganzen Stunde war mein Körper auf «Alarm» eingestellt. Es ist, als ob meine Gedanken und Gefühle dazu mich wie umklammert festhalten. Wenn ich sie an die Luft bringen kann, kann ich auch wieder atmen.
Ich bin *am nächsten Morgen* mit Gefühlen von Bodenlosigkeit, Haltlosigkeit aufgewacht. Das Glücksgefühl war hin. Ich dachte, ich falle, und rief: Wer hält mich fest, wer fängt mich auf?
Mittwoch
Mich beschäftigt meine eigene Ambivalenz: Ich war schockiert, als es sich herausstellte, daß ich Dich mit dem Zerreißen Deiner Collage doch *auch* verletzen wollte..., und das, obwohl ich Dir das *nicht* antun wollte. Heute denke ich, daß beides stimmt:
Ich habe große Hemmungen, andere und Dich zu verletzen, erstens, weil ich selber nicht verletzt werden möchte, zweitens, weil ich Angst davor habe, Dich dadurch zu verlieren, und drittens, weil ich Angst vor Deinem möglichen Zorn habe.
Es gab aber auch die Seite von mir, die verletzen *wollte*. Wenn diese Seite sprechen könnte, würde sie zwei Dinge sagen: «Hier, das kriegst Du zurück, für all die Verletzungen, die ich von Dir bekommen habe!» Ja – das ist eine Seite, die Rache sucht. Ich bin nicht stolz auf sie. Ich will aber auch nicht so tun, als ob sie nicht da wäre.
Und dann noch: Ich weiß nicht, wo Du bist. Ich komme nicht an Dich heran. Ich fühle mich sehr allein mit Dir und drehe mich immer wieder in meinen eigenen Kreisen – wie in einer Glasglocke – weil ich kein Gegenüber habe.

Donnerstag

Ich frage mich die ganze Zeit, was mich daran hindert, Dich mit all diesen Dingen mehr zu konfrontieren. Daß ich selber Angst habe, mit meinen Schwächen und Fehlern konfrontiert zu werden? Konfrontation bedeutet für mich Alleinsein, Trennung, auf eigenen Beinen stehen oder Hinfallen, und mich quält das Gefühl: Es wird *nie* wieder gut.

Der zweite Punkt ist, daß ich Angst davor habe, Deinen Jähzorn zu erwecken. Meine Erfahrung mit Dir ist, daß Du in Konfliktsituationen schnell dazu übergehst, die Situation mit physischer Kraft aufzulösen und dafür zu sorgen, daß Du «das letzte Wort» hast. Ich habe vor physischer Gewalt panische Angst... möglicherweise auch vor meinem eigenen Gewaltpotential.

Freitag

Ich werde immer wütender, wenn ich darüber nachdenke, wie Du Dich immer «verpißt», wenn es um wesentliche, persönliche Dinge geht: mit meiner Puppe neulich; bei emotionalen Problemen, z. B. Heimweh, und bei Deiner Schwester... WANN TRITTST DU VERDAMMT NOCH MAL IN ERSCHEINUNG? ◄

Es ist leicht aus dem Text herauszuspüren, wie es inzwischen in Arielle arbeitet. Sie befreit sich aus dem Kokon ihrer traumatischen Befangenheit, niemals ihren Unmut, ihren Ärger, Zorn oder überhaupt ein Gefühl zeigen zu dürfen. Denn alles hätte ihren Vater entweder in Depressionen gestürzt oder aber die Liebesallianz vom Vater zu ihr gegen die Mutter geschürt. Ständig mußte sie wachsam sein, daß kein schlimmerer Mißbrauch als der ihrer Gefühle passierte. Gerade, weil der Vater sie allen anderen vorzog, selbst der Mutter gegenüber, und Arielle als den «Kern der Familie» bezeichnete, blieb sie so allein und durfte nicht Teil der schützenden Familie sein. Dieser seelische Mißbrauch des Kindes entriß ihr das Gegenüber und nahm ihr die Chance zur vertrauensvollen Entwicklung partnerschaftlicher Beziehung. Ihre Angst vor seelischer und körperlicher Ohnmacht ist so groß, daß sie Wolfgang als jähzornig und gefährlich durch seine körperliche Gewalt sieht, obwohl dieser das nun gerade gar nicht ist. So kann sie zu ihrer eigenen Sexualität gar nichts zeigen, schreiben, malen oder in Collage darstellen.

Aber auch Wolfgang geht bei diesem Thema noch nicht in die Tiefe, schreibt aber über seine Zärtlichkeit, die er immer mit Z. abkürzt:

▶ Mein Bedürfnis nach Z. war schon immer groß. Als Kind habe ich gern geschmust, mochte sehr, umarmt zu werden. Ich erinnere mich besonders an meine Mutter, aber auch an meine Großmutter, die positiv auf meine Wünsche reagierte. Als Teenager war bei meinen ersten Freundschaften oder Partyknutschereien Z. eindeutig wichtiger als Sex. Natürlich kann Z. auch eine sexuelle Komponente haben; und umgekehrt ist Sex ohne Z. für mich nicht vorstellbar. Aber damals war mir das Gefühl am wichtigsten, daß ich jemanden mochte und von ihm dieses Gefühl zurückbekam.
Im Laufe der letzten Jahre ist mein Hunger nach Z. nicht gestillt worden. Ich entbehre Z. sehr in der Partnerschaft. Ich glaube, daß Z. für mich auch heute vor dem Sex rangiert; es ist das beständigere, ruhigere, unaggressive Gefühl. Z. ist der Ausdruck der Liebe, Z. kann nicht vorgetäuscht werden, Z. ist, anders als Sex, auch nicht geeignet, Frustration abzureagieren. Der Wunsch nach Z. kommt vielmehr nur auf, wenn keine Aggressionen spürbar sind.
Wo bleibe ich heute mit meinem unerfüllten Wunsch nach Z.? Ich verschließe ihn in mir, kapsele mich bei allem Körperlichen ab, weil ich die Sehnsucht nach Z. nicht aufkommen lassen will. In unserer Beziehung ist dies für mich ein großes, vielleicht das größte Manko, weil die fehlende Z. auch alle anderen positiven Gefühle behindert oder blockiert. ◀

Wolfgang zeigt ausgeprägt männliche Muster von Sexualität, auch wenn er betont, daß Z. = Zärtlichkeit für ihn vor der Sexualität kommt. Er hat Mitleid mit sich, daß er leiden muß, und gibt, ohne es deutlich auszusprechen, Arielle die Schuld dafür. Dieser «stille» Vorwurf, der früher allerdings von ihm auch laut vorgetragen wurde, verhindert genau das Allernotwendigste beim Thema Zärtlichkeit und körperliche Hingabe: das Fallenlassen von Anklagen.
Aber viele Männer tun dies mit Vehemenz, werden dadurch allerdings immer mehr zu Verlierern, da sie mit ihren Vorwürfen, Drohungen und Schuldzuweisungen für weibliches Versagen an der «gemeinsamen» Lust nie gewinnen können. Diese Vorwürfe sind so unsinnig und paradox, da keine Frau dieser Welt bewußt und freiwillig ihre eigene Lust abschneiden würde, nur aus Bosheit, um gegen den Mann zu kämpfen. Kann sich eine Frau nicht in Lust hingeben, ist dies vielmehr immer Aus-

druck von Verzweiflung, ein SOS-Ruf ihrer Seele, daß sie Zuwendung, Verstehen und Zärtlichkeit braucht, um zurück zu ihren liebenden Gefühlen zu finden. Aber Wolfgang zeigt eher selbst das, was er beklagt, nämlich mangelnde Zärtlichkeit. Vor lauter Ängstlichkeit und Unsicherheit, also auch Unmännlichkeit, nimmt er nicht das Wagnis auf sich, ihr seine Gefühle zu zeigen, immer in Angst, er könne zurückgewiesen werden. In der wiederholten Abkürzung von Z. = Zärtlichkeit wird mehr als deutlich, wie sehr er selbst diese Gefühle abschneidet.

Und dennoch: Auch er ist keineswegs ein böser Mann. Er ist sogar tief davon überzeugt, richtig zu handeln, zu denken und zu fühlen, weil er bisher nie die Chance hatte, tiefes Empfinden kennenzulernen. Und Arielle hat nach eigenem Bekunden ihrerseits nicht den Mut, ihn damit ausdrücklich zu konfrontieren. Voneinander können die Beiden also die Liebe nicht lernen. Sie haben sich nur wie Hänsel und Gretel an die Hand genommen, um im drohenden, dunklen Wald nicht ganz allein zu sein. Bei seiner Mutter aber konnte er die Sprache des Herzens und das Lieben der Seele auch nicht lernen; sein ängstlicher Vater stand zu sehr im Hintergrund. Auch sie schon zeigten sich gegenseitig nichts von ihrer Liebe, nichts, was der kleine Wolfgang hätte sehen, beobachten oder hören können.

Ein anderer, ein junger Mann, Günter, spricht mir deshalb aus dem Herzen, wenn er seine Meinung zur prüden Erziehung von Kindern und der lustfeindlichen Einstellung von Eltern und der ganzen Gesellschaft auf den Punkt bringt:

▶ Für mich erscheint Sigmund Freud als der ärgste Narr, wenn er verkündete, daß es bei Kindern eine furchtbare Neurose bewirke, wenn sie zufällig oder heimlich den Geschlechtsverkehr der Eltern beobachteten.
Viel schlimmer ist es für mich, daß ich mir gar nicht vorstellen kann, daß meine Eltern je einen Orgasmus hatten. Vereinigung von Samen und Ei, damit alles seine Ordnung hat. – Eine gute Familie – die nicht streitet, hat eben zwei Kinder. Wie soll ich da meinen Kindern Liebe und Orgasmus vermitteln? ◀

Und Veronika benennt die Dinge endlich beim Namen:

▶ Gestern ist mir eingefallen, ich möchte liebevoll zum Orgasmus kommen und nicht mit Anstrengung – spielerisch, liebevoll und vielleicht auch lustig. So viel Widerstand, so viele Neins, so viel Anklage in mir, daß es eine riesige Anstrengung für mich war, nicht loszubrüllen. Erst nach einiger Zeit konnte ich mich auf meine Lust einlassen, und alles wurde leichter.

Irgendwie ist unsere Sexualität immer gleich, wenig phantasievoll – ich kann mir so viele Sachen vorstellen, die schön wären. Das Vögeln ist schon wichtig, und ich möchte es nicht missen, aber die Erotik, die Sinnlichkeit, das Spiel miteinander ist genauso wichtig. Und das vermisse ich momentan sehr.

Füreinander tanzen, Wechseltänze, massieren und streicheln, tantrische Übungen, erotische Unterwäsche anziehen, einen ganzen Abend nackt miteinander verbringen, gemeinsam duschen, sich gegenseitig duschen, Haare waschen, abtrocknen, einölen, mit feinen Duftölen einsalben, vorlesen; das heißt aber, sich viel Zeit füreinander zu nehmen. Sich gegenseitig Gedichte oder Geschichten zu schreiben, miteinander tanzen zu gehen und sich umgarnen, umwerben. Ich bin stolz auf mich, daß mir so viel eingefallen ist.

Einmal pro Woche sage jeder, wie es ihm geht und was ihm positiv am anderen in der Zeit aufgefallen ist. Ich glaube, wir müßten in unserer Beziehung tiefer gehen – Neues ausprobieren –, Zeit füreinander nehmen und geben.   Veronika ◀

Veronika bringt die ganze pragmatische und realistische Seite der Sexualität auf den Punkt. Es lohnt sich, ihren Text zweimal durchzulesen und auswendig zu lernen, wie Wismar sagen würde. Ich bin Veronika heute noch dankbar für diesen Text und ihre Direktheit, denn auch ich als Therapeut lerne von ihr: Für Sexualität brauchen wir Zeit, und Zeit schenken ist Liebe schenken.

Dann finden sich viele Ideen: Eine Frau leuchtete ihrem nächtlich heimkehrenden Mann heim: mit lauter Teelichtern, vom Treppenhaus bis zu ihrem Bett als Lichterkette aufgereiht. Ein Mann brachte eine kleine Schatztruhe als Wunschbox mit nach Hause: Beide schrieben auf einzelne Zettel fünf erotische Wünsche, und innerhalb eines Monats wurden abwechselnd die Zettel gezogen. Ein Paar führte eine erotische Meditation durch: Sie stellten sich quer durch zwei Zimmer mit offener

Verbindungstür an den entgegengesetzten Wänden auf und gingen dann ganz, ganz langsam, über eine Stunde lang, aufeinander zu und zogen sich dabei ebenso langsam aus. Ein anderes Paar feierte noch zehn Jahre nach einem Seminar, auf dem sie das *Fest der Sinne* (siehe Seite 255 f) kennengelernt hatten, jedes Jahr einmal die Wiederholung.

Viele von diesen Möglichkeiten haben wir gar nicht gelernt oder finden sie nicht, weil wir den auf Geschlechtsverkehr und Orgasmus abzielenden Sexualkontakt als die Norm unserer Väter und unserer Kultur vermittelt bekamen. So wurden wir durch Kirchengebote und moralisierende Sittengesetze zu Analphabeten der Erotik und der Sinnlichkeit.

Ganz anders in den asiatischen Kulturräumen, in denen keine Männerreligionen herrschten, sondern Götterpaare die Welt regierten. Besonders im Tantra wurde Sexualität gelehrt; auf Tempelwänden dargestellt und in meditierenden Ritualen zelebriert. Im Taoismus galt die Erfüllung in der Ekstase als Teil des Göttlichen im Menschen. Nur die Erfüllung, nicht der körperfeindliche Verzicht auf Lust, lassen den Menschen zu seiner eigentlichen Verantwortung und Bestimmung heranreifen. Sexualität wird zum Ausdruck menschlichen Suchens, philosophischer Betrachtungen und religiöser Ziele, zum Inbegriff von Kunst und Kunstschaffen.

Wir sollten uns auch Tempelhäuser der Leidenschaft schaffen und Messen der Erotik, Andachten der Lust und Rituale der Ekstase abhalten, alles im Namen einer Theologie der Sinnlichkeit. Es war nicht heidnisch, primitiv und barbarisch, was jene Völker früher taten. Durch unsere Kreuzzüge und Missionierungen versuchte unsere Kultur, jene zu zerstören: Zehntausende von Menschen wurden gemordet als angeblich Primitive, riesige Bücherverbrennungen zerstörten kostbarste Bibliotheken und unersetzliche Werke, nur weil sie Dokumente jener fremden, sinnenfrohen Kulturen waren.

Wir bezahlen heute noch mit einer kollektiven Lustdepression dafür.

Aber wir können heute auch die Synthese mit diesen Kulturen und ihren Überlieferungen suchen. Ost und West können sich wie Mann und Frau vereinigen, voneinander lernen. Wir können die Sprache der Lust lernen, die unendliche Vielfalt lustvoller Meditation, das sensible Fühlen einer sinnlichen Welt und die erotische Freiheit zwischen Frau und Mann.

Als Beispiel für solches Lernen stehen diese letzten Zeilen. Von einer jungen Japanerin sind uns Heikus alter Tradition überliefert, geschrieben in drei, vier Zeilen. Einige davon sollen ihr zu Ehren den Abschluß dieses Buches bilden.

Zuvor einige Zeilen von Mitgliedern verschiedener Paargruppen, die ihr eigenes sexuelles Empfinden in Verse faßten. Beim Vorlesen in der Abschlußrunde der Gruppe entstand feierliche Stille:

> ▶ Hundert Rosenblätter,
> taubedeckt,
> langsam öffnet sich
> Deine Knospe...
>
> Deine Augen
> schließen sich
> beim Öffnen
> der Lotosblume...
>
> Deine kühle Haut
> berührt mich wie Feuer...
>
> Deine Zunge – Universum für meine Brände
> Dein Samen – Meeresschaum vor meinen Küsten
> Deine Lust – azurrotes Gewitter für mein Leben
>
> Bebende Körper
> Schweißnasse Hände
> Ich heiße Dich willkommen. ◀

Und die letzten Zeilen der japanischen Dichterin Toyotama Tsuno:

> ▶ Gelöstes Haar.
> So leise hat er damals
> meine Brüste berührt.
>
> Seit ich Dich liebe,
> bin ich nur ich,
> wenn ich nicht mehr ich bin.

Daß seine geschickten Hände
so hilflos werden,
wenn sie die Seide
von meinen Schultern streifen –
ach, ich erbebe vor Dankbarkeit. ◀*

Übungen

Brief vom Genital

Die Anweisung zu dieser Hausaufgabe lautet: «Bitte versuchen Sie, die Augen zu schließen und sich in Ihr Geschlechtsteil einzufühlen. Wir sind gewohnt, mit unserem Körper unbewußt umzugehen. Wir nehmen unsere verschiedenen Körperteile als gegeben hin, pflegen sie, beachten sie besonders, wenn einzelne davon krank sind, und ansonsten sehen wir sie als selbstverständlich an. Viele davon, besonders aber unser Geschlechtsteil, ist für unsere seelische, körperliche und geistige Identität maßgebend. Versuchen Sie, so etwas wie einen Dialog zwischen Ihrem Innersten, Ihrer Seele, und Ihrem Geschlechtsteil zu beginnen. Versuchen Sie, Ihr Geschlechtsteil anzusprechen, reden Sie mit ihm, und hören Sie auf seine Sprache. Wenn unsere Organe sich melden, mit Schmerzen oder mit Wohlbehagen, bewußt oder in Verkrampfung, ist dies Körpersprache. Das betreffende Organ will uns dann etwas mitteilen. Wenn Sie versuchen, aufmerksam zu lauschen? Was hat es Ihnen mitzuteilen, über Ihren gemeinsamen Lebensweg, über Ihre Entwicklung, über Ihre Lust und Ihren Kummer? Was sagt dieses Geschlechtsteil zu Ihnen über Ihre Identität, wie Sie mit ihm umgehen, wie Sie stolz darauf sind oder Leid damit erfahren haben? Wie pflegen Sie es, wie liebevoll streicheln Sie sich selbst, und welche Zuwendung gönnen Sie Ihrem Geschlechtsteil? Nur Ihr Geschlechtsteil soll zu Ihnen als Träger und Besitzer sprechen. Beantworten Sie gleichzeitig mit diesem Brief, welche Gefühle beim Schreiben auftauchen, wieviel Ängste, Hemmungen, Schamgefühle oder andere Blockierungen.»
Die Briefe werden dann einander vorgelesen und besprochen.

* Hausmann, Manfred: Gelöstes Haar – Japanische Gedichte von Toyotama Tsuno, Zürich, Verlag Die Arche 1974

Erotische Kurzgeschichte

Diese Übung dient dazu, die sexuellen Phantasien anzuregen, Hemmungen, Scham und Tabus zu überwinden und den Mut zu haben, die eigene Kreativität sprudeln zu lassen. Die Aufforderung, eine erotische Kurzgeschichte zu schreiben, stößt anfänglich auf Erschrecken oder Widerstand, erweckt aber bei den meisten doch Neugier und Freude. Später sollen diese erotischen Kurzgeschichten in der Therapie oder in der Gruppe vorgelesen werden. Dadurch wird es leichter, eine Sprache für Sexualität überhaupt, für die eigenen sexuellen Wünsche, Bedürfnisse und Ängste oder Unsicherheiten zu finden, überhaupt eigene Vorstellungen zu entwickeln und mit anderen sich darüber auszutauschen. Darüber hinaus werden Unterschiede zwischen weiblicher und männlicher Sexualität faßbarer. Der Therapeut muß allerdings dabei oft ermutigen oder geduldig warten, bis gerade auch die gehemmten Partner den Mut finden, die eigenen Widerstände und Ängste oder Peinlichkeiten über Bord zu werfen und zu schreiben. Die Atmosphäre der Schilderungen vermittelt etwas von der Seele der Sexualität. Hier kann langsam die Neugier und Freude an der Sexualität wieder entdeckt werden. Erstaunlicherweise ist diese Arbeit in der Gruppe oft leichter: Der einzelne fühlt sich nicht so bloßgestellt oder erfährt zu seiner Erleichterung, daß die eigenen Phantasien gar nicht so aus dem Rahmen fallen.

Abends, beim Wein und Kerzenschein, können sich die Partner ihre Geschichten dann gegenseitig vorlesen.

Fest der Sinne

Hier lautet die Aufgabe, ein sinnlich-erotisches Fest zu gestalten. Ziel dabei ist nicht, um es vorweg zu sagen, ein wildes Durcheinander der Partner oder das ungezügelte Ausleben mit sexueller Vereinigung, sondern vielmehr alle menschlichen Sinne anzusprechen und Lust zu erleben, ohne Orgie oder ähnliche Ausuferungen. Diese Aufgabe kann einem Paar allein gestellt werden oder einer ganzen Gruppe. Frauen und Männer bereiten sich jeweils getrennt auf das Fest vor, wie es in antiken Zeiten der Brauch war. Die Vorbereitung besteht nicht nur darin, daß jeder sich innerlich einstellt auf die Begegnung mit dem Partner, sich dafür schön macht, sondern auch kreative Einfälle sucht, wie er seinerseits das Fest gestalten kann, wozu er den Partner oder die Partnerin einladen kann. Dabei soll mit möglichst wenig finanzieller Aufwendung und möglichst wenig äußeren Hilfsmitteln ausgekommen werden. Das Schaffen von Atmosphäre durch Musik, Licht und Gerüche, durch Bewegung und sinnliche Angebote ist das Hauptziel.

Dabei soll ein typischer Fehler unserer Kultur vermieden und dadurch neue Sinnlichkeit gefunden werden. Die in der Regel festgefahrene Vorstellung davon, daß Sexualität Nacktheit und Geschlechtsverkehr, mindestens aber Petting bedeutet, soll außer Kraft gesetzt werden. Die Sinne im Vorfeld der geschlechtlichen Begegnung sollen geschärft werden. Die Erotik als natürliches und tragendes Lebensgefühl, die prickelnde Anziehung zwischen Mann und Frau, soll wieder Raum und Zeit finden.

Tagebuch meiner Sexualität

Eine erschreckende Tatsache ist, daß nur wenige Paare über Ihre Sexualität ausführlich sprechen. Ja, über Sexualität wird im Grunde nur dann geredet, wenn sie zu Konflikten führt. Dadurch, daß es in unserer Gesellschaft kaum möglich ist, über eigene Intimbeziehungen, sexuelle Lust und Erfahrungen mit anderen überhaupt in einem größeren Kreis ohne Peinlichkeit zu sprechen, wird Sexualität im Endeffekt verschwiegen und tabuisiert. Wir haben auch keine gute und öffentlich geeignete Sprache für Erotik und Sinnlichkeit, wie dies vergleichbar in der chinesischen Kultur der Fall ist. Das führt dazu, daß sexuelles Erleben mit dem Partner durch die fehlende Sprache und fehlende Aussprache dem Vergessen anheimfällt. Wir sind gewohnt, uns noch lange im Kreis der Familie oder mit Freunden über schöne, besonders hervorragende Urlaube oder Erlebnisse zu unterhalten. Dadurch bleiben Erinnerungen frisch, dadurch entsteht ein Fundament an wichtiger und aufbauender Gefühlsqualität für den Partner. Gerade aber im wichtigen Bereich Sexualität ist dies nicht möglich. Deshalb wird empfohlen, ein Tagebuch der Sexualität zu führen, möglichst sogar ein Tagebuch der sexuellen Höhepunkte. Diese Übung hört sich relativ leicht an, erweist sich in der Praxis aber als äußerst schwierig und von vielen Widerständen begleitet. Denn das Niederschreiben von sexuellen Erlebnissen und den dazugehörigen Einzelheiten und Gefühlsqualitäten ermahnt manche rasch an Pornographie, an etwas Schamvolles. Es gilt viele Barrieren und Prüderien zu überwinden. Gelingt es, ist es für die Partner spannend, sich von Zeit zu Zeit in größeren Abständen gegenseitig aus diesen Tagebüchern vorzulesen.

Zärtlichkeit der Nächte

Ein ganzes Bündel von Ideen, Vorschlägen und Übungen zur kreativen Gestaltung der Erotik, Sinnlichkeit und Sexualität sind damit gemeint. Ähnlich dem «Fest der Sinne» werden lustvolle Nächte mit dem Partner gestaltet. Ist von der «Zärtlichkeit der Nächte» die Rede, wird deutlich, daß es sich dabei nicht zentral und am allerwenigsten um die bloße sexuelle Vereinigung und den reinen Geschlechtsverkehr handelt. Vielmehr wird gerade das Gewicht darauf gelegt, mit verschiedensten Einfällen, voller Kreativität und Intuition körperliche Dialoge mit dem Partner zu finden, die ihn und seine Seele, sein Herz genauso einbeziehen, wie die Berührung der Haut.

Vom Therapeuten nahegelegt, zumindest für vier Wochen bewußt auf Geschlechtsverkehr zu verzichten und auch auf das Erreichen des Orgasmus durch andere Sexualpraktiken, soll ermöglicht werden, viele alternative Ideen und den ganzen Körper in die sinnliche Gestaltung einzubeziehen und die gemeinsame lustvolle Wahrnehmung zu schärfen. Besonders gut ist dies möglich mit Hilfe von tantrischen Übungen:

Den Mund, das Gesicht, den Kopf in den Schoß des Partners legen und so einen Atem- und Energiekreis bilden, mit dem eigenen Geschlecht das Pochen des Herzens des Anderen spüren, sich sexuell vereinigen, dabei aber völlig bewegungslos bleiben, über einen Zeitraum von mindestens einer halben Stunde. Zusätzlich zur sexuellen Vereinigung können die Partner Mund auf Mund legen und dann über eine gewisse Zeit lang den Atem miteinander austauschen, ohne von außen zusätzlich Luft zu holen; miteinander den Schleiertanz tanzen oder Spiele der verschiedensten Art füreinander finden, sich gegenseitig ausziehen und dann einfach nur betrachten, sich einander anmalen, photographieren oder den Körperduft des Anderen einatmen usw.

Es hat leicht etwas Peinliches, wenn der Therapeut Übungen oder Hausaufgaben zur Sexualität mitgibt. Manchmal fühlt sich das Paar im Bett dann an den Therapeuten erinnert und von ihm kontrolliert. Trotzdem ist es notwendig, hin und wieder dem Paar dadurch zu helfen, daß Anregungen oder Beispiele vorgetragen werden. Die Übung: Zärtlichkeit der Nächte bis zur nächsten Therapiestunde durchzuführen, hat etwas von dieser Grenze des therapeutisch noch Machbaren. Andererseits ist unkonventionelles Arbeiten nötig, um eingefahrene Hemmungen und falsche Prüderie zu überwinden. Ob sich das Paar wirklich an die

Anweisung hält, vier Wochen ohne Geschlechtsverkehr und Orgasmus zu bleiben, mag letztendes zweitrangig sein. Die starre Fixierung darauf soll wegfallen, damit mehr Zeit und Konzentration auf die tausend anderen Möglichkeiten körperlichen Behagens, Wohlfühlens und Geborgenseins in den Armen des Partners frei werden.

Die therapeutische Wirkung ist seit langem bekannt: Der sexuelle Leistungsdruck schwindet, gleichzeitig damit viele Ängste, evtl. zu versagen oder nicht zum Orgasmus zu kommen. Die Körper können wieder das langsame Ansteigen sexueller Erregung lernen – ohne Zwang zur Lust.

Anhang

Übersicht über die fünf Bausteine
einer Paarpsychologie: Die PAARSYNTHESE

1. Baustein:
Das Grundgesetz der Liebe: Liebe ist nicht durch Verhaltensregeln, moralische Vorschriften oder bestimmte Inhalte zu definieren, sondern durch
die ihr innewohnende Eigendynamik. Liebe ist, wie andere Gefühle auch,
ungerichtete Energie, die lebensaufbauend, aber auch -zerstörend, oft
sogar vernichtend sein kann. Eine Psychologie der Liebe, bisher nicht
entwickelt, hilft uns heute eher als Religion oder Philosophie, diese Dynamik zu verstehen. Danach sind es drei Grundmechanismen, die die Vielfalt, den Reichtum, aber auch das verwirrende Chaos unseres Liebeslebens
bewirken. Diese bilden gewissermaßen das ABC der Liebe:
a) Ambivalenz der Gefühle: Jedes Gefühl hat zwei Seiten, so z. B. Angst,
sie ist lebenshemmend und -erhaltend; oder die Verschmelzung mit dem
Partner: seliges Auflösen im Anderen gegen Verlust der Ich-Grenzen.
b) Polarität: Jede Kraft hat ihre Gegenkraft, wie zwei Pole, die sowohl
anziehend als auch abstoßend wirken: Frau – Mann, Verschmelzung –
Abgrenzung, Körper – Seele: diese Gegensätze führen die Liebenden, die
Realität und Ideal in sich vereinen wollen, oft bis an die Zerreißprobe.
c) Zyklus: Durchschnittlich alle sieben Jahre wechseln die Partnerphasen
und damit die Inhalte und Formen der Liebe. Sie bringen reguläre Krisen,
damit die Notwendigkeit zur Neugestaltung der Beziehung und die
Chance zur wachsenden PAARSYNTHESE mit sich.

2. Baustein:
Das Paar als polares Energiezentrum: Seine Inhalte, Themen und Le-
benskräfte spiegeln sich im Partnerdiagramm, das den Lebensraum des
Paares repräsentiert, in dem die Eigenräume der Partner in ihrer Überschneidung den Bindungs- oder Partnerraum bilden. Je nach Paardyna-

mik, Partnerphase und Partnerstil wechseln diese Räume ständig ihre Ausdehnung. Dieses Dyaden-Modell beweist die Gleichberechtigung aller Kräfte zwischen Frau und Mann, die notwendige Ganzheitlichkeit der Liebe und als drittes die anzustrebende Realität androgyner Lebensgestaltung. Das *Partnerdiagramm* (siehe auch Seite 51 ff) zeigt den jeweiligen Entwicklungsstand, die Substanz und die wichtigsten Krisenbereiche des Paares auf.

Dyaden-Modell

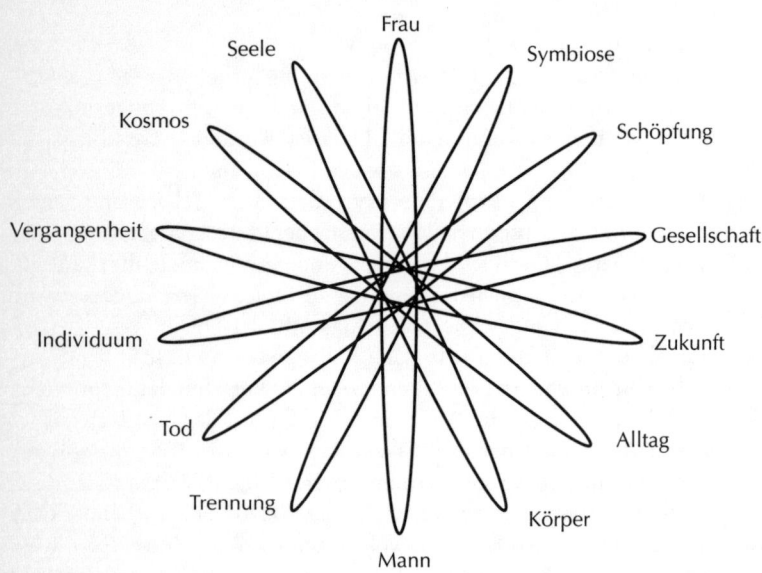

3. Baustein:
Die fünf Liebeszyklen: Alle Liebenden sind dem Rhythmus dieser Zyklen (Hingabe, Aufbau, Lebensmitte, Altern, Zweisamkeit) unterworfen zur Erfüllung ihres Lebensplans. Jeweils an der Schwelle zu einem neuen Zyklus geraten die Paare in teils schwere Krisen, da sich die Ziele der Liebe mit der jeweiligen Partnerphase ändern. Die Partnerwahl, die zu Beginn der letzten Phase für die anstehende Entwicklungsperiode stim-

mig war, wird nun überprüft und durch heftige Auseinandersetzung in
Übereinstimmung mit den veränderten Lebenszielen gebracht. Gelingt
das nicht, weichen manche aus in Erstarrung oder Seitenbeziehungen,
trennen sich vom Partner zeitweilig oder endgültig. Wird statt einer Aufarbeitung eine völlig neue Beziehung eingegangen, müssen dann allerdings dieselben Zyklen genauso durchliebt und durchlitten werden.

Partnerzyklen

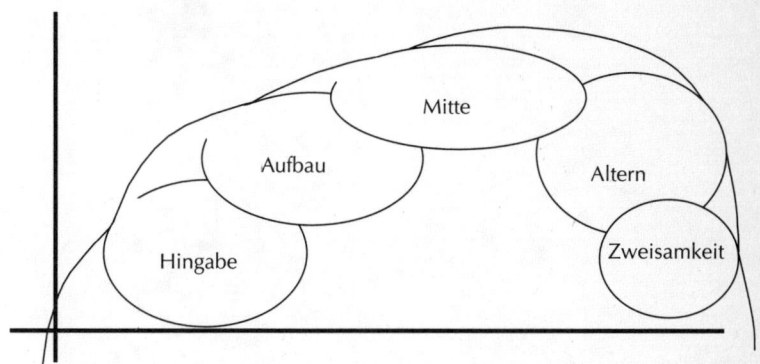

4. Baustein:
Die fünf Partnerstile: Sie sind die typischen und charakteristischen Ver-
haltensmerkmale, die uns am geliebten Partner anziehen, nach einer
Phase der Gewöhnung aber oft bis zur Schmerzgrenze stören. Diese Stile
beinhalten vor allem die Art und Weise, wie Menschen auf das Leben und
die Liebe zugehen, wie sie im Elternhaus zur Liebe erzogen worden sind
und wie sie gelernt haben, Krisen zu bewältigen. Diese fünf Partnerstile (Anpassung, Durchsetzung, Intuition, Kontrolle, Intgeration) verschmelzen in guten Zeiten zur Synthese, erzeugen aber bei Störungen,
Konflikten und Krisen der Partnerschaft eine gegenseitig verwirrende
Konfliktvernetzung auf dem Wege der Delegation, Projektion, Reaktanz
und Manipulation bis hin zum Zusammenbruch der Dyade. Der fünfte
Partnerstil, die Integration, führt dagegen auf dem Wege der Stimula-
tion, Produktion, Provokation und Evolution zur PAARSYNTHESE.

Partnerstile

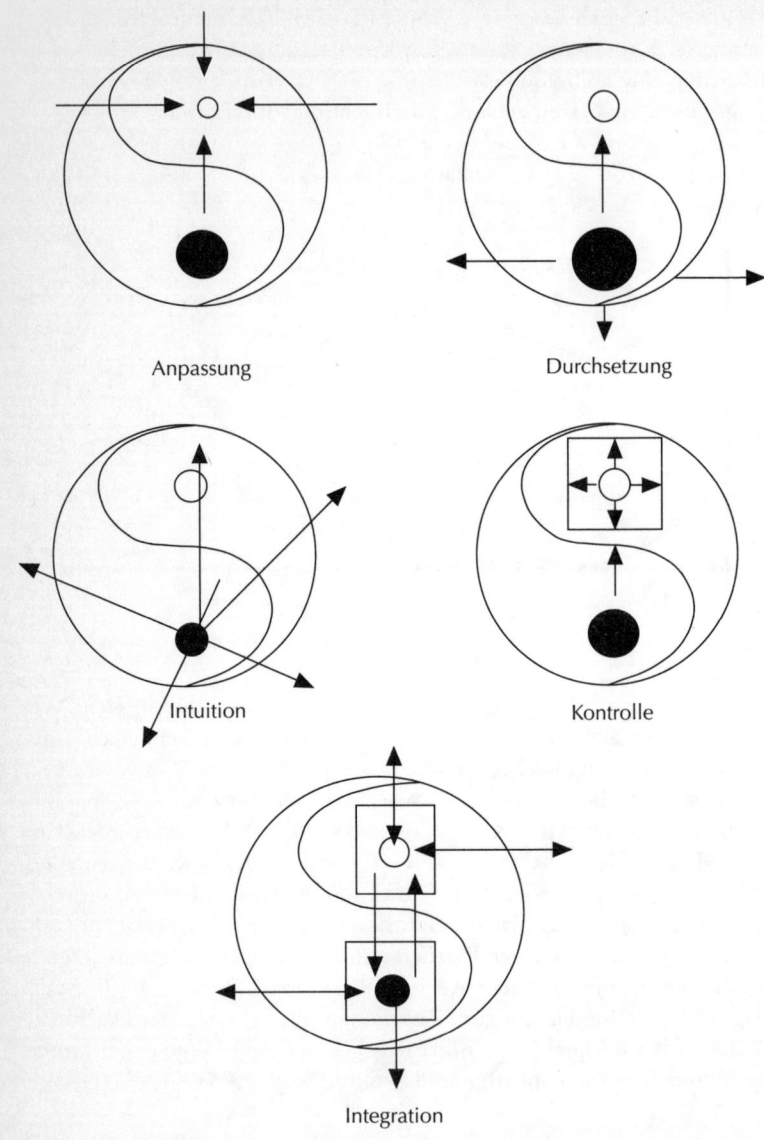

Anpassung

Durchsetzung

Intuition

Kontrolle

Integration

5. Baustein: Die fünf Säulen der Partnerschaft. Diese sind die verschiedenen Dialogebenen, die Paare miteinander teilen: Körperdialog, Gefühlsdialog, Sprachdialog, Sinndialog und Zeitdialog. Die Identität des Paares, sein Fundament und seine Substanz hängen ganz davon ab, wie weit diese Säulen, zumindest mit zeitlicher Verschiebung, gleichmäßig zur tragenden Ebene zwischen den Partnern werden. Entscheidend daran ist, daß sie nicht wertend gegeneinander ausgespielt werden. Fehlt eine Säule über längere Zeit ganz oder beinahe, tritt bereits eine Gefährdung des Paares ein – sind zwei Säulen davon betroffen, ist dies Ausdruck höchster Krise. Auf diesen Dialogebenen wird sowohl das Glück des Paares als auch der Partnerkrieg am deutlichsten ausgetragen. Gleichzeitig haben hier auch die meisten Erziehungsfehler stattgefunden, werden also auf diesem Wege die Kindheitsdefizite in die Paarbeziehung transportiert. Dementsprechend ist es zentrales Bemühen von Paartherapie, diese Dialogebenen im Dominoeffekt als Brücke zum Partner wieder aufzubauen.

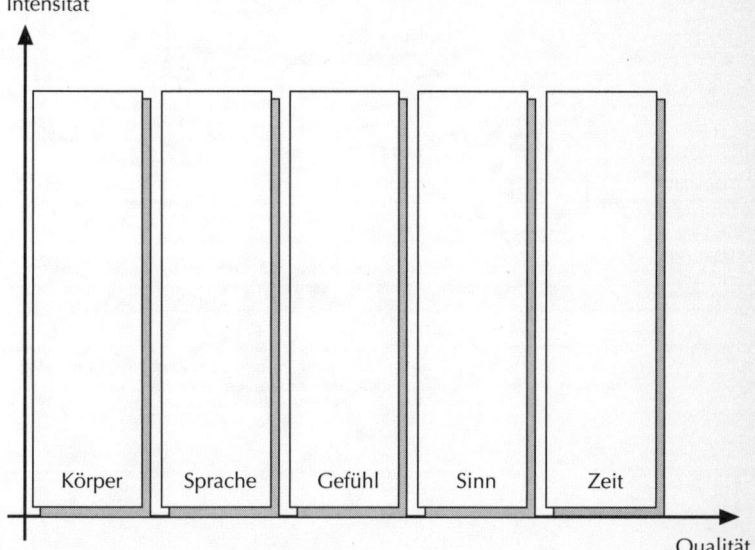

Die Grunddialoge des Paares

Intensität

Körper   Sprache   Gefühl   Sinn   Zeit

Qualität

Methodologie der PAARSYNTHESE

Die integrative Paartherapie umfaßt nach dem Verfahren der PAAR-SYNTHESE fünf Therapiezyklen: Paargestalt, Partnerwerdung, Paardynamik, Konfliktanalyse und Paargestaltung. Aufbauend auf der Sehnsucht jedes Menschen, zu lieben und geliebt zu werden, gilt es in der Therapie, die blockierten Liebespotentiale der Partner neu zu erschließen, Liebesdefizite aus der Kindheit nachzunähren, den Gordischen Knoten der Konfliktvernetzung zu entwirren und die Partnerstile durch die Arbeit an den Dialogebenen des Paares zur Synthese zu führen. Paartherapie ist inzwischen zum größten Bereich der Psychotherapie überhaupt geworden.

Ablauf der Integrativen Paartherapie in 5 Phasen

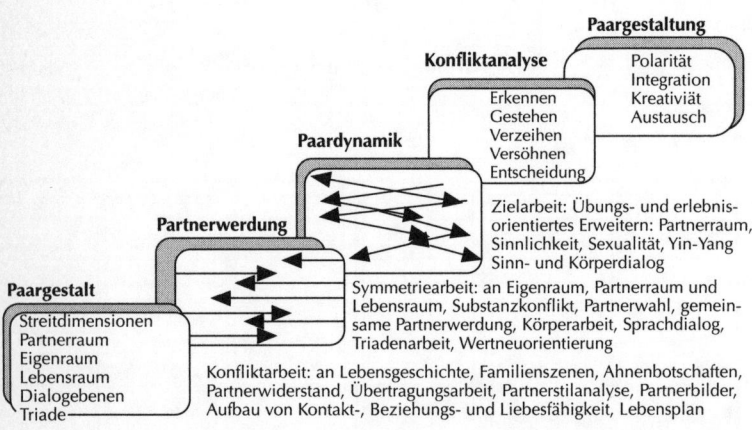

Szenenarbeit: Konfliktdarstellung und Herausarbeiten der Polaritäten (Widersprüche, Ambivalenzen und Verschiedenheiten) Fremd- und Selbstbild, Paarsymbole, Paarbilder, Partnerstile, Zeitkontakt, Partnerzyklus, Paarmodell, Aura, Motivation und Arbeitsplan.

Anschriften

Die Paarsynthese (PS) lehrt ein paarbezogenes Menschenbild, verknüpft die Geschichte des Paares aus den verschiedenen Kulturen zu einem Konzept, entwirft eine Psychologie des Paares, klärt die Bedingungen der Liebe und leitet daraus eine genuine Paartherapie ab. Das praktische Vorgehen baut auf integrativer Gestalttherapie, Tiefenpsychologie, Taoismus und Tantrismus auf. Gearbeitet wird über die historische und aktuelle Konfliktbewältigung hinaus an den Lernzielen der Liebe: Gleichgewicht der Partner und der Liebeskräfte von Eigenraum, Partnerraum und Lebensraum, Androgynie und Ganzheitlichkeit der Beziehung. Paarsynthese als Dialogarbeit kommt in therapeutischen, pädagogischen und kirchlichen Einrichtungen wie in Unternehmungen von Industrie und Wirtschaft zur Anwendung. Ausbildungsorganisationen:

«Gesellschaft für Integrative
Paartherapie und
Paarsynthese e. V.»
Kollenrodtstr. 10
30163 Hannover
Tel. (0511) 629495

«Verein Integrative
Paarpsychotherapie und
Paarsynthese»
Langegasse 67/17
A-1080 Wien
Tel. (0043) 1439775

Weitere Möglichkeiten der Fort- und Weiterbildung:

Fritz-Perls-Institut (FPI)
Brehmstr. 9
40239 Düsseldorf
Tel. (0211) 622255

Odenwald-Institut
Trommstr. 25
69483 Wald-Michelbach
Tel. (06207) 5071

Europäische Akademie für
psychosoziale Gesundheit und
Kreativitätsförderung (EAG)
Wefelsen 5 (Beversee)
42499 Hückeswagen
Tel. (02192) 8580

«Die Liebe hat nun einmal dieses Übel, daß Krieg und Frieden immer wechseln.»
Horaz, Satiren

Lonnie Barbach
Mehr Lust *Gemeinsame Freude an der Liebe*
(rororo sachbuch 8721)

Cheryl Benard / Edit Schlaffer
Männer *Eine Gebrauchsanweisung für Frauen*
(rororo sachbuch 8820)
Im Dschungel der Gefühle *Expedition in die Niederungen der Leidenschaft*
(rororo sachbuch 8783)

Barbara Gordon
Jennifer-Fieber *Der Männertraum vom jungen Glück*
(rororo sachbuch 9159)

Marty Klein
Über Sex reden *Heimliche Wünsche, verschwiegene Ängste*
(rororo sachbuch 8824)

Suzan Lewis / Cary L. Cooper
Karriere Paare *Mehr Zeit für uns*
(rororo sachbuch 8858)

Tina Tessina
In guten wie in schlechten Tagen *Anregungen für homosexuelle Paare*
(rororo sachbuch 8782)
Dieses einfühlsame Buch trägt den besonderen Möglichkeiten und Problemen homosexueller wie lesbischer Beziehungen Rechnung und gibt praktische Anregungen vom ersten Flirt bis zur Goldenen Hochzeit.

Diane Vaughan
Wenn Liebe keine Zukunft hat *Stationen und Strategien der Trennung*
(rororo sachbuch 8818)

Judith Sills
Liebe nach dem ersten Blick *Handbuch für Romantiker*
(rororo sachbuch 9134)
«Dies ist kein Buch über hoffnungslos unglückliche Beziehungen, sondern eines über potentiell glückliche.»

Ethel S. Pearson
Lust auf Liebe *Die Wiederentdeckung des romantischen Gefühls*
(rororo sachbuch 9304)

Béatrice Hecht-El Minshawi
Zwei Welten, eine Liebe *Leben mit Partnern aus anderen Kulturen*
(rororo sachbuch 9141)

Das gesamte Programm der Taschenbuchreihe «zu zweit» finden Sie in der Rowohlt Revue. Jedes Vierteljahr neu. Kostenlos in Ihrer Buchhandlung.

Ute Auhagen-Stephanos
Wenn die Seele nein sagt *Vom Mythos der Unfruchtbarkeit*
(rororo sachbuch 9378)

Elena Gianini Belotti
Liebe zählt die Jahre nicht *Wenn Frauen jüngere Männer lieben*
(rororo sachbuch 8735)

James L. Creighton
Schlag nicht die Türe zu *Konflikte aushalten lernen*
(rororo sachbuch 9194)

Steven Farmer
Endlich lieben können *Gefühlstherapie für erwachsene Kinder aus Krisenfamilien*
(rororo sachbuch 9168)
Kinder aus Krisenfamilien können ihre Gefühle nur schwer zeigen, haben das Bedürfnis, ihre Partner zu kontrollieren, und scheuen sich vor Intimität wie vor Konflikten. Der Autor beschreibt die besonderen Probleme und zeigt Lösungswege auf.

Elisabeth Flitner /
Renate Valtin (Hg.)
Dritte im Bunde: die Geliebte
(rororo sachbuch 9376)

Marina Gambaroff
Sag mir, wie sehr liebst Du mich *Frauen über Männer*
(rororo sachbuch 8817)
»Wenn in einer Beziehung das Bedürfnis, "ich liebe dich" zu sagen oder "liebst du mich?" zu fragen, immer größer wird, dann hat es schon irgendwelche Risse gegeben.«

Isabelle Grellet /
Caroline Kruse
Liebeserklärungen
(rororo sachbuch 8880)

Ruth Kuntz-Brunner / Inge Nordhoff
Heute bitte nicht *Keine Lust auf Sex - ein alltägliches Gefühl*
(rororo sachbuch 9189)

Karin Mönkemeyer /
Inge Nordhoff
Ein platonisches Verhältnis *Freundschaften zwischen Männern und Frauen*
(rororo sachbuch 8749)

Dorothee Schmitz-Köster
Liebe auf Distanz *Getrennt zusammen leben*
(rororo sachbuch 8816)

L. Ashner / M. Meyerson
Wenn Eltern zu sehr lieben
(rororo sachbuch 9359)

George R. Bach / Laura Torbet
Ich liebe mich - ich hasse mich
*Fairness und Offenheit im
Umgang mit sich selbst*
(rororo sachbuch 7891)

Nathaniel Branden
Liebe für ein ganzes Leben
Psychologie der Zärtlichkeit
(rororo sachbuch 7867)

Martin Siems
**Dein Körper
weiß die Antwort**

FOCUSING als Methode
der Selbsterfahrung
Eine praktische
Anleitung

Frederic F. Flach
Depression als Lebenschance
*Seelische Krisen und wie man
sie nutzt*
(rororo sachbuch 7168)

Hans–Ludwig Freese (Hg.)
Gedankenreisen *Philosophische
Texte für Jugendliche und
Neugierige*
(rororo sachbuch 8754)

Thomas A. Harris
Ich bin o.k. - Du bist o.k.
*Wie wir uns selbst besser
verstehen und unsere Ein-
stellung zu anderen verändern
können - Eine Einführung in
die Transaktionsanalyse*
(rororo sachbuch 6916)

Raymond Hull
Alles ist erreichbar *Erfolg kann
man lernen*
(rororo sachbuch 6806)

Gerhard Krause
**Positives Denken - der Weg zum
Erfolg** 13 *Bausteine für ein
erfülltes Leben*
(rororo sachbuch 7952)

Abraham H. Maslow
Motivation und Persönlichkeit
(rororo sachbuch 7395)

Erhard Meueler
Wie aus Schwäche Stärke wird
*Vom Umgang mit Lebens-
krisen*
(rororo sachbuch 8540)

John Selby
Einander finden *Übungen zur
Psychologie der Begegnung
in Freundschaft, Beruf und
Liebe*
(rororo sachbuch 7991)

Martin Siems
Dein Körper weiß die Antwort
*Focusing als Methode der
Selbsterfahrung - Eine
praktische Anleitung*
(rororo sachbuch 7968)

Frauke Teegen / Anke
Grundmann / Angelika Röhrs
Sich ändern lernen *Anleitungen
zur Selbsterfahrung und
Verhaltensmodifikation*
(rororo sachbuch 6931)

Weitere Bücher und Taschenbücher zum Thema finden Sie
in der *Rowohlt Revue.* Jedes
Vierteljahr neu. Kostenlos in
Ihrer Buchhandlung.

Psychologie und Lernen

Harold H. Bloomfield
Das Achilles-Syndrom *Wie man Schwächen in Stärken umwandelt*
(rororo sachbuch 8091)

Nathaniel Branden
Ich liebe mich auch *Selbstvertrauen lernen*
(rororo sachbuch 8486)

David Cooper
Der Tod der Familie *Ein Plädoyer für eine radikale Veränderung*
(rororo sachbuch 8560)

Wayne W. Dyer
Der wunde Punkt *Die Kunst, nicht unglücklich zu sein. Zwölf Schritte zur Überwindung seelischer Problemzonen*
(rororo sachbuch 7384)

Luise Eichenbaum / Susie Orbach
Was wollen die Frauen? *Ein psychotherapeutischer Führer durch das Labyrinth von Wünschen, Ängsten und Sehnsüchten in Liebesdingen*
(rororo sachbuch 7967)

Erich Fromm
Anatomie der menschlichen Destruktivität
(rororo sachbuch 7052)
Märchen Mythen, Träume *Eine Einführung in das Verständnis einer vergessenen Sprache*
(rororo sachbuch 7448)

Klaus D. Heil
Programmierte Einführung in die Psychologie *Ein Lernprogramm*
(rororo sachbuch 6930)

Muriel James / Dorothy Jongeward
Spontan leben *Übungen zur Selbstverwirklichung*
(rororo sachbuch 8301)

Hans-Peter Nolting
Lernfall Aggression *Wie sie entsteht - Wie sie zu vermindern ist. Ein Überblick mit Praxisschwerpunkt Alltag und Erziehung*
(rororo sachbuch 8352)

Friedemann Schulz von Thun
Miteinander reden 1 *Störungen und Klärungen. Allgemeine Psychologie der Kommunikation*
(rororo sachbuch 7489)
Miteinander reden 2 *Stile, Werte und Persönlichkeitsentwicklung. Differentielle Psychologie der Kommunikation*
(rororo sachbuch 8496)

Dieter E. Zimmer
Tiefenschwindel *Die endlose und die Beendbare Psychoanalyse*
(rororo sachbuch 8775)

rororo sachbuch

Unser Körper – Unser Leben
*Ein Handbuch von Frauen
für Frauen. Überarbeitete
und erweiterte Neuausgabe*
(2 Bände: rororo sachbuch
8408 und 8409)
Ein Standardwerk der weib-
lichen Gesundheit, das in dem
Bücherschrank keiner Frau
fehlen sollte. Entsprechend
der neuen amerikanischen
Ausgabe von "Our bodies,
Ourselves" wurde auch die
deutsche Ausgabe vollständig
aktualsiert.
Aus dem Inhalt: Körperbild ·
Ernährung · Frauen in Be-
wegung · Gesundheit und
Umwelt · Liebesbeziehungen ·
Frauenliebe · Sexualität ·
Neue Fortpflanzungstech-
niken · Schwangerschaft ·
Geburt und Geburtsvorbe-
reitung · Die Zeit nach der
Geburt · Frauen werden älter ·
Frauenspezifische Krankhei-
ten und Beschwerden · Frauen
im Gesundheitswesen

Ruth Bell (Hg.)
Wie wir werden - Was wir fühlen
*Ein Handbuch für Jugendli-
che über Körper, Sexualität,
Beziehungen. Überarbeitete
und erweiterte Neuausgabe*
(rororo sachbuch 8823)
Fakten, Berichte, Bekenntnisse und Informationen zu allen
Themen, die das Leben
zwischen 12 und 20 so auf-
regend, irritierend, schwierig
und schön machen.
Aus dem Inhalt: Mein Körper
verändert sich · Meine Beziehung zu meinen Eltern
und Freunden verändern sich ·
Ich fühle mich gut, ich fühle
mich schlecht · Alkohol und
andere Drogen · Ich gehe zum
Arzt · Abtreibung · Sexuell
übertragbare Krankheiten

Unser Körper – Unser Leben
Über das Älterwerden *Ein
Handbuch für Frauen*
(rororo sachbuch 8841)
Wie *Unser Körper – Unser
Leben* ist dieses Buch ein
Gemeinschaftsprojekt und
beruht auf den Erfahrungen
vieler Frauen. Es richtet sich
an alle, die ihr Leben und ihr
Älterwerden selbst in die
Hand nehmen wollen. Denn:
Niemand wacht auf und ist
plötzlich siebzig, und unser
Wohlbefinden hängt weniger
von den Jahren ab, die wir
schon gelebt haben, als davon, wie wir mit uns selbst
umgegangen sind.

Sämtliche Bücher und
Taschenbücher zum Thema
finden Sie in der *Rowohlt
Revue.* Jedes Vierteljahr neu.
Kostenlos in Ihrer Buchhand-
lung.